傳教士與漢學家

理雅各

在中西文化上的傳譯貢獻

陳谷鋆

——

著

推薦序

　　隨著19世紀歐美新教傳教士、官員梯航東來，既通過傳教、譯書、辦報、辦學等方式把西方基督教、西方科學技術、人文社會科學等西方文明帶入中國，又通過翻譯、書信、著作、講學等方式把以儒學、科舉制度為核心的中國文化介紹到西方世界，理雅各（James Legge）、衛三畏（Samuel Wells Williams）、威妥瑪（Thomas Wade）、丁韙良（W. A. P. Martin）等人正是他們中的典型代表。對於19世紀以傳教士為主體的來華西人的西學傳播活動、成果及其影響，學界已往關注較多，已經發表了相當多的學術論文和著作，相對而言，對於19世紀來華西人所做的以儒學為核心的中國文化教育西傳的活動，學界關注很不夠，研究成果偏少，不少學術問題有待學術新人去進行研究。

　　英國倫敦宣道會新教傳教士理雅各攜新婚妻子於1839年7月駛往東方，次年1月抵達南洋的麻六甲，開始傳教、辦學（Anglo-Chinese College，英華書院）；1843年底，他隨同英華書院一起遷往英國剛剛強租的香港島，直到1873年回到英國。在香港期間，他對中國文化，尤其是對中國傳統經典著迷，並且在中國文人王韜、黃勝等人的幫助下，把中國儒家「十三經」、《道德經》、《竹書紀年》陸續翻譯成英文，合成一套多卷本的傳世譯著《中國經典》（The Chinese Classics）。理雅各回國後，1875年又受聘牛津大學，擔任這所著名大學的首任漢學教授，講授中國文化，1897年病逝為止。因此，理雅各是19世紀把中國文化介紹到西方世界最重要的人物。

　　理雅各的傳世譯著《中國經典》近些年來很受學界重視，以之為研究對象的著作、論文等成果甚豐。這是因為《中國經典》是19至20世紀西方人士學習、瞭解中國儒家文化的標準讀本，影響久遠，而且作為文本的原始文獻在不少圖書館都有收藏，較易利用。由於原始檔案的利用不易，對理雅各在牛津大學漢學教育的研究則少有人問津。陳谷鋆在北京師範大學攻讀教育學博士學位期間，以理雅各的中國文化教育西傳活動為選題，把

理雅各的中國儒學經典翻譯文本、有關孔孟學說著作與漢學教育等合為一體進行研究。陳谷鋆專程赴牛津大學查閱和複製了理雅各漢學教育的第一手珍貴檔案，從而為完成博士學位論文的研究提供了堅實的文獻基礎。

經過七個春秋的艱辛研讀，陳谷鋆終於完成了博士學位論文的撰寫。三位外評匿名專家對論文的評審結論都給予「優秀」的成績，博士學位論文答辯會也獲得「優秀」的評價。陳谷鋆的博士學位論文突出的優點主要有四點：史料翔實、問題意見較強、突出重點、分析具體。基於此，我作為陳谷鋆的博士學位論文指導教師樂於向各位讀者鄭重推薦。

北京師範大學教育學部教育歷史與文化研究院教授　孫邦華

目次 │ CONTENTS

推薦序／孫邦華 003

緒論 009
　　第一節　問題提出與研究意義 009
　　第二節　學術史回顧 014
　　第三節　概念界定 022
　　第四節　研究設計 027

第一章　理雅各在促進中西文化教育交流史上的四個活動時期 031
　　第一節　麻六甲時期（1839-1842） 031
　　第二節　香港時期（1843-1873） 035
　　第三節　遊歷時期（1873-1875） 047
　　第四節　牛津時期（1876-1897） 050
　　小結 055

第二章　理雅各對儒學經典翻譯 056
　　第一節　對「四書」的翻譯 057
　　第二節　對「五經」的翻譯 069
　　第三節　理雅各的翻譯觀 079
　　小結 086

第三章　理雅各在牛津大學的漢學教育 088
　　第一節　擔任牛津大學首位漢學教授 089
　　第二節　漢學教育內容 091
　　第三節　理雅各的漢學教育特點 136
　　小結 137

第四章　理雅各的儒學教育觀 139

第一節　理雅各對孔孟的看法 139

第二節　理雅各對孝道的看法 158

第三節　理雅各對中國女子教育的評判 163

第四節　理雅各中西方教育比較觀 165

小結 171

第五章　理雅各的耶儒關係論 172

第一節　「上帝」與「天」 172

第二節　「原罪論」與「性善論」：調和成「人性向善」 180

第三節　「儒家」歸類成「宗教」 185

小結 189

結論 191

參考文獻 197

附錄 214

讀博士學位期間取得的學術成果 228

致謝 229

後記 231

圖目次

圖1　理雅各的歷史學習筆記 032

圖2　《理雅各回憶錄》 036

圖3　費爾貝恩提到理雅各繼承了馬禮遜的傳教遺願 038

圖4　費爾貝恩對理雅各的高度評價 039

圖5　理雅各的入境簽證（同治12年） 047

圖6　理雅各的《中國經典》採用了中國古典排版 082

圖7　聖諭十六條 105

圖8　理雅各翻譯的《聖諭十六條》 109

表目次

表1　古文經學與今文經學的特點 074

表2　理雅各在牛津大學開設的課程 092

表3　理雅各在牛津大學開設的專題講座 097

表4　理雅各編寫的漢學試題（語言文字類）......099

表5　理雅各編寫的漢學試題（歷史類）..........101

表6　理雅各編寫的漢學試題（哲學類）..........104

表7　理雅各編寫的漢學試題（地理類）..........105

表8　理雅各對儒家思想的看法..........................136

表9　理雅各對《論語》中的「君子」不同的英譯......145

表10　「善」與「政治」的關聯性......................159

表11　科舉考試的優缺點......................................168

表12　中國舊教育的優點與缺點..........................169

表13　不同譯者對「天」的翻譯..........................174

表14　「天」的三種解讀......................................175

表15　「三段論法」的正誤分析..........................177

緒論

第一節　問題提出與研究意義

一、問題提出

　　理雅各（James Legge, 1815-1897）是牛津大學第一任漢學教授，也是中國近代第一位把儒家「十三經」全部翻譯成英語的學者，並且有系統地翻譯了部分史學著作，如《竹書紀年》、《老子》等。理雅各在中西文化教育交流史上做出了重大的貢獻，為促進儒學西傳起到了不可或缺的作用。

　　由於理雅各對學術的嚴謹態度與翻譯水準造詣之高，他所翻譯的儒家經典被西方奉為標準譯本之一，是西方人瞭解中國文化的基本史料。但理雅各的譯本也備受爭議。國內外學者普遍認為，當理雅各在翻譯儒家經典時，他其實是以傳教為目的而進行其學術研究。正如師從錢穆的余英時在評論史學家費正清（John King Fairbank）的情況一樣，在肯定費正清的同時，卻也認為他本身具有高度爭議性。因為他認為費正清的史學是「有意識地為美國政策服務」[1]。正因為理雅各所翻譯與詮釋的觀點會影響西方對儒學的看法，所以他本身如何看待儒家思想極為重要。國內大部分關於理雅各的文獻主要聚焦在他對儒家經典的翻譯，而鮮少探討及檢驗理雅各本身對儒家教育的觀點。所以，本文重點研究理雅各自身對儒學思想的看法與評價。正如北大歷史系王立新指出：傳教士在中國合法傳教時，其動機往往是「宗教性」大於「政治性」。因為傳教士們自己無法避免與當時霸權主義者分享同一時代的價值觀和意識形態[2]。彭孟堯也提到：每個人都有一種看待事物與世界的哲學，這種哲學是個別而獨特的，它經常被「經驗知識」[3]所影響，這也呼應了哲學概論中的「結構主義」

---

[1]　傅偉勳、周陽山，《西方漢學家論中國》[M]（新北：正中書局，1993年），第2頁。

[2]　王立新，〈「文化侵略」與「文化帝國主義」美國傳教士在華活動兩種評價範式辨析〉[J]，《歷史研究》2002(3):98-109，第102-103頁。

[3]　彭孟堯，《哲學方法論》[M]（臺北：新學林出版股份有限公司，2015年），第4頁。

（structuralism，定義：通過目前看到的現象狀態來明辨事實）或「經驗主義」（expriricism，定義：人類藉由經驗的累績，逐漸形成觀念）[4]。

本文著眼於理雅各對儒學翻譯和漢學教育的看法，特別是先秦孔、孟、荀的教育思想。通過研究理雅各的儒學翻譯著作、教學活動以及收藏於牛津大學的史料等，本文在瞭解他對孔、孟等儒學教育的思想和看法的基礎上，檢驗他是否因為傳教士的身份而將基督教神學凌駕於中國傳統儒學之上。在瞭解理雅各本身的儒學價值或「價值定向」（Value-Orientation）[5]後，我們就能站在一個更廣闊的視角來解讀他為何如此詮釋中國經典。

二、研究意義

理雅各翻譯的儒家經典被西方奉為標準譯本或「被視為權威版本」[6]。自這套譯書刊發行以來，就成為西方世界瞭解中國儒學和中國古代思想不可或缺的重要讀物，所以他個人的詮釋於西方人對中國儒學的瞭解有深遠影響。理雅各個人的觀點、看法及其概念的形成都與他的信仰（Beliefs）與經驗（Experiences）有關。長期反覆交錯而成的世界觀（Worldview），也是哲學的形而上學（Metaphysics）中的本體論（Ontology）。在教育心理學的專有名詞中，圖式（Schema）是一種結合過去經驗並用於理解和組織新資訊的認知框架。由於理雅各是儒學西方化的權威學者之一，他的主觀看法影響著西方的儒學理解、儒學思想、儒學價值觀、儒學概念，甚至是儒學觀念。長年研究理雅各的學者周俐玲與段懷清也指出，國內研究理雅各的學者們普遍忽略了一個研究焦點，亦即：理雅各的中國儒學觀與其對中國儒學史的理解。通過研究該要點，可以幫助研究者更加瞭解理雅各的身份變化。例如：理雅各如何從傳教士身份轉變成漢學家？什麼因素造成了他身份定位的變化？面對儒家思想時，他如何擺脫基督教本位的立場與信仰[7]？本文通過三大板塊分析理雅各的儒學觀，並闡述他對中西文化教育

4　小川仁志，《超譯「哲學用語」事典》[M]（臺北：麥田出版社，2013年），第174、194頁。

5　傅佩榮，《我看哲學》[M]（新北：名田文化有限公司，2004年），第207頁。

6　陳韋縉，《西文參考資料對理雅各英譯《詩經》之影響研究》[D]（臺北：臺灣清華大學碩士論文，2010年）。

7　周俐玲、段懷清，〈理雅各與劉謐《三教平心論》〉[J]，《中國比較文學》2008(1)，第81頁。

交流史的貢獻：（1）理雅各的漢學教育經典翻譯；（2）他自香港回英國後在牛津大學教授的漢學教育；（3）他對中國儒學的看法。通過他在中國儒學經典翻譯書籍中的關鍵內容（特別是他寫的每部譯書前面的緒論、文中的注釋、關鍵句子的翻譯等）、有關中國儒學的著作和論文、在牛津大學所進行的漢學教育具體內容（他講了什麼？為什麼講那些？及講授的課程、講授提綱、講義、相關論文），本文找出他對儒學關鍵問題的看法進行分析，試圖瞭解他對有關中國傳統儒家哲學教育思想的觀點。因此，本研究具有兩種意義：學術意義與現實意義。

（一）學術意義

本研究的理論構建主要是通過蒐集與查閱理雅各本身翻譯的書與手稿，做出資料分析，再將他的思想整理歸納成為其個人價值觀，最後找出理雅各對儒家的獨特見解。因此，本文的學術意義可分為下列兩點：第一，通過理雅各翻譯的儒家經典與相關的史料檢視他的儒家教育觀。目前，學術界對理雅各翻譯儒家經典的看法主要分為兩派：一是讚揚他卓越的翻譯文化底蘊；二是批評他戴著神學的眼鏡翻譯儒家經典，他的錯誤解讀導致了「假儒學」（Pseudo-Confucinism），即非純正的中國儒學概念。換言之，在跨文化交流中，學者或思想家容易把異質文化放在自身文化體系中去理解、評論[8]。所以，新儒學及當代中國哲學大師牟宗三才會認為戴著西方神學的眼鏡來看待中國的儒家系統是不正確的。針對這種錯誤解讀儒學的做法，張西平做出進一步的解釋：傳教士利瑪竇將儒教歸類為一種學派，而非一種宗教[9]。利瑪竇自己是這樣解釋的：「許多人除了儒教外，同時也相信另外那兩種宗教（指佛教與道教）。所以我們可以說，儒教不是一個正式的宗教而是一種學派，是為了齊家治國而設立的。因此，他們屬於這種學派的同時又可以是基督徒。因為在原則上，這沒有違反天主教之基本道理；而天主教信仰，對儒家書中所關切的社會安寧與和平之

---

[8] 其實不只理雅各被質疑，連西方偉大的哲學家康德（Immanuel Kant）在看儒家中心思想時，可能就犯了一個問題：將中國人的「天」直接對等西方的「上帝」。但是，儒家不講神學，因為儒家根本就不是宗教，怎能跟神學扯上邊呢？

[9] 張西平，《萊布尼茨思想的中國元素》[M]（鄭州：大象出版社，2010年），第239頁。

實現，不但無害，反而大有幫助。」[10]因此，嚴格來說：儒家是道德上的形而上學，非道德上的神學[11]。

第二，本研究大量運用了牛津大學的博多利圖書館（Bodleian Library）檔案館裡理雅各的第一手資料，在史料的運用上具有一定的突破性。即使這些資料長期鮮少有人查閱與使用，但由於檔案保留其證據價值（Preserve their evidential value），所以擁有著歷久不衰的價值（Continuing value）[12]。檔案研究是向資料庫保管方（通常是政府機關或私人圖書館的手卷室）提出查閱檔案申請，經過批准通過後，進入檔案室查詢該檔案的原始紀錄（Original records）[13]，亦稱第一手資料（Primary sources）[14]。牛津大學的博多利圖書館中收錄了理雅各學習中文的筆記，從中看得出理雅各在中文上的造詣非凡。例如：檔案資料編號MS. Eng. Misc. d. 1252中，收藏了理雅各對中國古代史的學習筆記，詳細記錄了古代各朝各代的年號、年份、皇帝以及在位的資訊，並在旁配有用英文敘述的重要歷史事件。中文部分字跡工整，以正體字書寫。英文部分以書寫體書寫，不易閱讀[15]。

檔案庫的資料有兩大優點：第一，它提供了基本的人、事、物等相關細節，例如日記，這些相關資料交錯地編織成故事的主軸（Archives as backbone for corporate storytelling）[16]。《黑天鵝效應》的作者塔雷伯（Taleb）也說到：我們的記憶不可靠，但日記多少能提供無法抹去的事實紀錄[17]。歷史學家周振鶴在《來華基督教傳教士傳記叢書》序言也提到：若要瞭解中西文化交流史，閱讀傳教士的傳記或日記是一個方式。唯一要顧慮的是：傳記是人寫出

---

[10] 利瑪竇，《利瑪竇中國傳教史《上》：利瑪竇全集1》[M]（臺北：光啟出版社，1986年），第86-87頁；張西平，《萊布尼茨思想的中國元素》[M]（鄭州：大象出版社，2010年），第239頁。

[11] 牟宗三，《牟宗三先生全集》[M]（臺北：臺灣學生書局，1997年），第74-76頁。

[12] Newman, J. (2012). Sustaining community archives. Aplis, 25(1), 37-45. p. 38.

[13] McCausland, S. (2011). A future without mediation? Online access, archivists, and the future of archival research. Australian Academic and Research Libraries, 42(4), 309-319. p. 310.

[14] Gilliland, A. J. (2012). Contemplating co-creator rights in archival description. Knowledge Organization, 39(5), 340-346. p. 340.

[15] Legge, J. (ca, 1815-1897). James Legge's learning notes for Chinese mythical and legendary. (MS. Eng. Misc d. 1252). Bodleian Library & Radcliffe Camera, University of Oxford, Oxford, England.

[16] Fintland, I., Martin, J. B., & Braut, G. S. (2013). Living in a box, or a genie in a bottle? Archives as a backbone for corporate storytelling. Journal of Management and Strategy, 4(3), 9-15. doi:10.5430/jms.v4n3p9 p. 9.

[17] Taleb, N. N. (2010). The Black Swan: The Impact of the Highly Improbable. New York, NY: Random House. p.13.

來的，當中作者的主觀想法勢必會影響內容的可信度[18]。第二，這些檔案甚至可以提供一些已被目前研究者忽略的紀錄，如被邊緣化與被排除在研究外的不同聲音（The marginalized and excluded voices in records）[19]。因此，本研究通過查閱理雅各留存於牛津大學的史料，以填補國內學者由於條件所限而在這一領域的研究資料上的空白。

本研究嘗試剖析理雅各的儒家教育觀，希望可以通過此舉，在為未來相關研究人員提供理雅各的儒家經典翻譯的基礎上，也為理雅各如何看待儒學這一問題方面，多提供一份參考資料。即多了一個「非研究翻譯的」材料來拼湊這位漢學家的思想。目前，研究理雅各的學者大都是以語言翻譯的分析比較為主要研究方向。筆者希望在未來，針對理雅各的研究不單單局限在語言翻譯上，也希望本文有拋磚引玉的作用，能夠引起更多研究者對理雅各在中西文化教育史上的思考。

（二）現實意義

本研究嘗試回到理雅各的時空背景去探究他為何如此詮釋儒家經典。目前，在全球化的衝擊下，各國之間的競爭日趨激烈，中國也在全球各地廣設孔子學院，旨在向全球推廣中國儒家文化與傳統儒家精髓。因為理雅各的儒家經典翻譯被視為標準譯本，所以他所詮釋、翻譯出的儒家經典概念與西方學者看待儒經和儒家教育的思路緊密相連。

既然傳教士理雅各擔任著儒學西傳的重要推手，當他把儒家經典翻譯推向西方時，他的觀點與立場自然需要被放大檢視。因為當人帶著固定思維時，他看到的每一樣東西都是同一種顏色，這也是西方哲學中所強調的認識論（Epistemology）。因此，當理雅各戴上了傳教的眼鏡，他所詮釋、翻譯的儒家經典勢必帶有西方基督教神學和以基督教為核心的西方文化的影子。畢竟人很容易陷入以自我為中心的偏見：認為我現在所看到的或與我之前經驗一致的就是事實或是整個世界；沒看到或沒經歷過的就稱為「沒意義」、「奇怪的」、「怪異的」。這也是英國哲學家培

---

[18] （美）吉瑞德（Norman J. Girardot）著，段懷清、周俐玲譯，《朝觀東方：理雅各評傳》（The Victorian Translation of China, James Legge's Oriental Pilgrimage）[M]（桂林：廣西師範大學出版社，2011年），第2頁。

[19] Gilliland, A. J. (2012). Contemplating co-creator rights in archival description. Knowledge Organization, 39(5), 340-346. p.341.

根（Francis Bacon）所強調的，人必須要破除四個偶像——種族（人類中心）、洞穴（主觀偏差）、市場（語意混淆）、劇場（被既有理論所困惑）[20]，因為這四大偶像會阻礙人類知識的發展。其中的「洞穴偶像」簡言之就是：「人通過自己的成見來看一切。戴著有色的眼鏡，就像井底之蛙一樣。比如說，德國人有種族優越感，認為猶太人是劣等民族。」[21]鄧家成不斷地提到：「哲學產生觀念，觀念決定生活行為」[22]，呼應了德國哲學家費希特（Johann Gottlieb Fichte）曾經說過的一句話：「一個人選擇什麼樣的哲學，完全取決於他是什麼樣的人。」

本文並未預設任何立場暗指理雅各是否在翻譯上有所謂的以基督教毀滅文化的宗教野蠻[23]，而是以理雅各本人的專著作為論據進行研究。此舉可以降低犯下哲學中「非黑即白的錯誤」（Black-or-white fallacy）之可能性。意思是：事實非僅止於這兩種選擇，而是有第三種或更多種的可能。美國哲學經典作者莫爾（Moore）與布魯德（Bruder）強烈呼籲不可陷入這類錯誤，這類錯誤亦稱「兩難推理」（false dilemma）、「全有或全無的錯誤」（All-or-nothing fallacy）或「非此即彼的錯誤」（Either-or fallacy）[24]。

本研究嘗試在目前現有的資料中，推敲出在當時中西有著明顯差異時代背景（現代化、文化交流、留學教育、宗教交流等領域）的種種衝擊下，理雅各的翻譯角度、心態與異中求同（孔子與耶穌）[25]的依據，還包括他自我認知的儒學觀，為未來想研究理雅各的學者們提供另一種類的參考資料。

第二節　學術史回顧

本研究圍繞核心問題，通過國內外多個學術資料庫，如中國知網、Academic Search Complete資料庫、Business Source Complete資料庫、Business

[20] 李忠謙，《圖解哲學》[M]（臺北：易博士文化事業股份有限公司，2003年），第92頁。

[21] 傅佩榮，《我看哲學》[M]（新北：名田文化有限公司，2004年），第27、36、50頁。

[22] 鄧家成，《中西文化比較：哲學文明宗教野蠻》[M]（新北：汶傑圖書出版有限公司，2003年），自序、第426頁。

[23] 鄧家成，《中西文化比較：哲學文明宗教野蠻》[M]（新北：汶傑圖書出版有限公司，2003年），第483頁。

[24] （美）布魯克・諾埃爾・莫爾、肯尼士・布魯德著，《思想的力量：哲學導論（第6版）》[M]（上海：上海社會科學院出版社，2009年），第9頁。

[25] 傅佩榮，《儒家與現代人生》[M]（新北：業強出版社，1991年），第39頁。

Abstracts with Full Text資料庫、Education Research Complete資料庫、Historian Abstracts資料庫、Education Full Text資料庫等國內外學術資源，對本論文所涉及的研究內容進行了全面查閱。學術史回顧通過以下三個部分展開：第一，國外研究現狀。在國外文獻研究中，許多研究都揭示了同一個主題：對理雅各的儒學西傳研究。第二，國內研究現狀。國內研究現狀則主要圍繞理雅各在東學西漸上的兩個主題：理雅各的翻譯研究與理雅各的中西文化教育交流研究。第三，目前研究局限：目前海內外學界尚缺少對理雅各的個人儒學觀的專門性系統性研究。

一、國外研究現狀

在專書部分，若要選出將中國儒家經典西傳的最具指標性的人物，理雅各（James Legge）躋身前列。理雅各是英國蘇格蘭漢學家，並擔任牛津大學第一任漢學教授。美國理海大學教授吉瑞德（Norman J. Girardot）傾注二十多年心血於2002年出版了他的專書《朝觀東方：理雅各評傳》（The Victorian Translation of China: James Legge's Oriental Pilgrimage）[26]，按照時間的順序對理雅各的一生進行梳理，並分成「傳教士、朝聖者、異端者、闡釋者、翻譯者、比較者、開拓者、教育者」[27]八個角色。這部著作著重對理雅各1873年離開中國後，作為一個漢學家的學術經歷和精神經歷進行探究，並由此呈現了理雅各外表平靜、內心豐富的一生，為後人研究理雅各提供了珍貴的資料[28]。此書具備豐富的文獻資料，是目前欲從事理雅各研究者不可或缺的一本傳記。此書除了寫得非常詳細以外，對史料的考究也是目前筆者所看過最完整的一部著作。在筆者前往牛津大學翻拍理雅各的手稿後，與吉瑞德的這本專書交互比對，發現吉瑞德的確都將手稿引用在其書中。當然，其他研究者如懷特海德（Whitehead）於1977年出版的《以斯拉龐得與詹姆士理

---

[26] Girardot, N. J. (2002). The Victorian Translation of China: James Legge's OrientalPilgrimage. Berkeley, CA: University of California Press.

[27] （美）吉瑞德（Norman J. Girardot）著，段懷清、周俐玲譯，《朝觀東方：理雅各評傳》（The Victorian Translation of China, James Legge's Oriental Pilgrimage）[M]（桂林：廣西師範大學出版社，2011年）。

[28] 段懷清，〈理雅各與維多利亞時代的英國漢學——評吉瑞德教授的《維多利亞時代中國古代經典英譯：理雅各的東方朝聖之旅》〉[J]，《國外社會科學》2006(1):81-83，第83頁。

雅各》（Ezra Pound and James Legge）[29]和泰勒（Taylor）於2011年出版的《孔子，《論語》：聖賢之選的途徑》（Confucius, The Analects: The Path of the Sage-Selections）[30]等也有出版關於理雅各的翻譯研究資料，但都比不上吉瑞德這本書所探討的那麼深入。甚至連有些尚未被兩岸發現的史料——例如理雅各對元朝劉謐所寫的《三教平心論》（Fair and Dispassionate Discussion of the Three Doctrine）[31]評論[32]，也曾被吉瑞德所考究。吉瑞德的著作《朝觀東方：理雅各評傳》之所以精彩，是因為它將理雅各的時代背景、工作，甚至心路歷程都描寫得非常詳盡。它也指出了研究理雅各晚年的一大重點：理雅各是如何摘掉他的「傳教士眼鏡」，改戴上「哲學家的眼鏡」[33]去看待儒家文化的。

另一本關於理雅各研究的專書是美籍漢學家費樂仁（Lauren Pfister）教授用十五年的時間完成的，長達七百多頁的理雅各的學術性傳記：《力盡「人所當盡的本分」——理雅各和蘇格蘭新教與中國相遇》（Striving For'the Whole Duty of Man'—James Legge (1815-1897)and the Scottish Protestant Encounter With China），並在著作中「探究了理雅各作為新教傳教士和學者、維多利亞時期的漢學家對國際漢學和比較哲學、比較宗教的貢獻」[34]。費樂仁教授對理雅各《中國經典》所開創的嚴謹的翻譯標準也給予極高的讚譽[35]。費樂仁曾這樣評價理雅各不朽的翻譯：「理雅各從中國傳統學者詮釋儒經的浩瀚書海裡理出了一個完整合一的頭緒，因而能夠用他的長篇前言與注釋為讀者提供百科全書般的知識；其譯文中最激動人心的手法就是有意識的詮釋、解義與加注，而在他那個時代再沒有一個譯者給研究者提供同樣多的資訊了。」[36]

---

[29] Whitehead, C. (1977). Ezra Pound and James Legge (Doctorial dissertation). The University.of Toledo.

[30] Taylor, R. L. (2011). Confucius, The Analects: The Path of the Sage-Selections Annotated and Explained. Woodstock, VT: SkyLight Paths.

[31] Legge, J. (ca, 1815-1897). James Legge's four lectures on Imperial Confucianism. (MS. Eng. Misc d. 1261). Bodleian Library & Radcliffe Camera, University of Oxford, Oxford, England. p.1.

[32] 周俐玲、段懷清，〈理雅各與劉謐《三教平心論》〉[J]，《中國比較文學》2008(1):75-87，第82-83頁。

[33] （美）吉瑞德（Norman J. Girardot）著，段懷清、周俐玲譯，《朝觀東方：理雅各評傳》（The Victorian Translation of China, James Legge's Oriental Pilgrimage）[M]（桂林：廣西師範大學出版社，2011年），第3、28頁。

[34] 陳可培、劉紅新，〈理雅各研究綜述〉[J]，《上海翻譯》2008(2):18-22，第20頁。

[35] 王輝，〈理雅各《中庸》譯本與傳教士東方主義〉[J]，《孔子研究》2008(5): 103-114，第103頁。

[36] 岳峰、周秦超，〈理雅各與韋利的《論語》英譯本中風格與譯者動機及境遇的關係〉[J]，《外國語言文學》（季刊）2009(2): 102-109，第103頁

　　另外，在研究理雅各的儒學西傳時，本文還會牽涉到比較宗教學。理雅各在中國時，因為不認同佛教祭拜儀式，也無法理解道家的虛幻，曾寫下對佛教與道教的負面評價。波士頓儒家的教授南樂山（Robert Cummings Neville）與白詩朗（John Berthrong）也都撰文指出理雅各翻譯的優點，除了高舉理雅各對儒家經典翻譯的重要性，他們也認同理雅各是將道家、佛家作品推向西方的重要推手之一。理雅各的學術貢獻部分是因為他進行了大量的翻譯計畫（massive translation project）。更重要的是，他是一名嚴謹、敏感的學者（an accurate and perceptive scholar）[37]，他的翻譯技巧至今仍值得後輩學習[38]。

　　在西方，理雅各的儒學西傳研究曾被應用於文學翻譯或文學比較。因為理雅各翻譯的《中國經典》（The Chinese Classics）除了被評價為標準譯本，也被視為翻譯上的重大成就（significant achievements）[39]。但因翻譯牽涉到了詮釋（interpretation），因此也有學者質疑理雅各的語言背景與文化背景左右了他對儒經的詮釋，他個人的經驗與文化背景也間接地影響或限制了（Conditioned）他的翻譯[40]。理雅各的翻譯也成為一百多年來國內外的爭議熱點。例如：部分西方基督教傳教士批評理雅各將「God」翻譯成「上帝」（Shangdi）是對其宗教的褻瀆（Blasphemous）[41]。再者，也有研究指出理雅各並非出生於中國或是在中國成長，而他的中文能力是翻譯《中國經典》的關鍵，所以他是嘗試在兩種語言與文化中尋找平衡點（Attempt to negotiate the differences between the two languages and cultures），因為他的歐洲人身份的的確確影響了他對中國語言的理解（Yet his real understanding of the Chinese language was also influenced by the dominating European occultation）[42]。

---

[37]　Berthrong, J. (2004, August 6). Book reviews [Review of the book The Victorian Translation of Confucianism: James Legge's Oriental Pilgrimage, by N. J. Girardot]. Journal of Chinese Philosophy, 31(3), 412-417. doi: 10.1111/j.1540-6253.2004.00162_3.x p. 412.

[38]　Zhu, F. (2010). On the stylistic characteristics of James Legge's translation of Lun Yu. Cross-Cultural Communication, 6(2), 1-13. p. 1.

[39]　Mungello, D. E. (2003). A Confucian voice crying in the Victorian wilderness. Journal of Religion, 83(4), 585-592. p. 585.

[40]　Hsia, A. (2003). Richard Wilhelm's reception of Confucianism in comparison with James Legge's and Max Weber's. Journal of Ecumenical Studies, 15(1/2), 96-110. p. 97.

[41]　Mungello, D. E. (2003). A Confucian voice crying in the Victorian wilderness. Journal of Religion, 83(4), 585-592. p. 585.

[42]　Kang, T. (2008). Trust, aggression, incorporation, and restitution: A new direction for the 21st Century. International Journal of the Humanities, 5(10), 159-167. p. 162.

二、國內研究現狀

國內大部分的學術期刊都以討論理雅各的翻譯為主。值得注意的是，在東學西漸上，理雅各是一位學術嚴謹的中國儒家經典翻譯學者。但是，他同時也擔起西方傳教士的使命：使中國的異教徒歸化成基督徒。正因為他這種雙重身份，許多專家學者對他所翻譯的英文版儒經產生質疑。

正如劉家和所指出，理雅各對儒家經典的理解有兩個限制因素：時代的限制與文化背景的限制。「他[理雅各]要幫助中國人打破對於儒家經典的迷信，可是自己也無法理解儒家思想的若干積極方面。」[43]

因此，兩岸研究理雅各的文獻大致上可分為兩大類：理雅各的翻譯研究與理雅各的中西文化教育交流研究。

（一）對理雅各的翻譯研究

基本上，理雅各對中國傳統文化是尊重的。正是因為這種對中國經典的尊重，理雅各盡可能地保留原文的中心思想與特色。「他沒有像西方一些譯者那樣隨心所欲地改寫和用西方的思想觀念解構翻譯對象，而是堅守一名學者的嚴謹與開明，在翻譯中與原作者進行平等的對話，為世人留下了迄今仍在西方漢學界重大的影響。他的譯著被西方漢學家們視為研究中國古代傳統思想的經典文獻。」[44]楊慧琳將理雅各這種通過翻譯中國經典而產生的語言間的交流定義為「經典辨讀」[45]。

理雅各傳播儒學的方式主要有兩種：通過譯書傳播與在牛津大學教授漢學相關課程。因為理雅各的多元身份（傳教士、翻譯編輯、牛津漢學學者、比較宗教學者），他對中西文化交流史的影響極其深遠。理雅各苦心鑽研中國古代語言與文化，超越了之前西方學者對中國文獻的平均研究水準[46]。王東波指出，理雅各的中國經典譯文可概括三個主要特性：「（1）

---

[43] 劉家和，《史學、經學與思想——在世界史背景下對於中國古代歷史文化的思考》[M]（北京：北京師範大學出版社，2013年），第5頁。

[44] 何立芳，〈傳教士理雅各中國經典英譯策略解析〉[J]，《外國語文》（雙月刊）2011, 27(2): 89-91，第91頁。

[45] Yang, H. L. (2011). Theological interpretation on the sacred books of China and its political implication: A case study on James Legge's translation. Sino-Christian Studies, (11), 27-44. p. 28.

[46] 岳峰，〈理雅各與中國古經的譯介〉[A]，《2003福建省外國語文學會年會交流論文文集》，第5頁

旁引博涉，對原文的理解深入透切。（2）緊扣原文，採用了語義翻譯的方法。（3）背景知識的介紹。」[47]理雅各的翻譯中有時註腳的篇幅甚至超越了譯文。為了使西方讀者理解儒家經典的精髓，理雅各使用了大量註腳。從他對《論語》的翻譯就可以看出，他對許多章節的修辭與解釋耗費心力，只為在譯作中保留並傳播儒家文化的核心思想[48]。

然而在翻譯上，他過度戒慎恐懼地翻譯中國經典與「理解偏差和表述欠佳」[49]，以致造成了他的譯本的幾個缺失：「（1）行文古澀呆板，文體止於可讀；（2）誤解與誤譯；（3）語篇缺乏銜接。」[50]清末民初的辜鴻銘對理雅各翻譯的缺失加以憤怒、無情地批評。他認為這種翻譯行為是西方文明對中國傳統文化的侵略，並非西傳。辜鴻銘認為理雅各無法全盤理解中國儒家思想的精隨，是因為理雅各本身在文化、知識、思想和宗教信仰上的局限，導致部分理雅各的翻譯錯誤。在他看來，這根本就是糟蹋了儒家博大精深的核心價值[51]。

（二）對理雅各的中西文化教育交流研究

在中國學界，部分研究指出理雅各確實曾「摒除自身的偏見」來為儒家經典翻譯。但是，他畢竟是西方傳教士，真的可以「完全脫離他的宗教色彩」來翻譯儒經嗎？換言之，當多數人都肯定一件事，這件事就一定是「真理」嗎？胡適先生提醒過我們：「做學問，要在不疑處有疑。」孔子也說過，人要有「學而不思則罔，思而不學則殆」的思考習慣。《禮記・中庸》提到：「博學之，審問之，慎思之，明辨之，篤行之」，而「審問、慎思、明辨」屬於思考的範疇，也是做學問與養成哲學修養的第一步[52]。基於這種好奇與質疑，本研究希望能通過尋找反面資料或非翻譯類的文獻來進一步檢視理雅各的儒學觀。

---

[47] 王東波，〈理雅各與中國經典的譯介〉[J]，《齊魯學刊》2008, 2(203): 31-34，第33頁。

[48] 王東波，〈理雅各對中國文化的尊重與包容──從「譯名之爭」到中國經典翻譯〉[J]，《民俗研究》2012, 1(101): 44-49，第48頁。

[49] 洪捷、岳峰，〈淺議英國漢學家理雅各的《佛國記》譯本〉[J]，《福建教育學院學報》2006(7): 92-94，第94頁。

[50] 王東波，〈理雅各與中國經典的譯介〉[J]，《齊魯學刊》2008, 2(203): 31-34，第34頁。

[51] 辜鴻銘，《論語（英譯本）》[M]（新北：先知出版社，1976年），序第vii-ix頁。

[52] 傅佩榮，《我看哲學》[M]（新北：名田文化有限公司，2004），第73-74頁。

　　理雅各的傳教士身份也造成了他在東學西漸上的阻礙，部分中西學術界的翻譯學者們與傳教士也持續地爭辯著此一「譯名之爭」。身為傳教士，理雅各肩負著歸化中國異教徒的基督使命，所以，他在思想上與觀念上勢必以本身的基督教立場做思考與判斷。理雅各的前見或預設立場被他自身的三種權力介入所操控著：（1）宗教權力；（2）政治權力；（3）文化權力[53]。這令許多學者不禁懷疑，甚至直接批評當時這些來華傳教士們以翻譯當作手段策略，潛移默化地進行霸權壓迫或傳教使命任務[54]的行為。楊慧林表示，當理雅各在翻譯中國經典時，「理雅各在閱讀上始終保持自己的獨立性，並非全然接受儒家的思想以及歷代注疏」[55]。針對這一點，本文在查證理雅各牛津大學史料時，確實發現理雅各對「佛教」與「道家」表現出極不友善甚至是批判的態度。例如：史料檔案MS. Eng. Misc d. 1261收錄了理雅各對劉謐《三教平心論》中「佛教」與「道家」的負評。理雅各認為部分觀點無法接受的原因是因為過度「誇張」（Exaggeration）並有「瑕疵」（Defect）。其實這不難理解：基督教本身就是把其他宗教都視為異教，認為佛教有瑕疵，其實也就順理成章地證明基督教才是唯一真理。而道家的「順其自然」、「清靜無為」、「無神論」當然也被理雅各視為怪異的教條（Strange doctrines）[56]。從這裡可以看出，理雅各之所以劍指「佛教」與「道家」明顯是受到本身的基督教教義思想所驅使。

　　然而，「理雅各研究翻譯《論語》，並不等於他放棄了西方的文化觀念。他時而在註腳中發表對孔子某些言行的不同看法，體現出他對中西文化衝擊的包容」[57]。例如，段懷清並不認同學界對理雅各的種種批評，他說道：在理雅各看來，一個稱職的傳教士，應該對他所宣教的對象及其思想文化和道德傳統的形成具有一定的瞭解，如果對此能夠有一定研究無疑

---

[53] 榮覓，〈《論語》理譯本成功背後權力的介入〉[J]，《湖南醫科大學學報（社會科學版）》2009, 11(1): 162-164。

[54] 何立芳，〈理雅各英譯中國經典目的與策略研究〉[J]，《國外理論動態》2008 (8): 68-71，第68頁。

[55] 楊慧林，〈「經文辨讀」中的信仰和責任——以理雅各關於「以德報怨」的譯解為例〉[J]，《北京論壇》2010: 100-104，第104頁。

[56] Legge, J. (ca, 1815-1897). James Legge's four lectures on Imperial Confucianism. (MS. Eng. Misc d. 1261). Bodleian Library & Radcliffe Camera, University of Oxford, Oxford, England. p. 2, 12.

[57] 王東波，〈理雅各對中國文化的尊重與包容——「譯名之爭」到中國經典翻譯〉[J]，《民俗研究》2012, 1(101): 44-49，第49頁。

更好。這種在比較宗教科學認知論和方法論基礎之上的努力，實際上已經超越了一般意義上的宗教宣教行為[58]。許多學者批評理雅各的雙重身份與他個人理解所帶來的翻譯偏差，但需要提醒的是，理雅各在翻譯時，他曾聘雇清朝一代學者王韜在旁輔助和考證。相關資料（包括照片）仍可在牛津大學圖書館內的古籍室找到。由此可見，理雅各確實堅守嚴謹的治學態度。

雖然理雅各並未完全接受中國經典的內容，但並不代表他不尊重儒家教義。相反地，正因為他崇拜孔子，才持續翻譯了數量龐大的中國經典。理雅各之所以會堅持將儒學西方化，是因為他很清楚孔子對中國甚至是對其他具有儒家思想的國家產生了巨大的積極影響力。

三、目前研究局限

目前，國內關於理雅各儒學西傳的？研究存在以下三個問題：

第一，國內研究者缺乏對理雅各原始檔案的運用，造成了目前關於理雅各的研究視野不夠開闊。國內關於理雅各在牛津大學教授漢學的資料較少，更少使用到原始檔案做研究。換言之，國內外學者對理雅各在牛津大學擔任首任漢學教授所進行的漢學教育研究鮮少，這是本文的研究重點之一，也是本文的主要成果或創新點。

第二，目前關於理雅各研究成果集中在儒經翻譯上，大多數學者利用文本來研究理雅各的翻譯，卻沒有深入分析理雅各本人的儒學觀。若無法理解理雅各自身對儒學的認知，一味地比較翻譯中存在的差異，易有過度解讀與斷章取義之嫌。

第三，已有的研究都集中於對理雅各的儒學經典翻譯，沒有觸及到他在牛津大學的漢學教育研究。國內外學者段懷清與吉瑞德都指出理雅各本人非常重視劉謐的《三教平心論》，因為理雅各自己對「儒」、「道」、「佛」的看法都誠實地寫在這份資料內，唯有進到牛津大學將《三教平心論》取出，才能進一步剖析理雅各本人真實的觀點。

---

[58] 段懷清，〈晚清英國新教傳教士「適應」中國策略的三種型態及其評價〉[J]，《世界宗教研究》2006 (4): 108-116，第116頁。

第三節　概念界定

一、中西文化教育交流

在歷史的長河中，中西方發生過許多次的文化碰撞。來自義大利的利瑪竇（Matteo Ricci, 1552-1610）進入中國後，扮演著一個中西文化雙向交流樞紐的角色，兼負「西學東漸」與「中學西傳」的職責。這也正是為何方豪與胡適等人都認為利瑪竇乃是中西文化交流溝通史上的第一人[59]。在「西學東漸」上，利瑪竇將西方科學、數學、哲學、藝術等傳入中國，為西方文化在中國的傳播打下奠基。另一方面，在「中學西傳」上，利瑪竇將中國的儒家學說、佛教、道教等哲學與宗教思想傳回西方。本研究中的「中西文化教育交流」聚焦在19世紀「中學西漸」裡的儒學西傳。在利瑪竇設下「合儒補儒」的策略與方針後，許多傳教士都採用了他的此一策略。這在形式上是通過學習中文瞭解中國文化，但最終目的主要是為了傳教。與其他傳教士一樣，19世紀的傳教士理雅各也是以傳教為目的而來到中國。

二、漢學教育

從中國明清時期開始，在中西文化交流與文化差異的衝擊下，各國的文化交流奠定了今日現代化與全球化的多元文化根基。歐洲漢學及歐人的漢學研究，其發展大致上可分為三個階段：第一，「遊記時期」。主要是寫下在中國的文化差異紀錄，例如馬可波羅（Marco Polo, 1254-1324）遊記。但此時期的資料只有零星少數，不足以充分瞭解中國文化與思想。張西平甚至指出：馬可波羅的《馬可波羅遊記》隻字未提到儒家或孔子，不免讓人懷疑馬可波羅究竟是否真的到過中國[60]。第二，「傳教士漢學時期」。16世紀初，明朝仍然閉關自守，西班牙籍天主教耶穌會傳教士方濟各・沙勿略（Francis Xavier, 1506-1552）叩關未成，後來義大利耶穌會

---

[59] 張西平，《中國與歐洲早期宗教和哲學交流史》[M]（北京：東方出版社，2001年），總序第2-5頁、前言第5頁、第4、253頁。

[60] 張西平，《中國與歐洲早期宗教和哲學交流史》[M]（北京：東方出版社，2001年），總序第1頁。

傳教士羅明堅（Michele Ruggieri, 1543-1607）與利瑪竇（Matteo Ricci, 1552-1610）等人鍥而不捨，終於敲開了中國大門。他們學習漢語、研究漢學，建立起中西方文化交流的橋樑。此後由明至清，越來越多傳教士不遠千里[61]相繼來到了中國。在這期間，部分傳教士選擇常駐中國，一邊將西學翻譯成中文傳入中國，一邊將漢學與儒學翻譯成外國語傳回歐洲。值得注意的是，許多傳教士會將中國文化與他們自身的基督信仰混為一談，藉此融合。第三，「專業漢學時期」，也就是「漢學」在這近代兩百多年來受到了歐洲的大學與政府的支持與發展。漢學，是由英文「Sinology」翻譯過來。「Sino-」這一詞根代表「中國的、中國人的、漢語的」，源自於拉丁文的「sinae」，也就是現代英文所說的「China」，其詞源來自於「秦朝」（221-206 B.C.）。而字尾「-logy」源自於希臘語，表示「研究、探索、學說」。因此可以說漢學是指外國人對中國各方面學問的研究，例如宗教、文化、歷史、地理、哲學、藝術、文學、語言學、醫藥等[62]。

---

[61] 例如：1584年（神宗萬曆12年），羅明堅在中國學者的幫助下將天主教教理翻譯成《天主聖教實錄》出版；1596年（神宗萬曆14年）門多薩（Juan González de Mendoza）著作《中華大帝國史》；1588年（神宗萬曆16年）高母羨（Juan Cobo）譯范立本編於1393年之《明心寶鑑》，首將中文經典翻譯成英語；1959年(神宗萬曆23年)利瑪竇放棄僧服改穿儒服，首部中文著作《交友論》問世；1602年（神宗萬曆30年）李之藻協助利瑪竇刊印《坤輿萬國全圖》；1603年（神宗萬曆31年）利瑪竇刊行《天主實義》；1623年（熹宗天啟3年）中國西安挖掘出《大秦景教流行中國碑》；1627年（熹宗天啟7年）臺灣地區首位傳教士荷籍甘治士（Georgius Candidius）抵臺，教導干埔族書寫文字，著《福爾摩沙島略記》（Discourse ende Cort Verhael Van't Eylant Formosa）；1648年（清順治5年）普魯士籍荷蘭官兵史曼卡爾登（Schmalkalden, Caspa）完成《東西印度驚奇旅行記》手稿；1654年（清順治11年）衛匡國（Martino Martini, 1614-1661）著成《韃靼戰紀》；1662年（康熙1年）殷鐸澤（Prospero Intorcetta）與郭納爵（Costa, Inácio）合譯之《四書》出版，題為《中國的智慧》（The Meaning of Chinese Wisdom），乃首部歐語四書；1681年（康熙20年）沈福宗隨比利時教士柏應理（Philippe Couplet）赴歐，引起歐人對漢學研究的興趣，1687年（康熙26年）柏應理在巴黎以拉丁文出版《中國賢哲孔子》（Confucius Sinarum Philosphus），中文標題為《西文四書直解》，是17世紀歐洲介紹孔子及其著作描述最完備的書；1703年（康熙42年），1687-1701年間白晉與萊布尼茨通信討論，本年萊布尼茨將論文《關於二進位算數的說明並附其應用以及據此解釋古代中國伏羲圖的探討》提交給法國皇家科學院，引起歐洲科學家關注；1711年（康熙50年）比利時耶穌會士衛方濟（Francois Noël）於布拉格出版的《中國六大經典》（將《四書》、《孝經》、《三字經》譯為拉丁文），為首部《四書》西文全譯本；1715年（康熙54年）義大利傳教士郎世寧（Giuseppe Catiglione, 1688-1766）來北京，供養內廷。收錄於：臺灣中山大學（科技部補助人文及社會科學研究圖書計畫「歐洲漢學」），《歐洲漢學與東／西人文視域的交映》（學術研討會暨書展），2017年1月25日至2017年7月31日。

[62] 在「專業漢學時期」，歐洲各國陸續設立漢學相關學府，如：1732年義大利拿波里中國學院（College dei Cinesi），在馬國賢神父（Matteo Ripa. 1682-1746）推動下成

　　在眾多傳教士中，本文聚焦在第二時期的傳教士理雅各（James Legge,
1815-1897）。在16世紀末至19世紀中葉，西方傳教士就已經開始翻譯包
括儒家在內的中國經典著作，其中又以西方傳教士理雅各（James Legge,
1815-1897）翻譯的中國經典《論語》、《大學》、《中庸》、《孟子》、
《書經》、《春秋》、《禮記》、《孝經》、《易經》、《詩經》、《道
德經》、《莊子》[63]等為標準譯本[64]。傳教士理雅各被尊稱為英國漢學代
表之一與漢籍歐譯三大師之一。他也是儒蓮漢籍國際翻譯獎（International
Stanislas Julien Prize for Chinese Literature）的第一位獲得者[65]。美國學者吉瑞
德（Girardot）將理雅各的翻譯之道歸納為三點：第一，他跨越了語言的
藩籬，翻譯出儒家思想的核心概念，甚至是真理。第二，他突破了自身基
督教宗教的局限性，在晚年虛心檢討自己早期對儒家批判性過重。第三，
他在深刻理解儒家哲學後，心中的同情與尊重油然而生。這三點對翻譯者
來說，是極為重要的。畢竟要不偏頗地翻譯與自己觀點有衝突的文本，翻
譯者本身的立場與態度極為關鍵[66]。因此，理雅各的翻譯深遠地影響著西
方讀者對中國經典的看法。他的譯文不僅搭建了中西文化溝通的橋樑，
他個人對中國經典的詮釋也牽繫著西方人對中國經典的理解。換言之，
19世紀甚至到20世紀，西方讀者主要是通過理雅各的翻譯來瞭解儒家的道

立，可謂歐洲漢學研究史上的先驅。1814年法國法蘭西學院（Collège de France）正
式任命雷慕沙（Jean-Pierre Abel-Remusat, 1788-1823）為「漢、韃靼、滿語言文學教
授」，則為歐洲漢學之初。1832年儒蓮（Stanislas Aignan Julien, 1979-1873）出任法蘭
西學院教授。19世紀上半葉起，漢學研究在法國開始蓬勃發展，巴黎被譽為「西方
漢學之都」。英國倫敦東方研究院也於1825年開始教授中文；1855年荷蘭萊頓大學
設立漢學講座，迄今仍是世界漢學重鎮。德國1816年波恩大學（Universität Bonn）
首先設立漢學系。1887年洪堡大學（Humbolt-Universität）也設東方語言研究院。各
學報期刊也開始展現研究成果，如法國出版《亞洲學報》（Journal Asiatique）、萊
頓大學出版的《通報》（T'oung Pao），百年來一直是很有份量漢學研究期刊。收
錄於：臺灣中山大學（科技部補助人文及社會科學研究圖書計畫「歐洲漢學」），
《歐洲漢學與東／西人文視域的交映》（學術研討會暨書展），2017年1月25日至
2017年7月31日。
63 史革新，〈略論中華文化在晚清時期的外傳〉[J]，《社會科學戰線》2007(1): 142-
153，第143頁。
64 王輝，〈理雅各英譯儒經的特色與得失〉[J]，《深圳大學學報（人文社會科學版）》
2003, 20(4): 115-120，第115頁。
65 岳峰，〈理雅各與牛津大學最早的漢語教學〉[J]，《世界漢語教學》2003, 4(66):
100-103，第100頁。
66 （美）吉瑞德（Norman J. Girardot）著，段懷清、周俐玲譯，《朝覲東方：理雅各評
傳》（The Victorian Translation of China, James Legge's Oriental Pilgrimage）[M]（桂林：
廣西師範大學出版社，2011年），第1-3頁

德觀、政治觀、哲學觀及教育觀（ethical, political, philosophical and education thoughts through Legge's translation）[67]。

三、儒學西方化

　　「儒學西方化」是指西方學者（包括傳教士、漢學家）以基督新教為核心的西方文化去理解、解釋中國的儒學，也就是說以西方文化為標準來評判中國儒學。從利瑪竇開始，定下了「利瑪竇規矩」[68]，目的是為了「易佛補儒」。在與儒家教育的解釋和融合中，遵循著「利瑪竇規矩」的這些傳教士，不免被他們既有的基督教教義思想所影響，而以西方的理解方式闡述與解釋中國傳統儒學，將西方的「上帝」對等於中國人的「天」就是一個最標準的例子。西方人的「上帝」是否完全等同於中國人的「天」，在許多從事此方面的研究工作者中引起爭議：第一，西方的傳教士能否精確地表達出儒家思想的內在價值、西方文化是否可以完全掌握博大精深的中國儒學精髓；第二，西方的傳教士是否仍會戴著具有宗教色彩的眼鏡來解讀中國儒學研究；第三，當西方傳教士將中國儒學放在既定的以基督新教為基礎的框架內，猶如普洛克路斯忒斯之床（A Procrustean Bed），藉著傳福音的美名，不合理地扼殺儒學思想。這種削足適履的爭議於記錄傳教士在華活動中的文獻中屢見不鮮[69]，例如，歐陽德君與歐陽輝純具體地指出：「人們對儒學的認知和研究存在諸多的問題，常常以西方理論為解剖刀，把中國儒學經典視為屍體，任意解剖，導致中國儒學的研究支離破碎。」[70]如長期研究理雅各的學者吉瑞德指出：從理雅各在1861年出版的《中國經典》第一卷當中的緒論可以發現，受到新教傳教士的身份影響，他對孔子的態度具有批評性與敵意，缺乏同情心。後期的理雅各才改變對孔子的批判。吉瑞德歸納出理雅各對孔子改變態度三個可能的原因：第一，直到1869年，理雅各受到《愛丁堡評論》（Edinburgh

---

[67] Zhu F. (2009). A study on James Legge's English translation of Lun Yu. Canadian Social Science, 5(6), 32-42. p. 32.

[68] 孫尚揚，《基督教與明末儒學》[M]（北京：東方出版社，1994年），第19-24頁。

[69] 王立新，〈「文化侵略」與「文化帝國主義」美國傳教士在華活動兩種評價範式辨析〉[J]，《歷史研究》2002 (3):98-109，第109頁。

[70] 歐陽德君、歐陽輝純，〈「中國道路」視野下的學術自信──以中國儒學研究為中心〉[J]，《齊魯學刊》2014年第3期，第26-31頁。

Review）批評，文中批評理雅各對孔子的考察過於嚴厲，同時也缺乏同情心，因此有不公正的嫌疑。這樣的評價讓理雅各重新反省與修正自己。第二，長期與王韜的交往，也讓理雅各「重新評價自己對中國和孔子思想教誨的某些顯得過於苛刻的判斷」。第三，倫敦宣道會（London Missionary Society）的董事們期許理雅各能利用翻譯的注釋來促進傳教，以及對理雅各的翻譯工作的否定，這些情況在在都讓理雅各感到沮喪與無奈[71]。

　　事實上，理雅各是中西文化教育交流史上一位重要的促進者。理雅各與德庇時（1795-1890）、翟理斯並稱「英國漢學的三大星座」，與法國的顧賽芬（Seraphin Couvreur, 1838-1919），及德國的衛禮賢（Richard Wilhelm, 1873-1930）齊名「漢籍歐譯三大師」[72]。王韜稱讚理雅各為「西儒」，在〈送西儒理雅各回國序〉中這樣評價理雅各的譯作：「書出，西儒見之，咸歎其詳明該洽，奉為南鍼。」[73]艾德（E. J. Eitel）從整個漢學研究的範圍看待理雅各的地位和貢獻，認為沒有人對中國經典的理解像理雅各那樣深入、廣泛，正是理雅各的翻譯工作才使得他們有機會閱讀到中國的原始文獻。艾德曾認為任何對中國事物感興趣和任何急於明瞭中西之間的交往與理解的人，都應該拜讀理雅各的譯作並對其心懷持久而深切的敬意[74]。

　　理雅各的儒學西傳方式可以歸納為三種：（1）翻譯包括全部「四書五經」及其他中國傳統經書；（2）終其一生都奉獻在儒學研究上，並留下了大量珍貴的研究結論，為西方世界瞭解中國傳統文化提供很有價值的參考；（3）在他人生的後二十三年（1876年至1897年）一直擔任牛津大學的漢學教授，在教師的崗位上孜孜不倦，耐心地將自己所學和中國文化傳授給西方學子，直至人生的最後時刻。理雅各作為牛津大學首任漢學教授，影響的不僅是他的學生，更推動了英國整個漢學職業的發展，開啟了研究漢學的新紀元[75]。

---

[71] （美）吉瑞德（Norman J. Girardot）著，段懷清、周俐玲譯，《朝覲東方：理雅各評傳》（The Victorian Translation of China, James Legge's Oriental Pilgrimage）[M]（桂林：廣西師範大學出版社，2011年），第48-49、52-53頁。

[72] 岳峰，《架設東西方的橋樑——英國漢學家理雅各研究》[M]（福州：福建人民出版社，2004年），第151-152頁。

[73] 王韜，《弢園文錄外編》[M]（上海：上海書店出版社，2002年），第181頁。

[74] 王國強，《中國評論》[M]（上海：上海書店出版社，2010年），第138-140頁。

[75] （美）吉瑞德（Norman J. Girardot）著，段懷清、周俐玲譯，《朝覲東方：理雅各評傳》（The Victorian Translation of China, James Legge's Oriental Pilgrimage）[M]（桂林：廣西師範大學出版社，2011年），第125頁

第四節　研究設計

一、研究方法

　　威廉・狄爾泰（Wilhelm Dilthey）是德國的哲學家、歷史學家、心理學家、社會學家，在他的狄爾泰歷史理論（Dilthey's theory of history）中指出，歷史研究者應該要避免使用片面與誤用的觀點（To avoid the one-sided and mistaken view）[76]。因此，本研究採用了三種研究法：歷史研究法、文本分析法和個案研究法。

　　第一，歷史研究法。歷史研究法是指有系統地蒐集資料與保持客觀的評鑑，主要包含了：主要史料（primary sources）、次要史料（secondary sources）、官方的紀錄及其他的檔資資料（official documents）、遺跡或遺物（remains or relics）等[77]。此方法有助於瞭解事件的因果關係並對事件提出準確的敘述與詮釋。換言之，歷史研究是通過分析史料，來發現（discover）資料；而一般實驗研究是利用測驗方式，來製造（create）資料。理雅各是牛津大學首任漢學教授，他的親筆稿件、個人資料，甚至教學上的遺跡或遺物，仍被保存在牛津大學圖書館檔案室中，此研究運用了檔案專業（achival expertise）[78]資訊、申請進入牛津大學圖書館、進行翻拍檔案工作。該研究方法可以幫助研究者瞭解事件的全貌、解釋事件的假設（assumption）[79]，甚至提供研究者學術上的新突破或頓悟（epiphanies）[80]。英國史學家愛德華卡爾（Edward H. Carr）為此方法下了精確的定義：「歷史乃是史學家與其他事實之間不斷交互作用的歷程，為過去與現在之間無止境的對話。」[81]然而，與自然科學不同，歷史研究法有三項限制：（1）無法依據歷史事件找出其普遍性；（2）如哲學家康德

---

[76] Rickman, H. P. (1961). Meaning in History: W. Dilthey's Thoughts on History and Society. London, England: George Allen & Unwin Ltd. p. 33.

[77] 王文科、王智弘，《教育研究法（第12版）》[M]（臺北：五南圖書出版社，2008年）第226頁。

[78] Janesick, V. J. (2000). The choreography of qualitative research design. In N. K. Denzin & Y. S. Lincoln (Eds.), Handbook of Qualitative Research (2nd ed.) (pp. 370-399). Thousand Oaks, CA: SAGE. p. 396.

[79] Tashakkori, A., & Teddlie, C. (Eds.). (2003). Handbook of Mixed Methods in Social & Behavioral Research. Thousand Oaks, CA: SAGE. p. 589.

[80] Patton, M. Q. (2002). Qualitative Research and Evaluation method. Thousand Oaks, CA: SAGE. p. 386.

[81] Carr, E. H. (1961). What Is History? New York: Vintage books.

所說，每位史學家必定會戴上自身的主觀眼鏡來解讀歷史事件，這樣的主觀研究態度會阻礙客觀性；（3）史學家像拼圖者，當他們嘗試要把歷史事件原貌還原時，容易依據不充分的證據，例如，以片面性、過度簡化的證據進行推理，得出拙劣的邏輯分析結果，導致許多人對其真實性存疑[82]。

第二，文本分析法（Content analysis）。此方法與探討遙遠紀錄的歷史研究法類似，但文本分析法更側重在「解釋某個特定時間的某一個現象發展情況」。此外，文本分析法更提供了另外三種分析類別來補充歷史研究法的不足：（1）詮釋性分析（Interpretative anylysis）：將該事件放到更寬闊的格局來解讀，例如：在經濟、政治和社會上等，是否有與此事件相關或交互影響的可能；（2）比較分析（Comparative analysis）：以不同時間年代為主，比較兩個或多個事件的相似性與差異性，藉此看出因果關係；（3）普遍化的分析（Universal analysis）：通過學理的分析、哲學的分析、歷史的證據、過去的一致性規則、事件的發生順序，來解讀整個事件的進程與發展[83]。因此，本研究的文本分析法包含了兩個部分，第一，通過查閱理雅各的儒家經典翻譯與牛津大學圖書館所收藏的手稿，分析理雅各的儒學觀；第二，將理雅各的《四書五經》翻譯與其他儒家經典翻譯者（如辜鴻銘）的作品作比較，藉此釐清理雅各是否清晰地掌握了儒家的基本核心概念。因受到學術研究的束縛，理雅各的譯本枯澀呆板，使得西方初學漢學的學子們不易理解儒家經典的精髓；相反地，辜鴻銘的譯本則深入淺出，對漢學初學者較易掌握。正如李光斌在《西播《論語》回譯》的序中寫道：「辜老採用的是釋譯方法，讀著辜老的譯文，彷彿坐在課堂上聆聽先生逐字逐句深入淺出的解讀。」[84]

第三，個案研究法（Case studies）廣泛地運用在教育研究、臨床心理學、醫學上[85]。岳峰2004年出版了研究理雅各的著作《架設東西方的橋樑

---

[82] 王文科、王智弘，《教育研究法》（第13版）[M]（臺北：五南圖書出版社，2009年），第25、185-201頁。

[83] 王文科、王智弘，《教育研究法（第13版）》[M]（臺北：五南圖書出版社，2009年），第25、301-318頁。

[84] 辜鴻銘，《西播《論語》回譯：辜鴻銘英譯《論語》詳解》[M]（上海：東方出版中心，2013年），序第2頁。

[85] 王文科、王智弘，《教育研究法（第15版）》[M]（臺北：五南圖書出版社，2012年），第425頁。主要是仔細分析具代表性的個體或團體，從研究中獲取結論，甚至

——英國漢學家理雅各研究》，從書名就可以看出，理雅各在中西文化交流的過程中扮演著「橋樑」的角色。他以傳教士身份來華，最終以儒學研究和翻譯名垂千古。理雅各的翻譯影響深遠，後人再譯中國古代經典時，大都借鑑理雅各的譯文和長篇的文本研究結果。可以說理雅各對中國經典的翻譯所做出的貢獻至今仍無人能超越[86]。本研究的部分樣本源自於牛津大學古籍資料檔案室，這也是歷史研究法中所提到的第一手資料（Primary sources）與檔案資料（Archival documents and records）[87]的相關資料。本研究是建立在歷史學的檔案研究（archival research）[88]的基礎上，並在此學理根基上建立起對理雅各多元面向的研究、解釋與說明。

二、研究思路

本研究之思路以下列章節鋪陳：導論說明漢學巨擘理雅各的權威英譯對西方學者研究儒家經典的深遠影響力。第一章闡述理雅各在促進中西文化教育交流史上的四個活動時期，介紹理雅各的經歷，探討他如何理解儒家精髓。第二章剖析理雅各的儒學經典翻譯。通過他翻譯的教育經典與儒學研究，歸納並探討理雅各的儒學觀。第三章探究理雅各在牛津大學的漢學教育，主要以他從事的漢學教育活動為主。本章也重點研究了理雅各的兩份重要翻譯作品《聖諭十六條》與劉謐《三教平心論》。第四章探討理雅各的儒學教育觀，主要探討理雅各對儒家教育的看法、其欣賞與支持的儒家特色，以及對儒家教育特點的批判之處。第五章分析理雅各的耶儒關係論，探討理雅各在基督教與儒家思想中搖擺的心路歷程。結論則綜合前五章，總結理雅各對中西文化教育交流史產生的貢獻。

可以藉此結論來推論出母群體。精神分析學家佛洛伊德（Sigmund Freud）與發展心理學家皮亞傑（Jean Piaget）皆有採用此方法。個案研究法是通過文件（Documents）與檔案紀錄（Achival records）來豐富它獨特的四種特性：探索性（Exploratory）、描述性（Descriptive）、解釋性（Explanatory）、評鑑性（Evaluative）。

[86] 岳峰，《架設東西方的橋樑——英國漢學家理雅各研究》[M]（福州：福建人民出版社，2004年），第172頁。

[87] Creswell, J. W. (1998). Qualitative Inquiry and Research Design: Choosing Among Five Traditions. Thousand Oaks, CA: SAGE. p. 49.

[88] McCausland, S. (2011). A future without mediation? Online access, archivists, and the future of archival research. Australian Academic and Research Libraries, 42(4), 309-319. p. 309.

三、創新之處與不足

本研究有兩個創新之處：「挖掘新史料」與「採用了新的研究視角」。第一，挖掘新史料。本研究論文直接引用，參考了兩份牛津大學關於理雅各的史料。研究者於2013年3月飛往英國牛津大學超過四百年歷史的博多利圖書館（Bodleian Library），取出理雅各的親筆稿件，調閱理雅各一百多年前的個人檔案資料庫。第一手原始資料可以使此研究更加深入分析理雅各從傳教士轉變成學者的原因，即他是如何從批評儒家到接受儒家思想。本文在第三章列舉了理雅各翻譯的《聖諭十六條》與劉謐《三教平心論》，其中劉謐《三教平心論》更值得注意。根據周俐玲與段懷清撰文：在理雅各擔任牛津大學第一任漢學教授時，多次談論到具有跨文化與比較宗教學色彩的劉謐的《三教平心論》，「但是理雅各當時在課堂上是如何解讀劉謐《三教平心論》的，如今已經無法考究——那些他曾在課堂上闡述，沒有留下相應書面文字的記載」[89]。實際上，筆者於2017年2月5日曾寫信向段懷清教授確認，截至目前，尚未有人發現過相關資料。第二，採用了新的研究視角。不同於多數國內學者以研究理雅各的儒經翻譯論文主流，本研究以理雅各親自寫下的第一手資料來分析，解讀他對儒家思想的想法，剖析與歸納出理雅各的儒學觀，包括中國教育觀、治學觀、儒家思想文化傳播。例如，理雅各認為「孝文化」與中國人「祭祖棄神」[90]有關聯。在理雅各的理解中，道家的「自然無為」與「犬儒學派」的「回歸自然純樸」有些相似之處。

然而，本研究仍存在以下二點不足之處：「主觀成分」和「略偏西式思維」。第一，本文的論點是由研究者閱讀分析理雅各的材料而來，因此得出的結論可能有主觀成分，視野可能不夠開闊。第二，在進行研究時，研究者的思想和遣詞用字都受到西方文化的影響，理解與表達也都較為西方化。受到研究者生活和生長環境所限制，其本身的思想較為西方化，在閱讀史料與撰寫論文時，從理解到表達上都較為西式。

---

[89] 周俐玲、段懷清，〈理雅各與劉謐《三教平心論》〉[J]，《中國比較文學》2008(1):75-87，第82-83頁。

[90] 理雅各認為中國人的「祭祖棄神」是指：中國人為了祭拜祖先，放棄了西方基督教認為的真神，也就是上帝。

第一章　理雅各在促進中西文化教育
交流史上的四個活動時期

　　雖然自16世紀以來，長老會是蘇格蘭的主流教會，但理雅各因為父母信奉強調教會獨立和信仰自由的公理宗，遠離傳統，也使得他在後來形成了自己獨特的儒教觀[1]。理雅各一生中所譯的中國文化典籍多達數十部，不僅包括全部「四書五經」等儒家經典，也涉及道家經典和佛學典籍。他的一生有幾個重要身份：倫敦宣道會（London Missionary Society）的受封代理人、傳教士、學者、翻譯家、漢學家、東方學家、比較學家。在理雅各人生的不同階段，其扮演的主要身份也不同，隨著年齡和閱歷的增長，他對中國文化的研究也不斷在變化。

　　因此，可按照理雅各一生的角色與身份變化，將其生平分成主要的四個時期，即：（1）麻六甲時期（1839-1842）、（2）香港時期（1843-1873）、（3）遊歷中國時期（1873-1875）、（4）牛津時期（1876-1897）。

第一節　麻六甲時期（1839-1842）

　　理雅各，1815年12月20日出生於蘇格蘭亞伯丁（Aberdeen）的漢德利（Huntly）。鮮少有文獻資料描述理雅各的性格與外表，但史蒂芬・普拉特（Stephen R. Platt）[2]曾非常具體地描述理雅各其人：他留著落腮鬍，身材笨重，脾氣不好。吉瑞德（Norman J. Girardot）也形容理雅各的性格冷

---

[1] 伍玉西，〈協調而非對立——理雅各論耶儒關係〉[J]，《廣州社會主義學院學報》2011（2）：55-59，第55頁。

[2] 史蒂芬・普拉特（Stephen R. Platt）是耶魯大學中國史博士，其博士論文獲頒瑟隆・費爾德獎（Theron Rockwell Field Prize）。目前是美國阿姆赫斯特麻塞諸塞大學的助理教授，著有《湖南人與現代中國》（Provincial Patriots: The Hunanese and Modern China）一書。他大學時主修英語，因此大學畢業後以雅禮協會老師的身份在湖南待了兩年。他的研究得到富爾布萊特計畫、國家人文基金會、蔣經國基金會支持。目前與妻女住在麻塞諸州的格林費爾德。普拉特，《太平天國之秋》[M]（新北：衛城出版社，2013年），第54頁。

靜且嚴肅。政治上，他頭腦清楚；教育上，他充滿熱情；學術底蘊上，
他通曉中國經典和拉丁、希臘以及希伯來傳統書面文獻等[3]。其實，當筆
者在牛津大學圖書館館藏中，翻拍理雅各的親筆稿件（詳見「參考文獻：
一、牛津大學理雅各檔案夾」）時，也發現這些評價實至名歸：理雅各是
個嚴謹勤奮的學者。為了瞭解中國文化，理雅各更是在中國歷史上下足功
夫，從他的中國古代史學習筆記可以看出，三皇五帝到清朝的歷史他都曾
加以研究（見圖1及附錄1）（理雅各的中國古代史學習筆記，牛津大學圖
書館檔案資料編號MS. Eng. Misc. d. 1252）。

在牛津大學的博多利圖書館（Bodleian Library）理雅各檔案資料編號
MS. Eng. C. 7124中，牛津大學曼斯費爾德學院（Mansfield College, Oxford）
的院長費爾貝恩（Andrew Martin Fairbairn, 1838-1912）提及年輕時的理雅各
曾說，他本打算走上學術研究工作，做一名學者。但因為受到耶穌之愛的
感召，踏上了傳教士的道路：But higher ambitions, though clothed in a lowlier
form, claimed him (James Legge). "The love of Christ" so constrained him, that he
could not refuse the service it commanded[4]。

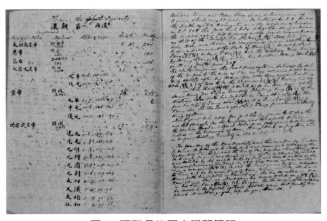

圖1　理雅各的歷史學習筆記

---

[3]　（美）吉瑞德（Norman J. Girardot）著，段懷清、周俐玲譯，《朝覲東方：理雅各評
　　傳》（The Victorian Translation of China, James Legge's Oriental Pilgrimage）[M]（桂林：
　　廣西師範大學出版社，2011年），第140頁。

[4]　Legge, J. (ca, 1815-1897). In Memorian: James Legge. (Ms. Eng. c. 7124). Bodleian Library &
　　Radcliffe Camera, University of Oxford, Oxford, England. p. 4.

　　早在理雅各的少年時代，就表露出對於中國古代經典文獻的濃厚興趣[5]。
但這些研究資料均未解釋理雅各對中國文化產生興趣的原因。其實，在筆
者挖掘考證理雅各的史料中，理雅各所翻譯的「四書」（The Four Books），
包含了《論語》（Confucian Analects）、《大學》（The Great Learning）、《中
庸》（The Doctrine of the Mean）、《孟子》（The Works of Mencius）的中英對
照書，在自序中便開宗明義地提到他對中國文化特別是儒學經典產生興趣
的「真正原因」：傳教。理雅各認為只有精通儒家經典，自己才有傳教的
資格（He should not be able to consider himself qualified for the duties of his position, until
he had thoroughly mastered the Classical Books of the Chinese）。因為可以從《論
語》等聖賢書來瞭解中國人在道德（Moral）、社會（Social）和政治上
（Political）的生活樣貌[6]。因此，讓理雅各真正對儒學經典產生興趣的原因
其實是傳教。所謂：「知己知彼，百戰百勝。」通過理解儒家經典，理雅
各便可以洞悉中國人的道德觀、社會觀、政治觀。此舉可以使他在對中國
人傳教時，更瞭解中國人的思維，以在思想上產生共鳴。牛津大學曼斯費
爾德學院的院長費爾貝恩（Fairbairn）在理雅各的回憶錄《回憶理雅各》
（In Memorian: James Legge）中直白地指出：傳教士們若要改變一個民族，
首先要先屈服於這個欲改變的民族與欲取代的宗教（原文：The missionaries
who would convert a people must first condescend to know the people they would
conver and the religion they would displace. ...All this James Legge understood, and out
of this understanding came his magnificent edition of the Chinese classics[7]）。

　　1839年5月25日，理雅各被倫敦宣道會派遣到麻六甲的傳道站，協
助建設由馬禮遜（Robert Morrison）於1818年開辦的英華書院。受任五天
後，理雅各與瑪麗・伊莎貝拉・莫瑞森（Mary Isabella Morison, 1816-1852）
結婚。1839年8月，理雅各同妻子一起漂洋過海來到麻六甲，開始了他的
「麻六甲生涯」，直至1843年理雅各隨英華書院遷至香港[8]。

[5]　岳峰，〈理雅各與中國古經的譯介〉[C]，《2003年福建省外國語文學會年會交流
　　論文文集》，2003年。
[6]　（英）理雅各（James Legge）編譯，《中國經典：論語・大學・中庸・孟子：英
　　文》卷一與卷二[M]〔臺北：南天書局有限公司（SMC Publishing Inc），1991年〕，
　　緒論（Preface）第vii頁。
[7]　Legge, J. (ca, 1815-1897). In Memorian: James Legge. (Ms. Eng. c. 7124). Bodleian Library &
　　Radcliffe Camera, University of Oxford, Oxford, England. p. 8.
[8]　（美）吉瑞德（Norman J. Girardot）著，段懷清、周俐玲譯，《朝覲東方：理雅各評

一、麻六甲時期的活動

理雅各夫婦於1840年1月10日抵達麻六甲。同年，英華書院第六任校長伊雲士[9]在麻六甲爆發的霍亂中去世，剛抵達的理雅各便肩負起三項工作：傳教、擔任英華書院（Anglo-Chinese College）[10]的第七任院長、監管書院附屬的一個印刷所[11]。任期之初，理雅各還沒有完全掌握中文，仍然處於學習和適應階段，對所見的傳教現狀進行記錄和思考。相比其他同一時期的新教傳教士仰仗英國強大勢力而盲目粗暴地進行傳教，理雅各理解和尊重中國的宗教禮儀，對中國文化和社會環境有更強的「適應性」[12]。在此期間，隨著理雅各與中國人的交往加深，他逐漸理解並熱愛上中國古典文化。他對中國宗教和文學的理解也隨之發生改變，開始了中國古代文化的研究工作[13]。

二、麻六甲時期的著作

這一時期，理雅各努力學習，逐漸熟悉東方文化。由於中文水準的提高，理雅各開始了他的文學翻譯工作。1841年，理雅各相繼出版了《英語、馬來語以及漢語》、《河間及廣東話中的「最後」的日常術語的理解》。1843年，他在英華書院的學生何進善[14]幫助下完成了第一部關於中

傳》（The Victorian Translation of China, James Legge's Oriental Pilgrimage）[M]（桂林：廣西師範大學出版社，2011年），第18、22、27、29頁。

9　英華書院前六任校長分別為：米憐（William Milne，任期：1818-1822年）；宏富禮（James Humphreys，任期：1822-1824年）；高大衛（David Collie，任期：1824-1828年）；修德（Samuel Kidd，任期：1828-1832年）；湯雅各（Jacob Tomlin，任期：1832-1834年）；伊雲士（John Evans，任期：1834-1840年）。

10　英華書院是當時華人生活中第一間教會學校，由倫敦宣道會（London Missionary Society）的蘇格蘭傳教士馬禮遜創辦。除了教育學生外，也會將中國書籍與外文書籍雙向翻譯，促進中西文化教育發展。

11　（美）吉瑞德（Norman J. Girardot）著，段懷清、周俐玲譯，《朝覲東方：理雅各評傳》（The Victorian Translation of China, James Legge's Oriental Pilgrimage）[M]（桂林：廣西師範大學出版社，2011年），第24-25、498-499頁。

12　袁臣，〈從翻譯適應選擇論看理雅各英譯《道德經》〉[J]，《江蘇外語教學研究》2011(1): 69-73，第69頁。

13　宋新，〈理雅各——從傳教士到傳播中國文化的使者〉[J]，《國際關係學院學報》1997(2): 30-34，第30頁。

14　何進善（1818-1871），字福堂，廣東省南海縣西樵鄉人，「是中國第一位基督教（新教）牧師」，「也是中國第一個接受過完整新教神學訓練的人」。見劉澤生，〈中國第一位基督教牧師何福堂〉[J]，《廣東史志》2001(3): 59-60，第59頁。

國歷史傳奇的通俗文學著作翻譯：《正德皇帝下江南》（The Rambles of the Emperor Ching Tih in Keang Nan[15]）。這部著作的翻譯帶來兩方面的好處：第一，傳教方面。理雅各將「四書五經」看成是中國版的福音書（中國有「四書五經」，西方有福音書或摩西五書）。身為一個傳教士，翻譯、尋找相似觀念、歸化中國的異教徒是他的本職工作。理雅各認為每日清晨花幾個小時翻譯中國經典，是傳教的義務。第二，學習方面。這本書經過翻譯後，可當作西方學生的課本，藉由他的翻譯與注釋，幫助外國學生們學習與理解中國的文化、道德、宗教及中國人的哲學與文學。另一方面，也正是這本書使理雅各確立了翻譯中國經典的想法。理雅各在這本著作的序言中首次提到：1841年或1842年前後，當時他約二十六或二十七歲，理雅各已覺得有必要翻譯「四書五經」[16]。

第二節　香港時期（1843-1873）

1840年至1842年，第一次鴉片戰爭爆發，清政府簽下不平等條約，使香港在1842年變成租界。1843年夏天，理雅各迅速將英華書院從麻六甲搬遷到香港。初到香港時，理雅各面對的是一個動盪不安的環境。牛津大學的博多利圖書館（Bodleian Library）檔案資料編號MS. Eng. Misc. c. 812《理雅各回憶錄》（見圖2）採用敘事體記錄了理雅各的中國觀察日記。例如：大約1840年的某一天，理雅各在香港與他的夫人面對闖入的竊賊，理雅各用步槍（Joe manton Rifle）自衛[17]。

在混亂的香港，理雅各依然堅守著傳教的使命，在香港度過了三十年的旅居生涯（其中於1845年因過度操勞而生病、1857年因度假探望孩子、1867年因對教會感到失望而共回國三次）。此時，他仍戴著傳教士的有色眼鏡在看待與檢視他在香港接觸的一切人事物。1845年，他在香港建立聯

---

[15] Legge, J. & Ho, T. S. (1843). The Rambles of the Emperor Ching Tih in Keang Nan: A Chinese Fable, 2 vols. London: Longmans.

[16] （美）吉瑞德（Norman J. Girardot）著，段懷清、周俐玲譯，《朝覲東方：理雅各評傳》（The Victorian Translation of China, James Legge's Oriental Pilgrimage）[M]（桂林：廣西師範大學出版社，2011年），第27-28、406頁。

[17] Legge, J. (ca, 1815-1897). Reminisces. (MS. Eng. Misc c. 812). Bodleian Library & Radcliffe Camera, University of Oxford, Oxford, England. p. 1-2.

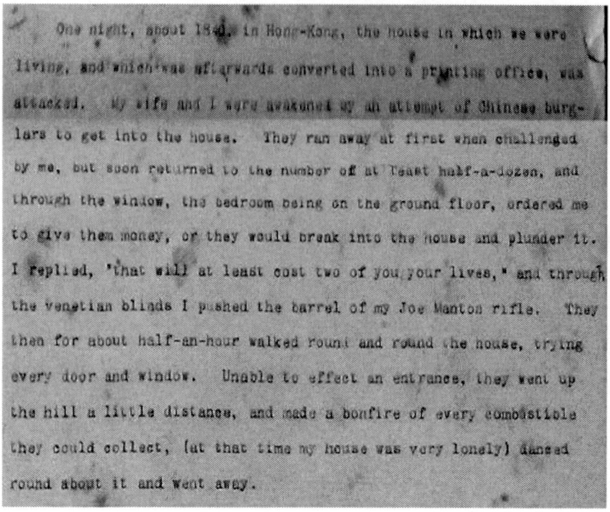

One night, about 1844, in Hong-Kong, the house in which we were living, and which was afterwards converted into a printing office, was attacked. My wife and I were awakened by an attempt of Chinese burglars to get into the house. They ran away at first when challenged by me, but soon returned to the number of at least half-a-dozen, and through the window, the bedroom being on the ground floor, ordered me to give them money, or they would break into the house and plunder it. I replied, 'that will at least cost two of you your lives," and through the venetian blinds I pushed the barrel of my Joe Manton rifle. They then for about half-an-hour walked round and round the house, trying every door and window. Unable to effect an entrance, they went up the hill a little distance, and made a bonfire of every combustible they could collect, (at that time my house was very lonely) danced round about it and went away.

圖2 《理雅各回憶錄》

合禮拜堂。而在香港的最後幾年，倫敦宣道會的官僚作風（倫敦宣道會質疑理雅各翻譯中國經典等學術工作對傳教無任何實質上的幫助，理雅各對倫敦宣道會董事們也越來越失望），令他卸任倫敦宣道會傳教士的職責[18]。

經過長時間在香港的觀察與體悟，理雅各逐漸意識到儒家思想深植在中國人心中，處處都制約著中國人的外在行為與內在思想。所以他相信藉由中國傳統典籍來理解當時中國社會、道德、政治等的方方面面，他的傳教之路會更加順暢。在傳道與學術研究方面，理雅各先是陷於「God」一詞的譯名之爭中，而後他意識到自己在漢學研究方面的不足，這促使他加深對中國古代文化的研究。這一時期，理雅各得到了其學術研究工作中最得力助手王韜的幫助，在中學西譯方面取得了巨大成就，先後翻譯出版了《智環啟蒙》和《中國經典》五卷全本，包括《論語》、《大學》、《中庸》、《孟子》、《尚書》、《竹書紀年》、《詩經》、《春秋》、《左傳》等九部儒家經書，以及其他學術著作及論文。

---

18 （美）吉瑞德（Norman J. Girardot）著，段懷清、周俐玲譯，《朝覲東方：理雅各評傳》（The Victorian Translation of China, James Legge's Oriental Pilgrimage）[M]（桂林：廣西師範大學出版社，2011），第30-31、37、51-53頁。

一、香港時期的活動

「God」一詞的譯名之爭，從17世紀中期開始直到18世紀中期，持續了百年之久，同時也是「中國禮儀之爭」的一大議題。這場譯名之爭可分為三方陣營：其一，用「帝」（Ti）或「上帝」（Shang Ti）翻譯「God」，用「神」（Shán）翻譯「Spirit」；其二，以「神」翻譯「God」（如：馬禮遜），而用「靈」（Ling）翻譯「Spirit」；其三，採用羅馬天主教「天主」（Thien Kù）來翻譯「God」，用「神」或「靈」來翻譯「Spirit」（這一陣營對這兩種譯法存在分歧）[19]。

香港時期，漢學學者理雅各的聲譽逐步確立，因此由他負責審定「God」這個詞的中文翻譯。理雅各於1843年參與了麥都思（Walter Henry Medhurst, 1796-1857）召集的會議，聯合討論重譯《聖經》，並與麥都思共同負責研究「God」一詞的翻譯問題。但這一問題長久以來都無法取得共識，這次會議也不例外，依舊陷入僵局[20]。

1845年，理雅各建立了一所聯合禮拜堂作為華人基督徒的長期聚會場所，並擔任主持牧師。但他由於繁重的學術工作和傳教工作積勞成疾[21]，決定返英。他在離開香港返回英國之前寫信給麥都思，告知因為受到他倫敦大學漢語教授修德（Samuel Kidd[22]）的教導，理雅各支持以「神」字作為「God」的譯名。需要特別指出的是在這時期，理雅各的研究心得是受到老師修德的指導與影響，並非完全由自己鑽研得出。理雅各此次在英國待了兩年，1846年3月28日抵達倫敦，隨即回到蘇格蘭，1848年回到香港。他在給父親的信中提到：「我現在已厭倦了英國的生活，我要回到中國去。我的健康已完全恢復。我看到任何一本中國書都覺得它們好像在責

---

[19] 姜哲，〈作為「補充」的「譯名」——理雅各中國經典翻譯中的「上帝」與「聖經」之辨〉[J]，《中國人民大學學報》2012(5): 29-36，第29-30頁。

[20] 龔道運，〈理雅各與基督教至高神譯名之爭〉[J]，《清華學報》2007, 37(2): 467-489，第470頁。

[21] （美）吉瑞德（Norman J. Girardot）著，段懷清、周俐玲譯，《朝覲東方：理雅各評傳》（The Victorian Translation of China, James Legge's Oriental Pilgrimage）[M]（桂林：廣西師範大學出版社，2011年），第30-31頁。

[22] 理雅各在《中國經典》卷一的第一頁序中表示：他在修德的中文課受益許多（He had enjoyed the benefit of a few months' instruction in Chinese from the late Professor Kidd at University College, London）。

備我，說我現在待的不是地方。」[23]在牛津大學的博多利圖書館（Bodleian Library）檔案資料編號MS. Eng. C. 7124中（見圖3），包含理雅各的回憶錄《理雅各回憶錄》（In Memoriam: James Legge）和理雅各的逝世訃告（Fumeral of Dr. Legge）。這本理雅各的回憶錄由牛津大學曼斯費爾德學院（Mansfield College）的院長費爾貝恩（Fairbairn）所整理，費爾貝恩多次提及理雅各傳教士身份和理雅各喜愛中國文化並在翻譯過程中加入基督精神。《理雅各回憶錄》中提到：理雅各愛中國人們，他無法忍受看見他們做錯事或受苦（James Legge loved the Chinese; and he could not bear to see them do wrong or suffer it），而理雅各也繼承了前輩傳教士馬禮遜（Robert Morrison, 1782-1834）崇高的傳教遺願（Noble inheritance）[24]。從1848年開始，理雅各將中國典籍翻譯成英文，在全面瞭解中國文化社會的基礎上將其介紹給西方讀者[25]。1849年5月，理雅各兼任英國聖公會的牧師[26]。

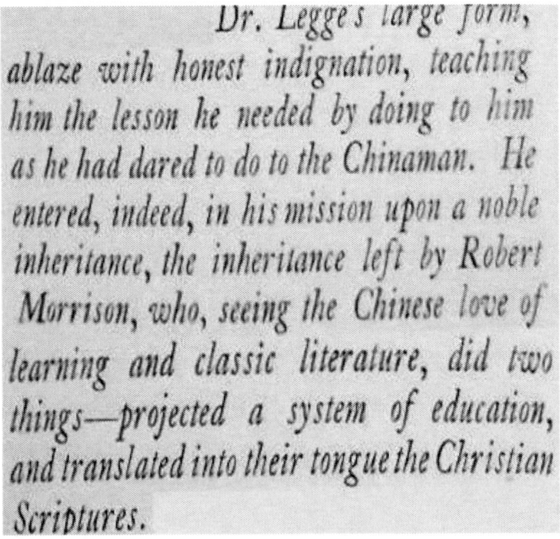
Dr. Legge's large form, ablaze with honest indignation, teaching him the lesson he needed by doing to him as he had dared to do to the Chinaman. He entered, indeed, in his mission upon a noble inheritance, the inheritance left by Robert Morrison, who, seeing the Chinese love of learning and classic literature, did two things—projected a system of education, and translated into their tongue the Christian Scriptures.

圖3　費爾貝恩提到理雅各繼承了馬禮遜的傳教遺願

[23] 王東波，〈理雅各與中國經典的譯介〉[J]，《齊魯學刊》2008(2): 31-34，第31頁。

[24] Legge, J. (ca, 1815-1897). In Memorian: James Legge. (Ms. Eng. c. 7124). Bodleian Library & Radcliffe Camera, University of Oxford, Oxford, England. p. 5.

[25] 馬祖毅，〈《四書》、《五經》的英譯者理雅各〉[J]，《中國翻譯》1983(06): 51-45，第51頁。

[26] （美）吉瑞德（Norman J. Girardot）著，段懷清、周俐玲譯，《朝覲東方：理雅各評傳》（The Victorian Translation of China, James Legge's Oriental Pilgrimage）[M]（桂林：廣西師範大學出版社，2011年），第30-35、535頁。

休養過後，理雅各再次回到中國。幾經思考後，他以革新派反對舊教會的研究思路再次研究「God」的譯名，並於1850年提出了用「上帝」一詞來取代「神」[27]，這才是他自己的論點。

在挖掘史料中，發現了檔案MS. Eng. C. 7124中令人驚訝的一段話：費爾貝恩直白地指出，理雅各不僅是位傳教士與東方學者，更是一位政治家。費爾貝恩寫下了這段話（見圖4）：

> He [James Legge] was no obscure missionary, no mere Oriental scholar, but a genuine statesman, who left the impress of his mind and character on the infant colony and the men who made it.[28]

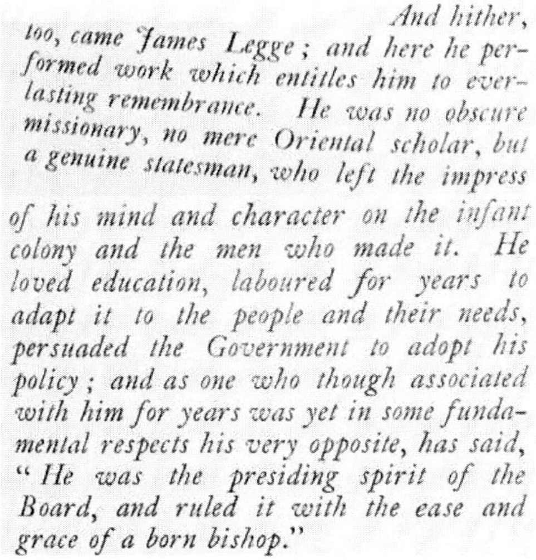

And hither, too, came James Legge; and here he performed work which entitles him to everlasting remembrance. He was no obscure missionary, no mere Oriental scholar, but a genuine statesman, who left the impress of his mind and character on the infant colony and the men who made it. He loved education, laboured for years to adapt it to the people and their needs, persuaded the Government to adopt his policy; and as one who though associated with him for years was yet in some fundamental respects his very opposite, has said, "He was the presiding spirit of the Board, and ruled it with the ease and grace of a born bishop."

圖4　費爾貝恩對理雅各的高度評價

文中使用的「Genuine statesman」一詞值得注意。因為Genuine可以指「真誠的」，亦可以指「名副其實的、真正的」。所以理雅各是個「真誠的政治家」或是「真正的政治家」。的確在許多文獻中都提到理雅各為

---

27 Legge, J. An Argument for Shang Te, p. iii 轉引自龔道運，〈理雅各與基督教至高神譯名之爭〉[J]，《清華學報》2007, 37(2): 467-489，第471頁。

28 Legge, J. (ca, 1815-1897). In Memorian: James Legge. (Ms. Eng. c. 7124). Bodleian Library & Radcliffe Camera, University of Oxford, Oxford, England. p. 6-7.

英國倫敦宣道會服務，所以可以理解費爾貝恩使用「statesman」一詞。但是，費爾貝恩並非將理雅各歸類為操弄政治的政客。相反地，他把理雅各稱為政治家，原因是他熱愛教育，也愛中國人，所以希望政府採納他的教育政策與理念。

理雅各到達香港時，正值鴉片戰爭結束不久。戰爭期間及戰後十年香港報刊業陷入低谷。一直到1853年8月，英華書院正式出版了香港第一份中文雜誌——《遐邇貫珍》，負責編務的是傳教士漢學家麥都思（Walter Medhurst, 1796-1857）。1854年7月，麥都思轉到上海，做倫敦宣道會上海站負責人。因無暇顧及《遐邇貫珍》的事務而改由奚禮爾（Charles B. Hiller, 1820-1856）接編。但他接任不到一年，也因工作忙碌而將編輯職務轉交給理雅各。理雅各於是成為該雜誌的第三任主編[29]。

1857年，理雅各準備再度回國，既是探親，也是為《中國經典》的翻譯爭取倫敦宣道會的支持。為此，他印刷了一個只有十一頁的「中國經典樣本」，這個小冊子展現了於四年後出版的多卷本《中國經典》中絕大部分的編印體例。

1858年，理雅各的思想產生變化，他開始對自己傳教士的工作進行反思。由於倫敦宣道會不再給香港印刷所提供資金，理由是董事們質疑理雅各在翻譯《中國經典》時，面對了與基督教矛盾的觀念，理雅各的表現是否盡責、是否使用更多的注釋來捍衛基督教的教義，反駁儒家思想的觀點。這種官僚做法大大傷害了理雅各的感情。他曾這樣寫到：「沒有人像我這樣清楚地認識到自己作為一個傳教士的不足，以及過去工作的徒勞無益。」這時他「只想結束自己作為一個傳教士的生涯」[30]。也因為這件事，理雅各對他傳教士身份的認同產生動搖。

1862年，理雅各翻譯工作中十分重要的助手王韜（1828-1890）來到香港。當時王韜三十四歲，已在學術上有所建樹，一到香港便被理雅各請去當助理，加快了他的學術研究工作進程[31]。理雅各《中國經典》的不朽，

---

29 潘賢模，〈鴉片戰爭後的香港報刊——近代中國報史初篇（第六章）〉[J]，《新聞與傳播研究》1982（1）：235-256，第235、241-242頁。

30 （美）吉瑞德（Norman J. Girardot）著，段懷清、周俐玲譯，《朝覲東方：理雅各評傳》（The Victorian Translation of China, James Legge's Oriental Pilgrimage）[M]（桂林：廣西師範大學出版社，2011年），第37、52-53頁。

31 謝駿，〈王韜在近代中西文化交流中的地位〉[J]，《新聞大學》2001（夏）：51-

很大一部分要歸功於王韜。王韜也十分欣賞理雅各，認為理雅各是像他一樣瞭解西方典籍，學習中國文化與文字的傳教士，理雅各在王韜眼裡可謂才俊[32]，理雅各淵博的中國古典知識[33]使王韜產生敬佩之情。

　　王韜擔任理雅各的翻譯助手，並不代表他的外語水準不錯，因此才有學者力持王韜不懂英文這觀點。王韜自小接受私塾教育，可以說已具有完備的中國經典知識，然而在成年後，由於工作的關係，才獲得西學相關知識，並非從小就開始接觸。因此可以肯定：王韜在理雅各的翻譯作品中的確起了潤稿作用，但不能武斷地推論王韜的外語水準優異。在咸豐8年22日甲子（西元1858年1月25日）《王韜日記》裡，王韜對自己的英語能力有所描述：「予在西館十年矣，於格致之學，略有所聞，有終身不能明者：一為曆算，其心最細密，予心龕氣浮，必不能入；一為西國語言文字，隨學隨忘，心所不喜，且以舌音不強，不能驟變，字則更難剖別矣。」[34]由此可見，王韜的英語並不好。

　　另外，理雅各與王韜還有一段鮮為人知的小插曲：其實理雅各在翻譯《詩經》時，曾經想解雇王韜。但有時候卻又需要這位第一流中國學者的幫助與貢獻，所以只好繼續聘用[35]。理雅各個人每月出資二十元，請王韜做他研究中國古典文學的顧問。理雅各於1871年寫的一封信，曾提到他與王韜的關係。信中說：關於中國詩篇已經印了三百八十頁，費用甚鉅，每月約需一○五元，其中二十元是給王博士的薪水。有時，我可以自己工作一整個星期，期間都沒有請教他的必要，那麼這筆薪水豈不是白白浪費了嗎？但有時他卻又給予我莫大的幫助。我需要第一流的中國學者，此時此地，非他莫屬[36]。換言之，慶幸王韜學識足夠淵博，否則他有可能因為理

55，第53頁。

32　何烈、陸寶千、呂實強、王爾敏、孫會文、李金牆，《中國歷代思想家（18）：曾國藩・郭嵩燾・王韜・薛福成・鄭觀應・胡禮垣》[M]（新北：臺灣商務印書館，1999年），第184-185頁。

33　（美）吉瑞德（Norman J. Girardot）著，段懷清、周俐玲譯，《朝觀東方：理雅各評傳》（The Victorian Translation of China, James Legge's Oriental Pilgrimage）[M]（桂林：廣西師範大學出版社，2011年）第49頁。

34　方行、湯志鈞整理，《王韜日記》（原名：《蘅華館日記》）[M]（北京：中華書局，1987年）第69頁。

35　何烈、陸寶千、呂實強、王爾敏、孫會文、李金牆《中國歷代思想家（18）：曾國藩・郭嵩燾・王韜・薛福成・鄭觀應・胡禮垣》[M]（新北：臺灣商務印書館，1999年），第145-146頁。

36　潘賢模，〈鴉片戰爭後的香港報刊——近代中國報史初篇（第六章）〉[J]，《新

雅各的經濟問題而被裁員。

1867年冬季，理雅各再次回國，並邀請王韜同行。極少文獻提及理雅各這次返回蘇格蘭的原因。有學者指出：是因為工作壓力，加上香港天氣很熱，理雅各身體健康受到影響，所以回家鄉養病[37]。在此之前，他同倫敦宣道會之間的關係發生了變化（部分原因是倫敦宣道會的不理解和不支持）。他正式向倫敦宣道會提出自己不再受聘為一個積極的傳道代理人（Active missionary agent），並「在香港的最後三年（1870-1873）解除與倫敦宣道會之間的差約」。1870年最後一次返回香港之前（1870年3月理雅各和王韜回到香港），理雅各意識到自己已經到了人生真正的轉捩點。他卸下了作為倫敦宣道會傳教士的責任，並不再領取其薪資。他與聯合教會（The Union Church）之間達成了一些特別協定，由後者為他提供擔任牧師的全日薪資。自此，理雅各結束了監護香港傳道站的責任。這三年，理雅各雖遠離家人，卻能夠全身心地投入到佑寧堂（香港一座英語傳道跨宗派基督教教堂）和儒家經典翻譯的工作當中。在他最終回到英國的時候，得以自豪地告訴他的夫人說：「在我所懷抱的兩個目標上，我都獲得了成功。」[38]

二、香港時期的著作

隨著理雅各《中國經典》研究及翻譯工作的展開，1860年至1872年，他先後翻譯出《詩經》、《尚書》，並從這兩部典籍中發現了大量涉及「上帝」的語句，「證明『上帝』具有人格意志（Personality）、至高無上（Supremacy）、獨一無二的特質（Unity）」。但這兩部著作中並沒有

聞與傳播研究》1982(1):235-256，第46頁。潘賢模主要是參考了（英）海倫・理雅各（Helen Edith Legge）著，馬清河譯，《漢學家理雅各傳》[M]（北京：學苑出版社，2011年），第44頁。「我們已經印出了380頁。但是，花費很貴，每月要支出105元，包括付給我的本地助手王先生每月20元。有時候我後悔請了他，因為有時一個星期也用不上他，但有些情況下，他對我又非常重要。當我的序言就快完成時，他會很有用。在這裡，我找不到比他更合適的人手了。但是，為了應付這高額的花費，我在年底手裡應該有些現金，而不是被迫出售我的股權。」

[37] 何烈、陸寶千、呂實強、王爾敏、孫會文、李金牆，《中國歷代思想家（18）：曾國藩・郭嵩燾・王韜・薛福成・鄭觀應・胡禮垣》[M]（新北：臺灣商務印書館，1999年），第137頁。

[38] （美）吉瑞德（Norman J. Girardot）著，段懷清、周俐玲譯，《朝覲東方：理雅各評傳》（The Victorian Translation of China, James Legge's Oriental Pilgrimage）[M]（桂林：廣西師範大學出版社，2011年），第52-55、67頁。

「上帝造物」的直接證據。理雅各用來證明「上帝」即為具有人格意志的造物主「God」的直接證據是在《大明會典》中發現的。但理雅各用明清的史料來證明《詩經》、《尚書》等秦漢以前著作中的「上帝」即為基督教的「God」其實有失偏頗。結合當時許多傳教士「受到基督教的思想觀念影響，有先下結論、再作求證之嫌」，理雅各亦不能免俗[39]。

　　這不免讓我們思考：理雅各為什麼支持此一主張？這其實與利瑪竇的「合儒」、「補儒」的觀點一脈相承。把儒家經典與西方《聖經》中具有雷同概念的字詞，直接互換，而變成一個儒家與基督教的混合物，這種穿鑿附會的方式容易讓原本無甚概念的讀者錯把天理解成上帝，把孔子理解為耶穌。這就使得來華傳教士與中國人的溝通更加容易，也比較容易將中國基督教化。孫邦華將大部分來華西方傳教士的基督教化策略，歸納成下列順序：合儒→補儒→批儒→代儒→否儒。還有許多將基督教與儒家調和在一起的例子。例如：林樂知（Young King Allen）提出的「耶穌心合孔孟」、丁韙良（W. A. P. Martin）提出的「孔子加耶穌」等等。大多數的晚清新教傳教士都繼承了利瑪竇的思想──「易佛補儒」，即在調和耶穌與儒家關係的同時也在批評佛教與道教[40]。因為他們發現在中國士大夫中，儒學的影響力比佛教和道教大得多。所以他們不以佛教、道教為對手，反而以「合儒」為策略，試圖先博得士大夫對基督教的好感，再影響中國社會的其他階層，為基督教鋪路，達到中國基督教化的目的，讓中國人信仰基督教。謝和耐就指出幾個在17世紀有名的成功歸化者案例：「徐光啟（1562-1633，1603年取教名保祿）、李之藻（1565-1630，1610年取教名良）、楊廷筠（1557-1627，1612取教名彌額爾）、王徵（1571-1644，1617年或1618年取教名斐理伯）和孫元化（1581-1632，1621年取教名依納爵）」[41]。

　　其中，徐光啟是利瑪竇的弟子，他並沒有全盤接受基督教，而是將儒教與基督教融合在一起，「易佛補儒」。穆勒（1823-1900）[42]將這一發

---

[39] 王輝，〈理雅各的儒教一神論〉[J]，《世界宗教研究》2007 (2): 134-143，第135-136頁。

[40] 孫邦華，《西學東漸與中國近代教育變遷》[M]（北京：中國社會科學出版社，2012年），第17、229-230、233-235頁。

[41] （法）謝和耐（Jacques Gernet）著，耿昇譯，《中國與基督教：中西文化的首次撞擊》（CHINE ET CHRISTIANISME: La prenière confrontation）[M]（北京：商務印書館，2015年），第42頁。

[42] 德國東方學家、比較宗教學的創始人之一。

現稱為「19世紀漢學研究中最重要的發現」[43]。穆勒的全名是Friedrich Max Müller，一般寫法為Max Müller。穆勒在德國出生，在英國成長、接受教育。他是一位語言學家，研究東方文化，也是理雅各在牛津大學的同事。他所主導翻譯的五十冊《東方聖典叢書》（The Sacred Books of the East）可以說是英國維多利亞時代（Victorian era）的學術里程碑。至今，《東方聖典》仍是聯合國文教組織規定的東方經典參考書之一。而理雅各所譯的《中國經典》（The Chinese Classics）中，有五本被選為編入穆勒的《東方聖典叢書》中，分別為：《尚書》、《詩經》、《孝經》、《易經》、《禮記》[44]。在理雅各的翻譯道途上，穆勒可以說是一個關鍵性人物。

值得注意的是，來華傳教士也不是全盤接受儒家思想，他們選擇接受孔孟儒學（古儒），但批判程朱理學（新儒）[45]。傳教士們將古儒思想穿鑿附會到天主教的論證中，「試圖證明古代儒教就是基督教」[46]，達到「以耶補儒」[47]的目的。

1856年英華書院出版了理雅各翻譯的《智環啟蒙》，這是一本譯自貝克爾（Baker）的《The Circle of Knowledge》（1848），「內容涉及基督教的基本教義和西方的基礎知識」，是供學生學習的英文教科書[48]。為適應中國讀者，理雅各在翻譯的過程中做了大量的修訂及改寫[49]。1859年，理雅各在倫敦出版了《中土：在帳幕（Tabernacle）和莫爾菲爾茲（Moorfields）為倫敦宣道會成立六十五週年而寫作的《布道》[50]。

---

[43] 姜燕，〈理雅各詩經翻譯初探──基督教視域中的儒家經典〉[J]，《東嶽論叢》2011, 32(9): 85-89，第86頁。

[44] 龔道運，〈理雅各與基督教至高神譯名之爭〉[J]，《清華學報》2007, 37(2): 467-489，第468頁。

[45] 孫邦華，《西學東漸與中國近代教育變遷》[M]（北京：中國社會科學出版社，2012年），第7、17頁。

[46] （法）謝和耐（Jacques Gernet）著，耿昇譯，《中國與基督教：中西文化的首次撞擊》（CHINE ET CHRISTIANISME: La prenière confrontation）[M]（北京：商務印書館，2015年），第31頁

[47] 張曉林，《天主實義與中國學統：文化互動與詮釋》[M]（上海：學林出版社，2005年），第112頁。

[48] 樊慧穎、劉凡夫，〈從漢譯《智環啟蒙塾課初步》看近代中日間新詞語的傳播〉[J]，《日本研究》2010 (1): 116-119，第116頁。

[49] 沈國威，〈前後期漢譯西書譯詞的傳承與發展──以《智環啟蒙塾課初步》（1856年）中的五代名詞為例〉[J]，《中華文史論叢》2009 (2): 247-276，第254頁。

[50] （美）吉瑞德（Norman J. Girardot）著，段懷清、周俐玲譯，《朝觀東方：理雅各評傳》（The Victorian Translation of China, James Legge's Oriental Pilgrimage）[M]（桂林：

1861年，《中國經典》第一版第一卷出版，包括《論語》、《大學》、《中庸》。這是第一個《論語》英譯本的完整版本。同年，理雅各推出《孟子》譯本，作為「中國經典」第二卷。在對該譯本的研究中發現，理雅各翻譯原則是忠於原作，而不偏重文采[51]。《中國經典》第一卷和第二卷的翻譯工作得到了留美學生黃勝、英國傳教士湛約翰（John Chalmers, 1825-1899）、美國傳教士麥高溫（MacGown, 1814-1848）的幫助[52]。理雅各為《中國經典》第一卷撰寫長達三十多頁的孔子生平，承前人的研究成果[53]，博採眾長。但此時理雅各對孔子的態度是批判的，他在緒論中指出孔子未能超越時代[54]：「他（孔子）沒有給那些具有世界範圍意義的問題帶來多少新的啟示，他對任何宗教均無衝動、激情，他對進步也無多少同情，他的影響是巨大的，但這些影響終將衰微。我的觀點是，整個國家對他的信仰將快速且全面地消失殆盡。」[55]（He threw no new light on any of the questions which have a world-wide interest. He gave no impulse to religion. He had no sympathy with progress. His influence has been wonderful, but it will henceforth wane. my opinion is, that the faith of the nation in him will speedily and extensively pass away.[56]）此時理雅各對孔子「誠」[57]的品格提出質疑，認為孔子既不虔誠（Unreligious），又不真誠（Insincerity）[58]。

廣西師範大學出版社，2011年），第406頁。

[51] 韓振華，〈從宗教辯難到哲學論爭——西方漢學界圍繞孟子「性善」說的兩場論戰〉[J]，《中山大學學報（社會科學版）》2012, 52(6): 156-166，第157頁；楊穎育，〈百年《孟子》英譯研究綜述〉[J]，《西昌學院學報（社會科學版）》2010, 22(3): 32-40，第33頁。

[52] 王立群，〈王韜與近代東學西漸〉[J]，《北京科技大學學報（社會科學版）》2004, 20(1): 7-12，第8頁。

[53] 王輝，〈新教傳教士譯者對孔子和儒家經典的認識〉[J]，《孔子研究》2011 (5): 117-126，第121頁。

[54] 姜燕，〈理雅各《詩經》翻譯初探——基督教視域中的儒家經典〉[J]，《東嶽論叢》2011, 32(9): 85-89，第85頁。

[55] （美）吉瑞德（Norman J. Girardot）著，段懷清、周俐玲譯，《朝觀東方：理雅各評傳》（The Victorian Translation of China, James Legge's Oriental Pilgrimage）[M]（桂林：廣西師範大學出版社，2011年），第361頁。

[56] Legge, L. (1887). The Chinese Classics. Vol. I.: Translated into English, with preliminary essays and explanatory notes (6th ed.). London, England: Trübner & Co., 57 & 59 Ludgate Hill. pp. 114-115.

[57] 杜維明認為「誠」可以翻譯成「真誠」、「真實」，可譯為下列三個英文字：Sincerity, Truth, Reality。見：杜維明《儒家思想》[M]（臺北：東大圖書有限公司，1997年），第171頁。

[58] （英）理雅各（James Legge）編譯，《中國經典：論語‧大學‧中庸‧孟子：英文》卷一與卷二[M]〔臺北：南天書局有限公（SMC Publishing Inc），1991年〕，第

　　理雅各在1864年獲得資助，出版《中國經典》第三卷，並於1865年出版了第三卷的第一部分：《書經》第一部分（即〈尚書〉、〈虞書〉、〈夏書〉、〈商書〉）、《竹書紀年》，以及《書經》第五部分（即〈周書〉）[59]。《書經》和《竹書紀年》是王韜最初協助理雅各翻譯的著作[60]。1867年在《英國季刊》（British Quarterly）和後幾年在《愛丁堡評論》上發表的一些文章，使得理雅各獲得國際性研究中國方面的聲譽150。《中國經典》的翻譯也為他贏得了亞伯丁大學和愛丁堡大學的博士學位（分別於1870年和1873年授予）[61]。

　　1871年，作為《中國經典》第四卷的英譯《詩經》由倫敦亨利弗勞德書局出版，這是第一個英文全譯本《詩經》，包括《詩經》第一部分（即「國風」）、《詩經》第二、三、四部分（即「小雅」、「大雅」和「頌」）[62]。

　　1872年，作為《中國經典》第五卷在香港出版，理雅各翻譯《春秋左氏傳》[63]，包括《春秋》之〈隱公〉、〈桓公〉、〈莊公〉、〈閔公〉、〈僖公〉、〈文公〉、〈宣公〉、〈成公〉、〈襄公〉、〈昭公〉、〈定公〉、〈哀公〉[64]。至此，《中國經典》（The Chinese Classics）系列五卷全部出版，從1861年開始到1872年，歷時近十二年。此外，1872年，理雅各還在《中國評論》上發表了文章〈香港殖民地〉。

　　1873年，理雅各離開香港，結束了他的香港生涯。

97頁序（Prolegomena）；余樹蘋，〈「不誠」之「誠」──由理雅各對孔子的質疑所引起的「誠」問題討論〉[J]，《廣東社會科學》2012 (2): 73-77，第73-74頁。

[59] 周俐玲、段懷清，〈理雅各與劉謐《三教平心論》〉[J]，《中國比較文學》2008 (1): 75-87，第77頁。

[60] 馬祖毅，〈《四書》、《五經》的英譯者理雅各〉[J]，《中國翻譯》1983(06): 51-45，第51頁。

[61] 王輝，〈理雅各與《中國經典》〉[J]，《中國翻譯》2003, 24(2): 37-41，第38頁。

[62] （美）吉瑞德（Norman J. Girardot）著，段懷清、周俐玲譯，《朝覲東方：理雅各評傳》（The Victorian Translation of China, James Legge's Oriental Pilgrimage）[M]（桂林：廣西師範大學出版社，2011年），第407頁。

[63] 馬祖毅，〈《四書》、《五經》的英譯者理雅各〉[J]，《中國翻譯》1983(06): 51-45，第51頁。

[64] （美）吉瑞德（Norman J. Girardot）著，段懷清、周俐玲譯，《朝覲東方：理雅各評傳》（The Victorian Translation of China, James Legge's Oriental Pilgrimage）[M]（桂林：廣西師範大學出版社，2011年），第407頁。

第三節　遊歷時期（1873-1875）

　　理雅各1873年離開香港後，開始了長達幾個月的內地之旅。在牛津大學的博多利圖書館（Bodleian Library）檔案資料編號MS. Eng. Misc. c. 865（見圖5）中，仍保有同治年（1873年）在華的英國事務領事館頒布給英人進士理雅各的遊覽山東、直隸（今河北）、江蘇三省通行證的原件[65]。

　　在他的旅程中最重要的三個地方分別是北京天壇、山東泰山和孔子之鄉曲阜，這三處對理雅各的思想產生了巨大的影響，也改變了他對待儒家經典和孔子等人的態度，這一時期的經歷甚至在多年後仍然影響著理雅各的學術和生活。回到英國後，理雅各度過了一年的隱居生活，並逐漸從「積極的海外生活」中脫離出來，將自己重新定位為一個學者，而不再是一個傳教士。在這一時期理雅各撰寫了《孟子》的普及版——《孟子的生平與學說》（The Life and Works of Mencius），並開始了《詩經》韻體版的翻譯[66]。理雅各開始逐漸將自己的精力全部投入到學術研究當中，並於1875年成為「儒蓮獎」的首位獲獎者[67]。

圖5　理雅各的入境簽證（同治12年）

---

[65] Legge, J. (ca, 1815-1897). Notes for Leaning Chinese. (MS. Eng. Misc c. 865). Bodleian Library & Radcliffe Camera, University of Oxford, Oxford, England.

[66] （美）吉瑞德（Norman J. Girardot）著，段懷清、周俐玲譯，《朝覲東方：理雅各評傳》（The Victorian Translation of China, James Legge's Oriental Pilgrimage）[M]（桂林：廣西師範大學出版社，2011年），第73、132-133頁。

[67] 王輝，〈理雅各與《中國經典》〉[J]，《中國翻譯》2003, 24(2): 37-41，第38頁。

一、遊歷時期的活動

　　1873年3月29日，理雅各離開香港，開始遊歷中國大陸，於4月2日抵達第一站中國上海。在這次離開中國後，理雅各沒有再回來的打算。於是他選擇去一些從前未涉足之地，也有更多機會比較中國南北的差別。理雅各的這一趟行程遍布華北各地，除上海外，先後到達天津、北京、山東德州、濟南、泰山、孔子之鄉曲阜，之後又返回上海。這次的旅程對理雅各思想上的轉變起著重大作用，期間發生的很多事在多年後仍影響著理雅各的人生。

　　遊歷期間，理雅各離開上海乘船到達天津，再由陸路前往北京，路上乘坐的交通工具是當地人的騾子大車。1873年4月16日，理雅各到達北京，並在該地度過了忙碌的幾個星期，期間理雅各特意去了天壇。後來他在牛津大學做的系列公開課程中提及這次經歷：「我脫了鞋，赤腳一步步登上天壇頂層；而在大理石鋪就的中心牆周圍，纖塵不染，上面是天藍色的拱頂，我跟朋友們一行手牽著手，我們一直吟唱著讚美上帝的頌歌。」這次天壇的朝聖之旅對理雅各產生了重大的影響，後來他對中國宗教的許多闡釋性評價似乎就是從天壇上頓悟的經驗而來。然而，理雅各的這一行為在19世紀80年代初期卻惹來眾多在華保守傳教士們的非議。

　　5月1日，理雅各離開北京後，與艾約瑟和亞力山大‧威廉（Alexander William）同行，經天津、德州（山東）、濟南，到達中國著名的聖山——泰山（Taishan，理雅各稱之為Tae）。泰山對於古代君王和普通百姓都具有特殊意義，歷代君王在此登臨封禪，普通百姓將其視為宗教傳統的聖地。然而，理雅各在泰山上看到的卻是破敗不堪的廟宇（包括孔子廟），來此進香的人們則貌似「完全迷失甚至精神退化了的人」，理雅各對此感到十分悲哀[68]。

　　5月15日，理雅各一行離開泰山前往「孔子故鄉曲阜」，參拜了孔陵。他觀看著頂部塌陷的孔子陵墓，內心不禁對長眠於此的孔子其人深思起來。值得注意的是，此時的理雅各對儒家的看法已然產生變化，他對孔

[68] （美）吉瑞德（Norman J. Girardot）著，段懷清、周俐玲譯，《朝覲東方：理雅各評傳》（The Victorian Translation of China, James Legge's Oriental Pilgrimage）[M]（桂林：廣西師範大學出版社，2011年），第73-88, 250-251頁。

子的態度不再是之前的批判觀點。他將自己定位為「漢學家」，並承認：「撇開我自己以及其他漢學家對此所做的思考推斷，孔子這一典範及其教誨學說，曾經如此深刻地影響過他的門徒，而且也還將繼續對各種不同階層的中國人的心靈產生影響。這一點仍將用一種十分令人滿意的方式展現出來。」針對理雅各的思想變化，本文提出兩個思辨的角度：第一，也許是因為他翻譯《中國經典》時受到儒家思想的潛移默化，而逐漸地理解了孔子的哲學。長年生活在中國，理雅各見證了儒家思想深遠地影響著一代又一代的中國人，儒家道德與價值的精髓代代相傳。第二，或許是因為他即將進入中國人所說的「五十知天命」的年紀（他當時約莫四十八歲），通過翻譯長年接觸博大精深的中華文化，思想上有了耳濡目染的改變。

　　理雅各離開曲阜後回到了上海。6月4日，理雅各再次離開上海，這是理雅各和中國永久的告別。他的行程轉而向東，到達日本，橫渡太平洋，到達美國，並於8月13日離開紐約港，十一天後抵達英國，結束了他的行程。理雅各回到英國在蘇格蘭小鎮度過了一年左右田園牧歌式的隱居生活。他於1875年攜家人前往英格蘭倫敦，為其出任牛津大學漢學教授而做準備。1874年1月9日，倫敦宣道會董事會同意理雅各從其「積極的海外工作」中完全退休。當法國漢學權威儒蓮（Stanislas Julien, 1797-1873）去世後，理雅各成為「西方世界唯一一位最具影響力的中國經典翻譯者——闡釋者」。1875年，為表彰理雅各對《竹書紀年》（Spring and Autumn Annals）的翻譯[69]，法蘭西學院（French Academy）授予他「儒蓮漢學獎」（Prix Julien，獎金為一千五百法郎）。這是在儒蓮辭世後以他的名義設立的獎項，是「歐洲漢學界的最高榮譽」，理雅各是首位獲得該獎項的學者[70]。

　　這一時期在完全脫離了傳教的工作之後，理雅各將自己重新定位為一個全職的學者。這一定位在1875年至1876年他出任牛津大學漢學教授之前已經形成。

---

[69]　（美）吉瑞德（Norman J. Girardot）著，段懷清、周俐玲譯，《朝覲東方：理雅各評傳》（The Victorian Translation of China, James Legge's Oriental Pilgrimage）[M]（桂林：廣西師範大學出版社，2011年），第57、86-93、133頁。

[70]　王輝，〈理雅各與《中國經典》〉[J]，《中國翻譯》2003, 24(2): 37-41，第38頁。

二、遊歷時期的著作

1873年，理雅各在《中國評論》卷一發表〈中國歷史上的兩個英雄〉。1875年是理雅各開始全職學術的一年，這一年，他的《孟子的生平與學說》（The Life and Works of Mencius）出版，這是理雅各1872年後對1861年譯本的修訂版，也是《孟子》的大眾普及版。與此同時，理雅各開始了《詩經》詩歌體形式的翻譯[71]。

第四節　牛津時期（1876-1897）

自1876年一直到1897年去世之前，理雅各擔任牛津大學首位漢學教授長達二十餘年。他作為東方學家的國際聲譽日益顯赫，專心學術使得他在這一時期取得了更加輝煌的研究成果。這不僅體現在他對儒家經典的翻譯上，還體現在他對道家和佛家經典的研究上。同時，理雅各對語言、宗教（中國儒教、道教、佛教）等也進行了深入的研究。在學術著作上，理雅各翻譯並出版了《詩經》、《道德經》、《易經》、《禮記》。自1861年《中國經典》初版第一卷「四書五經」英譯工作開始，到《禮記》英譯本的出版，歷時二十五年，理雅各完成了全部「四書五經」的翻譯工作。然而這一時期，理雅各因其一些著作和行為受到了許多在華保守傳教士的非議和責難，甚至是誹謗，這些負面干擾使得他晚年只專注於屈原和《離騷》。

擔任牛津大學教授後，理雅各完全轉變為學者，其學術獨立性變得更強。他對孔子也由嚴厲指責、批評慢慢轉向友好和尊重。1872年，理雅各已經將《中國經典》翻譯至第五卷。1876年理雅各進入牛津大學以後，為了備課反覆閱讀儒家教育經典。他確實達到了孔子的「一以貫之」的中心思想，對儒家思想的包容度與理解程度均有大幅度的提高。到了1879年，理雅各加入了以穆勒為首，與其他二十多位東方學者共同組成的隊伍中，進行對亞洲宗教研究的曠世巨作《東方聖典叢書》（Sacred Books of the

---

71　（美）吉瑞德（Norman J. Girardot）著，段懷清、周俐玲譯，《朝覲東方：理雅各評傳》（The Victorian Translation of China, James Legge's Oriental Pilgrimage）[M]（桂林：廣西師範大學出版社，2011年），第95、132-133、407頁。

East）的轉譯。當中，理雅各主要負責中國宗教的部分。因為理雅各的突出貢獻和其國際上的漢學聲譽，從19世紀70年代進入牛津開始，直到19世紀末，都被稱為「漢學研究的理雅各時代」[72]。

一、牛津時期的活動

　　1876年10月27日，理雅各被聘為牛津大學首任漢學教授，也是「第一位以大學教授身份在牛津發表演講並得到學校正式任命的非國教徒」（當時的英國國教是指由亨利八世主導改革的基督教會，而理雅各信奉的則是基督新教派公理宗）。理雅各在演講中提到：「我在中國的所有歲月中，總是希望，在我們這個國家的那些偉大的大學裡，能夠設立有關中國語言和文學的教席。」在1873年返回英國時，理雅各從未想過成為牛津大學的教授，因為在1871年之前，一個非國教徒根本不可能被牛津大學所聘用[73]。

　　理雅各一直都是一個遵守規律的人，他固定的生活模式讓理雅各在牛津廣為人知。理雅各在他的一生中，一直保持著每天固定投入一定時間於學習及研究、休息時間極少的習慣。由於漢學研究難以激起學生的興趣，在牛津的最初幾個學期，理雅各的學生很少。但是，理雅各對教學認真嚴謹的態度從未改變，讓學生們銘記於心。職業漢學家、牛津大學教授、穆勒合作者的新身份帶給理雅各在學術方面極大的自信。他認為：「如今在闡述最古老的中文文獻方面，已經沒有什麼困難或者難以確定的了」，長期的學術研究使得之前在傳教士語境中無法解決的許多問題得以解決。

　　19世紀80年代初期，理雅各不但在身體上遭受著病痛的折磨，更在精神上面對圍繞著他「中國經典」第一卷的冗長批評。在華傳教士對他曾赤足在天壇上唱頌歌的行為非議不斷。1881年，理雅各第二任妻子去世，令其悲痛萬分，但他仍用負責任的方式，堅持著職業生活和家庭生活。與教

[72]　（美）吉瑞德（Norman J. Girardot）著，段懷清、周俐玲譯，《朝覲東方：理雅各評傳》（The Victorian Translation of China, James Legge's Oriental Pilgrimage）[M]（桂林：廣西師範大學出版社，2011年），第120頁。
[73]　（美）吉瑞德（Norman J. Girardot）著，段懷清、周俐玲譯，《朝覲東方：理雅各評傳》（The Victorian Translation of China, James Legge's Oriental Pilgrimage）[M]（桂林：廣西師範大學出版社，2011年），第132、139-140頁。

堂執事們意見不和，使他在教堂事務上不甚遂心，再加上夫人的去世，理雅各於1881年11月決定不再參與教堂裡的正式事務。

1897年11月29日，理雅各在牛津大學去世。從理雅各19世紀70年代進入牛津開始，直到19世紀末，這段期間被稱為「漢學研究的理雅各時代」[74]，理雅各也被譽為「十九世紀西方漢學界最重要和最有影響力的儒學專家」[75]。

二、牛津時期的著作

1873年，理雅各返回英國定居，同時也結束了與翻譯助手王韜長達十年的合作關係。理雅各對王韜的工作給予極高的讚譽，在他開始著手翻譯《易經》期間，曾經寫信給王韜，欲邀請王韜前往英國繼續合作，但王韜當時忙於編輯出版《循環日報》，因而拒絕了理雅各的邀請[76]。

1876年，理雅各利用赴任牛津大學漢學教授的空閒時間，開始進行《詩經》韻體版的翻譯，並於這一年在倫敦出版[77]。對比之前1871年的《中國經典》系列譯著中《詩經》的散文英譯本，韻體版本發生了許多的變化。理雅各做了大量的工作，增加許多原詩之外的內容，力求押韻。此時，理雅各對待中國古代典籍的態度發生轉變，譯本當中以民族主義為表現形式的顯性政治因素也有所減少，這些變化源於理雅各自身身份、思想、研究方法的變化[78]。

1877年，理雅各為在上海舉行的新教傳教士第一屆代表大會撰寫了一篇論文，題為〈儒教與基督教的關係〉（Confucianism in Relation to Christianity），並在論文中聲明中國經典中的上帝就是我們共同的神，即「our common

---

[74] （美）吉瑞德（Norman J. Girardot）著，段懷清、周俐玲譯，《朝覲東方：理雅各評傳》（The Victorian Translation of China, James Legge's Oriental Pilgrimage）[M]（桂林：廣西師範大學出版社，2011年），第120、150、159-160、170、246-247、250-251、386-388頁。

[75] 姜燕，〈英國漢學家理雅各對中國早期政治制度的闡釋〉[J]，《孔子研究》2009(2): 102-111，第102頁。

[76] 王立群，〈王韜與近代東學西漸〉[J]，《北京科技大學學報（社會科學版）》2004, 20(1): 7-12，第9頁。

[77] （美）吉瑞德（Norman J. Girardot）著，段懷清、周俐玲譯，《朝覲東方：理雅各評傳》（The Victorian Translation of China, James Legge's Oriental Pilgrimage）[M]（桂林：廣西師範大學出版社，2011年），第407頁。

[78] 姜燕，〈理雅各《詩經》翻譯初探──基督教視域中的中國經典〉[J]，《東嶽論叢》2011, 32(9): 85-89，第85-88頁。

Lord」，並提出對儒家經典的同情理解[79]。1879年，理雅各將第三版翻譯的《詩經》收錄到《東方聖典叢書》。1880年，理雅各拓展了他的研究領域，將他的觸角延伸到道教，並對基督教與道教、儒教做出更進一步的分析。同年，理雅各將其系列公開講座的講稿集結成一本《中國的宗教：基督教視野描述比較之下的儒教與道教》並出版，對中國本土宗教進行了宏大而通俗的敘述。在1891年，理雅各終於在牛津完成了道家卷的翻譯並收錄到《東方聖典叢書》中。理雅各在19世紀50年代初期的《中國的宗教》中的一些著述，1883年的《基督教與儒教有關人的完整責任之比較研究》和1889年的《孔聖人與中國的宗教》，這三個部分的著作「共同構成了理雅各對於中國宗教傳統中的『精神洞察力』的最重要的綜合分析闡述」[80]。

　　1886年，理雅各開始形成他多元化的比較宗教思想，出版了《佛國記》（Record of the Buddhistic Kingdoms: Being an Account）的翻譯。同年，他繼續翻譯《高僧法顯傳》。一個傳教士怎麼會去翻譯佛家的思想呢？原來，此時在牛津的三人（理雅各、費爾貝恩、穆勒）都是戴著跨文化交流與比較宗教學的眼鏡在看待佛教，對佛教的尊重也與日俱增，因為他們很清楚：第一，佛教慈悲的教導，並不會與基督教產生違和感，甚至有些佛教教條與基督教的教義有著異曲同工之處。第二，無論傳教士們如何努力，佛教在亞洲擁有屹立不搖的神聖地位。換言之，基督教不可能變成全世界唯一的宗教，既然無法完全掌控它，不如分析暸解它。

　　《中國經典》最後一個版本於1893年出版，此時距離理雅各首次踏上中國的土地已經過了整整五十年，而距離他最後離開中國也有二十年之久。理雅各這次對原先譯本的修訂工作，讓他終其一生努力耕耘的中國經典事業達到了頂峰。這時，唐代彙編的「十三經」所包含的著作（《爾雅》除外）已全部被翻譯成英文，其中，除《周禮》（Zhou Li或The Rites of the Zhou）由畢澳特（Edouard Biot）於1851年翻譯，《儀禮》（I Li）由查理斯‧約瑟夫‧哈勒茲（Charles de Harlez）於1892年翻譯外，剩下的十

[79] Legge, J. (1877). Confucianism in Relation to Christianity: A paper read before the missionary conference in Shanghai, on May 11th, 1877. Shanghai, China: Kelly & Walsh.

[80] （美）吉瑞德（Norman J. Girardot）著，段懷清、周俐玲譯，《朝覲東方：理雅各評傳》（The Victorian Translation of China, James Legge's Oriental Pilgrimage）[M]（桂林：廣西師範大學出版社，2011年），序第3頁、第250-252頁。

部經典都是由理雅各翻譯的，他的成就超過了其他任何譯者。這個版本的《中國經典》與1861年的版本相比，一個明顯的不同在於理雅各對待孔子態度上的改變。他完全捨棄了1861年版本對孔子批判的看法，他在這一版的學術緒論中直截了當地宣稱孔子是一個偉人：「但是，我現在必須離開這個偉人了。但願我對他所做的一切都是公正的；我對他的性格與思想研究得越多，對他的評價就越高。他是一個非常偉大的人，總體而言，他對中國的影響是巨大而有益的，同時，對於我們這些聲稱自己為基督教徒者的人來說，他的教誨同樣裨益良多。」在翻譯完《中國經典》和《東方聖典叢書》之後，理雅各於暮年之際又開始了一個大學術專案，即對《楚辭》（Chuci/ Ch'u Tz'u）的翻譯。理雅各將這部風格獨特的詩集譯為「The Compositions of the [South State of] Chu」。《楚辭》也是一部優秀的文學作品，對於理雅各這樣負責任的研究者來說，在結束有關儒家和道家經典的翻譯工作之後，投身到中國「雅」文學的海洋之中，似乎是順理成章的事。理雅各非常重視《離騷》，他對屈原的身世表示一定的同情，這或許和理雅各也曾像屈原一樣遭到世人的誹謗有關。1894年，《英國皇家亞洲學刊》分三次刊登了理雅各的文章〈《離騷》及其作者〉。但遺憾的是，直到理雅各去世，他的自傳《餘生漫錄》終未能完成，而是停步在19世紀30年代他到達麻六甲時就戛然而止[81]。

理雅各翻譯的《中國經典》，不僅譯本正文卓越，就連其前言和緒論也都有著極高的價值。對此，段懷清評價道：「這些文獻與『中國經典』一起，共同記錄並見證了維多利亞時代一個英國傳教士兼漢學家走進中國古代思想文化經典的途徑及其跨文化交流方式。這種方式既非殖民主義者對待殖民地傳統文化的態度，也不同於一般意義上的漢學家的『東方主義』，而是呈現出一種超越時代的更深沉的跨文化交流的渴望與關懷。」段懷清的研究指出，對於其父親窮其一生研究中國傳統典籍的行為，理雅各女兒給出的解釋是：「他的努力，旨在探究『中國最偉大的德性和力量而成就的道德和社會原則』，探究那些形成並決定了中華民族幾千年的

---

[81] （美）吉瑞德（Norman J. Girardot）著，段懷清、周俐玲譯，《朝覲東方：理雅各評傳》（The Victorian Translation of China, James Legge's Oriental Pilgrimage）[M]（桂林：廣西師範大學出版社，2011年），第359-361、390-393、408頁。

禮貌風俗習慣的思想文化觀念。」[82]費樂仁也曾這樣評價理雅各不朽的翻譯：「理雅各從中國傳統學者詮釋儒經的浩瀚書海裡理出了一個完整合一的頭緒，因而能夠用他的長篇前言與注釋為讀者提供百科全書般的知識；而在他那個時代再沒有一個譯者給研究者提供同樣多的資訊了。」[83]

小結

　　從1815年出生，到1897年去世，理雅各活出了光輝璀璨的一生，他的光芒甚至在其去世一百多年後的今天仍然閃耀不已。理雅各的成就來自於他的語言天分和他幾十年如一日的堅持。從理雅各離開英國成為傳教士開始，他的人生經歷了特色鮮明的四個時期：麻六甲時期，是理雅各的快速成長和適應期，這一時期他語言能力的提升和對華人世界的適應，為他其後多年的傳教和學術研究工作打下了堅實的基礎；香港時期長達三十年，這一時期（1843-1872），理雅各在學術上取得了輝煌的成就，「四書五經」中的大部分、《中國經典》全部五卷本都是在這個時期翻譯出版的；遊歷時期，是理雅各的一個重要轉型期，他在傳教工作上的不順利，以及對東方學研究的進一步深入，都成為了促使他慢慢由傳教士兼學者轉向完全學者的原因；在理雅各人生最後的二十年牛津時期，他的學術成就更上一層樓，完成了「四書五經」中餘下兩本經書的翻譯，並開始涉足道教、佛教典籍，締造了「英國漢學的理雅各時代」[84]。

---

[82] 段懷清，〈理雅各《中國經典》翻譯緣起及體例考略〉[J]，《浙江大學學報（人文社會科學版）》2005, 35(3): 91-98，第91、94頁。

[83] 岳峰、周秦超，〈理雅各與韋利的《論語》英譯本中風格與譯者動機及境遇的關係〉[J]，《外國語言文學》（季刊）2009(2): 102-109，第103頁。

[84] 段懷清，〈理雅各與維多利亞時代的英國漢學——評吉瑞德教授的《維多利亞時代中國古代經典英譯：理雅各的東方朝聖之旅》〉[J]，《國外社會科學》2006 (1): 81-83，第81頁。

第二章　理雅各對儒學經典翻譯

　　在理雅各的翻譯作品問世之前，西方學者的譯作品質參差不齊，與理雅各後期的譯文形成鮮明對比，更能彰顯出理雅各對中國古代典籍傳播的貢獻。1841年至1897年的五十多年裡，理雅各翻譯了大量作品，並重譯和再版了部分重要典籍[1]。儒家經典西傳始於明神宗萬曆十三年（1585年），傳教士在羅馬出版的《中華大帝國史》開啟了這一文化傳播的序幕[2]。在這一過程中，作為文化交流傳播者的傳教士具有雙重作用：將西方科學和思想傳入中國的同時也將中國經典、政治、倫理等中國傳統文化介紹到西方世界。而理雅各完整地將「四書五經」等儒家經典翻譯成英語，使他在中西文化教育史上扮演著十分重要的角色。

　　理雅各翻譯四書五經的主要原因，是因為從元代以來的中國學校都以儒學教育為基本核心，而四書五經是儒學教育的基本教材，是科舉考試的依據。封建社會用儒學教育這一文教政策統一思想。本文把四書置於五經之前，因為從元代開始，四書的地位超過了五經。從更深層的角度來看，理雅各研究十三經中的「四書五經」，是因為他可以通過「四書五經」更深入地瞭解儒學觀、耶儒觀裡真正的中國文化內涵和背景。本文重點研究理雅各對四書五經的翻譯，希望得出理雅各對儒家教育最核心概念的理解和看法。

　　本章除了「四書五經」的儒家經典翻譯外，另一個值得注意的是在第三節理雅各的翻譯觀發生了轉變。由於他研究比較宗教學時受到不同宗教思想的薰陶和衝擊，他對各個宗教的包容性變強了，對儒家思想也更加寬容。

---

[1]　（英）理雅各（James Legge）編譯，《中國經典：論語・大學・中庸・孟子・書經・詩經・春秋・左傳：英文》卷一，緒論[M]（上海：華東師範大學出版社，2010年），第10頁。

[2]　李曉愉、樊勇，〈17-18世紀的儒學西傳及其對歐洲哲學的影響〉[J]，《昆明理工大學學報（社會科學版）》（Journal of Kunming University of Science and Technology）2009（2）: 43-4，第43-44頁。

第一節　對「四書」的翻譯

從隋唐開始，統治者就把科舉考試當作挑選人才的方式。到了宋朝，統治者高舉尊孔崇儒大旗以維護統治，「四書」從此被納入了科舉選士的官方指定書籍。「四書」包含了：《論語》、《孟子》、《大學》、《中庸》。而《大學》、《中庸》因為內容與篇幅比較少，坊間常把這兩本書合為一本。傅佩榮為儒家畫出了一個很清楚的藍圖：「儒家思想發軔於孔子，完成於孟子，應用於《大學》，結晶於《中庸》。」[3]1581年，義大利耶穌會士羅明堅用拉丁文節譯的《大學》與《孟子》，時至今日，西人所翻譯的「四書」譯本約達一百八十種，儒經譯本大約三百零四種，僅在19世紀西人所譯「四書」、「五經」的數量就多達一百零三種，而19世紀的這場強勢的翻譯活動中，理雅各的影響尤其大。

一、《論語》（Confucian Analects）

西方人有《聖經》而中國人有《論語》，這兩本巨作都是經過千錘百鍊的歷史洗禮而留下來的豐富遺產。《論語》是「四書」之首，也是孔子的思想精髓。宋朝宰相趙普曾經說過：「半部《論語》治天下。」[4]眾所皆知，孔子是被西方研究和評論最多的中國思想家，理雅各把孔子當作「中國古典傳統的模範聖人」，認為在《中國經典》的開篇來講述孔子的故事是十分必要的[5]，正如福音書裡開篇就是耶穌的故事一樣。《論語》的英譯開始於1809年，至今超過二百年的時間裡共產生了二十九個全譯本[6]。

理雅各的《論語》譯本被收錄在《中國經典》卷一當中，在國內外廣為流傳，影響深遠。即使對於以漢語為母語的人，要理解「四書五經」也並不簡單，更何況是文化背景完全不同的西方人。理雅各為了讓西方人能更好地理解中國古代典籍，做了大量的注釋和文化背景介紹。理雅

---

[3]　傅佩榮，《止於至善：傅佩榮談《大學》、《中庸》》[M]（臺北：遠見天下文化出版股份有限公司，2013年），封面背面。

[4]　羅大經，《鶴林玉露》卷七（宋代）。

[5]　楊平，〈評西方傳教士《論語》翻譯的基督教化傾向〉[J]，《人文雜誌》2008 (2)：42-47，第44頁。

[6]　王勇，〈《論語》英譯簡史〉[J]，《濰坊學院學報》2011,11(5)：73-78，第73頁。

各的《論語》英譯本包含了大量的註腳，其篇幅甚至超過了正文。《論語》文中涉及到的相關政治、歷史、習俗等背景，理雅各也都做了補充介紹。在充分尊重原著的基礎上，理雅各也沒有放棄西方的文化概念。他也會在註腳中發表與《論語》中一些言論相左的觀點[7]。值得一提的是，理雅各首先採用「Analects」為《論語》英譯本命名。自此之後，英語單詞「Analects」成為了《論語》的英語代名詞。根據理雅各《中國經典》第一卷《論語》的部分，理雅各在開始的註腳就提到他認為選用英語單詞「Analects」這個字來表述「論語」是再適合不過的[8]。「Analects」一詞，來自拉丁文analecta與希臘文analekta，這個詞是由ana和lect組成，前者意為「收集」（To gather up, collect），後者意為「說」（To speak），同源於詞根「*leg-」。事實上，理雅各的理解十分精準。《論語》的確是孔子與弟子對話的紀錄。通過閱讀《論語》，讀者們可以瞭解到孔子的中心思想。在理雅各之前，大部分的譯者對《論語》這本書名的翻譯都不夠精準，例如：哲學家孔子、孔子的道德教育等，而理雅各選用了「Analects」這個詞是恰如其分的。與辜鴻銘用「discourses and sayings」來代表孔子的言論相比，理雅各在用字遣詞方面，更為精準、符合學術規範。但是，理雅各的用字遣詞也並非完美──因為他在文字上過於精雕細琢，所築起的學術高牆，使得一般讀者常常無法窺其堂奧。

在《論語》的開篇：「子曰：『學而時習之，不亦說乎？有朋自遠方來，不亦樂乎？人不知而不慍，不亦君子乎？』」讀者便可以看出理雅各對原文的高度重視。理雅各採用了直譯的方式翻譯成：「The master said, Is it not pleasant to learn with a constant perseverance and application? Is it not delightful to have friends coming from distant quarters? Is he not a man of complete virtue, who feels no discomposure though men may take no note of him?」[9]相較之

7　王東波，〈理雅各對中國文化的尊重與包容──從「譯名之爭」到中國經典翻譯〉[J]，《民俗研究》2012（1）：44-49，第48-49頁。

8　I have styled the work 'Confucian Analects', as being more descriptive of its character than any other name I could think of.見：（英）理雅各（James Legge）編譯，《中國經典：論語‧大學‧中庸‧孟子：英文》卷一與卷二[M]〔臺北：南天書局有限公司（SMC Publishing Inc），1991年〕，《論語》第137頁。

9　（英）理雅各（James Legge）編譯，《中國經典：論語‧大學‧中庸‧孟子：英文》卷一與卷二[M]〔臺北：南天書局有限公司（SMC Publishing Inc），1991年〕，《論語》第137頁。

下，辜鴻銘的翻譯較為隨性，也較為容易被讀者理解，如：「Confucius remarked,It is indeed a pleasure to acquire knowledge and, as you go on acquiring, to put into practice what you have acquired. A greater pleasure still it is when friends of congenial minds come from afar to seek you because of your attainments. But he is truly a wise and good man who feels no discomposure even when he is not noticed of men.」[10]由此可看出，理雅各用疑問句式，辜鴻銘用肯定句式。所以，辜鴻銘選擇使用西方的表達方式來傳達中文的思想，理雅各更希望直接翻譯字面的意思。究其原因，本文認為是辜鴻銘無須像理雅各一樣，跨越複雜的中文語言體系去理解孔子話中的含義與其蘊藏的思想。

通過比較理雅各與辜鴻銘的翻譯，也可以看出辜鴻銘批判理雅各作品的原因。因其字斟句酌，引經據典，導致他翻譯的儒家經典充滿文學氣息。這在一定程度上增加了讀者的理解難度；反觀辜鴻銘的文字深入淺出，更具易讀性，因此其譯文更便於儒家思想的傳播[11]。另外，對比兩人對《論語》的翻譯，大部分的讀者都可以感受到理雅各的翻譯風格偏為冷靜、含蓄、婉轉，辜鴻銘則是活潑、直白、鮮明。針對這一點，在兩人對「巧言令色鮮矣仁」的翻譯上就可以看出端倪。理雅各寫道：「The Master said, Fine words and an insinuating appearance are seldom associated with true virtue.」[12]反之，辜鴻銘譯為：「Confucius remarked,With plausible speech and fine manners will seldom be found moral character.」[13]直抒胸臆，切中要點。

10　辜鴻銘，〈西播《論語》回譯：辜鴻銘英譯《論語》詳解〉[M]（上海：東方出版中心，2013年）第1頁。

11　「理氏的翻譯以保留《論語》的原貌為出發點，採用的是以源語文化為歸宿，讓譯文讀者接受更多的異國文化的方法——異化，具有典型的學者型翻譯的特點，其目的是向西方傳播漢語文化。辜氏將《論語》看作是一部偉大的民族文學作品，採用以目的語文化為歸宿，把譯文讀者置於首位，盡可能的把源語的行為模式納入譯文讀者的文化範疇中來的方法——歸化，具有典型的文學翻譯特點，他將《論語》與西方的文學文化源流相類比，給予較多的意釋，對比分析，其目的是讓譯文讀者瞭解儒家學說的旨意，給西方人亮出了儒家文化的深刻內涵。」見劉陽春，〈理雅各與辜鴻銘《論語》翻譯策略〉[J]，《北京航空航太大學學報（社會科學版）》2008(04)：66-69。

12　（英）理雅各（James Legge）編譯，《中國經典：論語·大學·中庸·孟子：英文》卷一與卷二[M]〔臺北：南天書局有限公司（SMC Publishing Inc），1991年〕，《論語》第139頁。

13　辜鴻銘，《西播《論語》回譯：辜鴻銘英譯《論語》詳解》[M]（上海：東方出版中心，2013年），第4頁。

二、《孟子》（The Works of Mencius）

　　「四書」之一的《孟子》是儒家學派的重要典籍，由「亞聖」孟子及其弟子記錄整理而成，記載了孟子的言行、治國思想以及他的政治策略。理雅各的《孟子》譯本收錄於《中國經典》第二卷。至今牛津大學與倫敦大學仍把《孟子》中的部分篇章列為教授科目[14]。理雅各的《孟子》翻譯被視為最標準的一本，之後的許多漢學研究者也把它視為標準的英譯本。

　　理雅各很推崇孟子，從他尋找18世紀英國神學家巴特勒（Joseph Bulter, 1692-1752）主教的人性理論來呼應孟子的性善論之舉就可以看出。為了避免儒教與基督教的教義相互矛盾，理雅各用巴特勒的「人性是善良的」觀點來支撐他對孟子的性善論[15]。當理雅各讚賞孟子時其實內心充滿了矛盾。他認為孟子與西方偉大的哲學家（如柏拉圖、亞里斯多德、芝諾等）一樣重要，但又批評孟子鮮少談及上帝與過於推崇堯舜和孔子等人[16]。

　　與《論語》的譯本一樣，《孟子》也受到一些批評，如他的翻譯過於呆板甚至偏離主題。對此，本文歸納出三個主要原因：第一，理雅各的嚴謹治學態度導致他過分追求貼近原文的文化內涵，卻使篇幅超越了原文。第二，身為漢學家的道森（Raymond Dawson）抨擊理雅各因為過度參考朱熹的注釋，導致接受了過時的思想，並未參考同期其他學者的觀點。第三，也是最爭議的一點：許多學者質疑他傳教士的身份與他傳播基督教福音使命，使他無法客觀地翻譯儒家經典。但在查閱了理雅各不同時期的《孟子》譯本裡〈告子章句下〉「人皆可為堯舜」的翻譯後，並未發現他有翻譯不妥之處或在註腳上有批評之意[17]。

　　其實，理雅各心裡明白中國人的「神」並不等同於他信仰的基督教的神，由他翻譯的《孟子》就可見一斑。在卷七（下）的第二十五章中：

---

[14] 江佩珍、陳籽伶，《仁者無敵‧孟子：孟子名言的智慧》[M]（臺中：好讀出版有限公司，2014年），正面封面。

[15] 韓振華，〈從宗教辯難到哲學論爭——西方漢學界圍繞孟子「性善」說的兩場論戰〉[J]，《中山大學學報（社會科學版）》2012, 52(6): 156-166，第158頁。

[16] Legge, J. (1875). The Life and Works of Mencius. Philadelphia, PA: J. B. Lippincott and Co. p. 16.

[17] Legge, J. (1892, 1893). The Four Books. Oxford, England: The Clarendon Press.

「可欲之謂善，有諸己之謂信，充實之謂美，充實而有光輝之謂大，大而化之之謂聖，聖而不可知之之謂神。」[18]杜維明指出：「『神』是『聖』更進一步的昇華。」在翻譯時，漢字的「神」在英語中經常被翻譯成「精神」（spiritual）[19]。這一點理雅各在《孟子》翻譯中的確用「A spirit-man」來翻譯「神」。但他同時在註腳中註明：我們可以將《孟子》的這句「聖而不可知之之謂神」（When the sage is beyond our knowledge, he is what is called a spirit-man）與《中庸》的這句「至誠如神」（The individual possessed of the most complete sincerity is like a spirit[20]）做對比，在《四書合講》中有些譯文不贊成將「神」這個字翻譯成英文的「Divine」，原因是中國的作者會降低或減少神的特權[21]。研究此處時，原以為理雅各在抨擊中國人沒有基督教信仰，但回頭查證理雅各在《中庸》第二十五章對「至誠如神」的批註後，研究者發現理雅各也承認他自己無法翻譯這個章節，因為他無法瞭解真正的內容[22]。可見正如英國漢學家與翻譯家閔福德（John Minford[23]）對理雅各的稱讚般，他是個誠實的翻譯者。

---

[18] 《孟子・盡心下》。

[19] 杜維明，《儒家思想》[M]（臺北：東大圖書有限公司，1997年），第172頁。

[20] （英）理雅各（James Legge）編譯，《中國經典：論語・大學・中庸・孟子：英文》卷一與卷二[M]〔臺北：南天書局有限公司（SMC Publishing Inc），1991年〕，《孟子》第490-491頁。

[21] （英）理雅各（James Legge）編譯，《中國經典：論語・大學・中庸・孟子：英文》卷一與卷二[M]〔臺北：南天書局有限公司（SMC Publishing Inc），1991年〕，《孟子》第490-491頁。理雅各寫道：「In the critical remarks in the 四書合講, it is said, indeed, that the expression in the text is stronger than that there, but the two are substantially to the same effect. Some would translate 神 by 'divine,' a rendering which it never can admit of, and yet, in applying to man the term appropriate to the actings and influence of Him whose way is in the sea, and His judgements a great deep, Chinese writers derogate from the prerogatives of God.」

[22] （英）理雅各（James Legge）編譯，《中國經典：論語・大學・中庸・孟子：英文》卷一與卷二[M]〔臺北：南天書局有限公司（SMC Publishing Inc），1991年〕，《中庸》第418頁。理雅各寫道：「How from sincerity comes self-completion, and the completion of others and of things. I have had difficulty in translating this chapter, because it is difficult to understand it. We wish that we had the writer before us to question him; but if we had, it is not likely that he would be able to afford us much satisfaction.」

[23] 閔福德是一位已退休的英國漢學家，他曾經把《紅樓夢》（後四十回）、《孫子兵法》、《鹿鼎記》等著作翻譯成英語，他曾公開表示許多人會罵理雅各是因為他們根本就不懂什麼是好的英語，這些人自己沒有讀過好的英語文章，也不見得能寫出好的文章，卻只是一味地批評理雅各，他對這一個現象感到很氣憤。見：公開視頻《閔福德：文化與翻譯系列公開講課——理雅各與中國經典》。

三、《大學》（The Great Learning）

　　《大學》原本只是《禮記》的第四十二篇，以講述個人修養、倫理道德、社會政治、治國安邦為主。宋代重文輕武，尊孔崇儒。不同的是，這時期的理學已非先秦儒學（古儒）了，而是新儒學派——將儒、道、佛三者融合在一起，相輔相成，互相補充。北宋程顥、程頤（二程）將《大學》從《禮記》分離出來進行改編獨立成冊，後經南宋朱熹（1130-1200）加工[24]，與《論語》、《孟子》、《中庸》合編成「四書」，對中國封建社會產生了極大的影響。朱熹重視《大學》的程度之深以致將儒家的「四書」排列順序更改為：《大學》、《中庸》、《論語》、《孟子》。他將《大學》整理成「三綱領」（明明德、親民、止於至善）與「八條目」（格物、致知、誠意、正心、修身、齊家、治國、平天下）。為了實現《大學》「三綱領」的三個目標，需要以「八條目」為指標層層遞進。但改編者很容易將自己的思想滲透於原文。例如：朱熹與王陽明在《大學》中對於「格物致知」的概念就天差地遠，並無共識[25]。

　　有大學就有小學，小學即教授小孩進入社會前要養成的日常生活規範。例如：打掃、待人接物、學習「六藝」（禮、樂、射、御、書、數）等；反之，大學就是教成人，也可以理解成「大人之學」。古代貴族十五歲成年後要進入「大學」學習做人的道理與自我修養。《大學》這本書就是通過儒家思路來培養這些學子們具備統治者的思想以期將來走上仕途。另外，「大學」有三個含義：（1）「大學校」是一種等級；（2）主要意義在於「大學問」，表示最高的學術思想，「大」即「最高」，「大人之學」即「成人之道」，把人培養成社會所需人才的基本方法；（3）《大學》裡還體現「德」，強調道德教育，是儒家的核心。

　　基於「大學」包含了這麼多複雜的概念，在理雅各之前的譯者大都無法像他一樣提綱挈領地抓住《大學》這本書的精髓。理雅各在為《大學》這本書擬定英語書名時，採用了不同於前輩的翻譯名稱。他將《大學》這本書譯為《The Great Learning》。「Learning」是學問，而不是學習，《大

---

[24] 朱熹云：「程子曰：《大學》，孔氏之遺書，而初學入德之門也。」
[25] 傅佩榮，《止於至善：傅佩榮談《大學》、《中庸》》[M]（臺北：遠見天下文化出版股份有限公司，2013年），第8、16、22頁。

學》的現代理解應該為「大學問」。在他的《中國經典》第一卷緒論中清楚寫出《大學》這本書是「大人之學」（The Learning for Adults）。而這種「大人之學」是指年滿十五歲的貴族後代（All the sons of the sovereign, with the legitimate sons of the nobles, and higher officers[26]）通過學習「三綱」（heads）、「八目」（particulars）[27]達到「修己安人」之道。換言之，這也是孔子所說先做到「修己以敬」，然後做到「修己以安人」，最終才能達到「修己以安百姓」（The cultivation of himself in reverential carefulness. He cultivates himself so as to give rest to others. He cultivates himself so as to give rest to all the people）[28]。在《大學》一開始的註腳下，理雅各就寫道：基於《大學》是「大學者，大人之學也」，所以他對自己採用字面上直譯成「The Great Learning」感到滿意（contented）。理雅各能夠將「大學」翻譯成「The Great Learning」而不是「Daxue」或「University」，並在注釋下方明確寫出他的滿意來自於「The Great Learning」既可以代表「大學」，也可以代表最高學府太學，表示他已基本上抓住儒家精髓[29]。

　　《大學》首句揭示了先秦儒學關於教育目的的總綱：「大學之道，在明明德，在親民，在止於至善。」于述勝的解字說文中提到：大學是種修己安人之學，是以儒家之道（途徑、思想、道理）修身。明明德的第一個「明」是動詞，做發光照亮用；第二個「明」是形容詞，指光明；德是指由天下賦予到人的性，指人的本性，也就是發揚人本身天生的善。「在親民」指君子會有仁民愛物的態度，最後達到止於至善的境界：使社會一切的運行都符合天德良知，每個人都在其扮演的不同角色中做到最好，直到極致[30]。經過以上的細緻剖析，傅佩榮將「三綱領」理解為：大學的主要

26　（英）理雅各（James Legge）編譯，《中國經典：論語・大學・中庸・孟子：英文》卷一與卷二[M]〔臺北：南天書局有限公司（SMC Publishing Inc），1991年〕，序（Prolegomena）、第28、32頁。

27　（英）理雅各（James Legge）編譯，《中國經典：論語・大學・中庸・孟子：英文》卷一與卷二[M]〔臺北：南天書局有限公司（SMC Publishing Inc），1991年〕，《大學》第356頁。

28　（英）理雅各（James Legge）編譯，《中國經典：論語・大學・中庸・孟子：英文》卷一與卷二[M]〔臺北：南天書局有限公司（SMC Publishing Inc），1991年〕，《論語》第292頁。

29　（英）理雅各（James Legge）編譯，《中國經典：論語・大學・中庸・孟子：英文》卷一與卷二[M]〔臺北：南天書局有限公司（SMC Publishing Inc），1991年〕，《大學》第355頁。

30　于述勝，《大學》[M]（濟南：濟南出版社，2015年），第18-19頁。于述勝寫道：

目的有三個。第一，知道人是擁有與生俱來的（內隱的、先天的）光明德行，要懂得去彰顯它；第二，不單單只是管理與統治百姓，更要去親近與愛護他們；第三，達到人生完美的目標——去照顧每一個人，每一個天下人[31]。的確，人在「明明德」（理解什麼是善）後，就會行善。例如：禮讓救護車、扶老人過馬路、將自己的車擋在車禍現場前避免二次追撞等。傅佩榮強調：人會想做善事是因為行善後我們會感到快樂[32]，通過這種由內而發的快樂，整個社會都沉浸在善良的氛圍中[33]。

理雅各對《大學》開篇的「三綱領」（大學之道，在明明德，在親民，在止於至善）的翻譯如下：首先，他用英語語法的角度剖析「明明德」的字義，他說：第一個「明」是動詞；而第二個「明」是形容詞，這完全符

（1）大學之道：「大學」者，兼有「大學問」、「大學校」及「大人之學」之義，而以修己安人之學為指歸。「道」者，原指「道路」，此處指根本途徑、根本道理或思想要義。（2）明明德：「明」者，本義指日月發光，照見萬物。此處用作動詞，「明明」連讀，即「明而又明」之義。「德」者，得也，即人所得於天之性，乃人之所以為人之性能。「明明德」者，使人的天賦性能充分彰顯，由微而著，由著而極；至於澤被天下，光照四海，即所謂「明明德於天下」。（3）親民：即《孟子》「親親而仁民，仁民而愛物」的簡縮表達。「親、仁、愛」三字意義相近，只是由於所作用的對象不同，而義有所別。「親民」兼有「親愛其民」與「使民相親相愛」之義。說到底，君子是以其親親、仁民、愛物之行，興發起百姓親親、仁民、愛物之心。（4）止於至善：「止」為象形字，像草，出生以土為基，猶如建築有地基、器物有底座；此處引申為人之行止，用作動詞，指行而有止，不離其根本，故朱子以「必至於是而不遷」釋之，可譯作「依止」。止於何處？「至善」是也。孔、曾、思、孟所謂「至善」，要義有二：其一，人性至善，人有天德良知；其二，人各盡其性、物我和諧為至善，家齊、國治、天下平也。故所謂「止於至善」，即內依止於天德良知，外依止於親親之家。

[31] 傅佩榮，《止於至善：傅佩榮談《大學》、《中庸》》[M]（臺北：遠見天下文化出版股份有限公司，2013年），第29頁。

[32] 針對這一點，我們在腦科學上也獲得實證。羅傑·杜利（Roger Dooley）指出：存在七十多年的非國際扶幼基金會（Christian Children's Fund）幫助了超過一千五百多萬名兒童的資料就可以輕易看出一個事實——大多數的捐款者很顯然是因為付出後感到心裡的愉快，所以才會繼續地捐款幫助這些貧困悲慘的孩子。見：羅傑·杜利（寶永華譯），《大腦拒絕不了的行銷》[M]（臺北：大寫出版社，2015年），第184-185頁。

[33] 人會感到快樂是因為我們順著我們人性向善的傾向，而不是單單只靠外人給我們言語上的讚美。換言之，快樂的感受是由內而外的，非由外而內，拿孔子的學生顏淵為例：「一簞食，一瓢飲，在陋巷」的類似窮困潦倒的生活，他還過得「不改其樂」，證明了快樂是由內而發的。最後，當整個社會沉浸在充滿善的氛圍，老百姓當然對感受到幸福感，這也呼應了《孟子》中〈梁惠王上〉中的「老吾老，以及人之老；幼吾幼，以及人之幼；天下可運於掌」。當百姓從這一片祥和的社會中受益後，為官者就做到「親民」地親近愛護子民與「止於至善」地照顧到每一個人。見：傅佩榮，《人能弘道：傅佩榮談《論語》》[M]（臺北：遠見天下文化出版股份有限公司，2008年），第10頁。

合中文本身的翻譯，由此也可見理雅各的中文造詣非凡。再者，他將「大學之道」的「道」翻譯成「Being」，解釋成：修為之方法，這更是一絕。Being（be動詞）這字很特別，若這字後面加了「補語」（Complement），可翻譯成「是」；若be動詞後面不加任何字，則翻譯成「存在」。例如法國哲學家笛卡兒（René Descartes）的名言「我思，故我在」（拉丁文：Cogito ergo sum）翻譯成英文：I think, therefore I am，就是這個概念。有部分學者抨擊他的譯文無法完全體現出儒家哲學的奧妙，因為經過另外一種語言的轉換讓讀者更加難以理解。正如辜鴻銘批評理雅各的翻譯：理雅各並沒有完全掌握中國儒學的精髓[34]。如果將理雅各根據字面直譯的「三綱領」提供給大部分的西方人閱讀，可能會讓讀者不知所云。因為譯者無法完全掌握此「三綱領」的真正含義與意境。然而，理雅各的用字遣詞是經得起推敲的。通過他對「三綱領」的翻譯，便可得知他的確領悟出「三綱領」中「善」的精髓。他對「三綱領」翻譯如下：What the Great Learning teaches, is to illustrate illustrious virtue; to renovate the people; and to rest in the highest excellence[35]。從該句翻譯可以看出，理雅各出於對儒學的尊重，為了貼近原文盡可能找相對應的字做替換。若對理雅各的譯文加以推敲，則可得出：《大學》這本書，教導我們勇於彰顯美德，啟迪人們，最終達到卓越的最高境界。尤其「在親民」理雅各翻譯為「To renovate the people」，體現出原文想要傳達的理念：「新民」（宋朝朱熹解「親民」為「新民」），因而使用英語單詞「renovate」。理雅各也在注釋直截了當地說明，「親民」就是「親愛於民」（To love the people），可見他也掌握了儒家的核心：「仁」。總的來說，理雅各充分肯定《大學》的「修身、齊家、治國、平天下」這一宏偉的目標，但岳峰也指出理雅各對《大學》如何達成這一目標並無多說，對個人行為的指南也很模糊，因此顯得單薄[36]。

　　理雅各如此翻譯的原因，是因為他參考了朱熹的思想。理雅各借助中國本土的材料來解釋中國的經典，正如他的翻譯助手王韜所說：「大抵

[34]　辜鴻銘，《論語（英譯本）》[M]（新北：先知出版社，1976年），序第vii-ix頁。
[35]　（英）理雅各（James Legge）編譯，《中國經典：論語‧大學‧中庸‧孟子：英文》卷一與卷二[M]〔臺北：南天書局有限公司（SMC Publishing Inc），1991年〕，《大學》第356頁。
[36]　岳峰，《架設東西方的橋樑——英國漢學家理雅各研究》[M]（福州：福建人民出版社，2004年），第176-177頁。

取材於孔、鄭而折衷於程、朱，於漢、宋之學兩無偏袒。」[37]所以他的翻譯大量引用朱熹所做的「集注」[38]，其目的是為了「信於本，傳以真」。「信於本」的「本」既包括文本字面上的意思和形態，也包括更深層的意義；「傳以真」的「真」則是對作者、讀者以及翻譯這件工作的真誠，也是原文化真實的實現[39]。因此，可以說理雅各在翻譯時受到了程朱理學學派的影響。

四、《中庸》（The Doctrine of the Mean）

　　《中庸》原本是《小戴禮記》中的第三十一篇，到南宋時代受到朱熹的重視，將其摘出，與《大學》、《論語》、《孟子》共同構成「四書」，成為了南宋至明清時期學子參加科舉考試的必讀經典，也是「四書」中最富有哲學意味的一部。但其過於哲學化，《中庸》當中談到的「宇宙」、「天道」、「誠」、「性命」關係非常容易讓人疑惑。因此相較於《大學》的淺顯易懂，《中庸》的內容深奧、不易掌握。其實《中庸》與《大學》一樣，都在講修身養性以成道，是一種自我的修練，但當中有一個非常難理解的概念：「天」。我們難以解釋「天」的概念是因為我們無法武斷地定義它，我們只能通過「天」的作用來理解它。例如《中庸》開篇第一段就較為艱澀：「天命之謂性，率性之謂道，修道之謂教。」

　　第一，從字面上來解釋，「天命之謂性」提到的「天命」是指中國人常說的「天」所安排的命令。這個「天」是世間萬物的源頭，而這源頭「天」已賦予我們與生俱來的本性，這個「性」就是孔孟所說的「人性向善」。如傅佩榮所說：人性不是用「性善論」與「性惡論」來做區分。按照邏輯來說，應該說「性」是「向善的」。理由很簡單：「擇善固執」就說明了人性是向善的。如果依照孔孟說的「性善論」或荀子說的「性惡論」，那就代表人性天生就是絕對的「善良」或是絕對的「邪惡」。無論哪一邊成立，都意味著我們根本就不需要做出選擇，因為這絕對的天性

[37] 王韜，《弢園文錄外編》[M]（上海：上海書店出版社，2002年），第181頁。

[38] 楊慧林，〈中西「經文辯讀」的可能性及其價值──以理雅各的中國經典翻譯為中心〉[J]，《中國社會科學》2011(1): 192-205，第194頁。

[39] 陸振慧、崔卉，〈信於本，傳以真──論理雅各的儒經翻譯觀〉[J]，《河北工程大學學報（社會科學版）》2012, 29(4): 105-110，第106頁。

（性善或性惡）會直接牽引著我們自身。這說法與擇善固執有矛盾之處，很容易陷入雙方的詭辯中。傅佩榮認為：正因為人性本身是趨向善的，我們才會有所謂的「擇善固執」。是什麼使人類趨向於善呢？答案是：「真誠」。真誠是一種驅動的力量（也可以把它理解成類似化學中的催化劑「Catalyst」），它可以使人性行善避惡；反之，人若不真誠，這股力量則不會顯露出來。真誠也能喚起人對善的良知[40]，人只要有良知，就會去做該做的事；反之，人若不真誠，良知就沒能產生作用了。第二，「率性之謂道」的「道」[41]是一種看得見的擇善固執，只能用在人類上的「道」。雖然說世間萬物都有「道」，如花有花道、茶有茶道，但唯一有辦法與「率性」連結起來的，只有萬物之靈的人類。因為人類是唯一會問「應不應該」的動物，其他動物無法對「應不應該」進行思考，這也就印證了《中庸》中的「誠之者，擇善而固執之者也」。正是因為我們的人性向善，我們才會順著我們的本性，走上正道。第三，「修道之謂教」就比較容易理解了。「教」就是「教化」，「教化」就是修養自己並往正途上走[42]。

　　理雅各在《中庸》的緒論中就直接提到：《中庸》不容易理解是因為作者屬於直覺性的學派（The intuitional scholl），並非邏輯性（Logical）的學派[43]。缺少了邏輯性，自然不容易理解。理雅各將《中庸》的第一段：「天命之謂性，率性之謂道，修道之謂教。道也者，不可須臾離也；可離，非道也。」直譯成：「What Heaven has conferred is called the nature; an accordance with this nature is called the path of duty; the regulation of this

---

[40] 「人性十分脆弱，讀儒家的思想，千萬不要幻想『人性本善』。」這四個字是宋朝學者的創見，不是真正孔孟的思想，也不符合人性事實的狀況。事實上儒家講的「人性向善」，「向」代表真誠帶來的力量。見：傅佩榮，《止於至善：傅佩榮談《大學》、《中庸》》[M]（臺北：遠見天下文化出版股份有限公司，2013年），第71頁。

[41] 《周易·繫辭上》就提到：「形而上者謂之道，形而下者謂之器。」又說：「一陰一陽之謂道。」換句話說，我們看不見的是無形體稱為「道」，「道」是屬於「形而上」的，如：陰與陽。反過來說，我們看的見的有形體叫做「器」，「器」是屬於「形而下」的。

[42] 傅佩榮，《止於至善：傅佩榮談《大學》、《中庸》》[M]（臺北：遠見天下文化出版股份有限公司，2013年），第178-183頁。

[43] （英）理雅各（James Legge）編譯，《中國經典：論語·大學·中庸·孟子：英文》卷一與卷二[M]〔臺北：南天書局有限公司（SMC Publishing Inc），1991年〕，第44頁、序（Prolegomena）。

path is called instruction.」乍看之下他似乎只是依照字面去解釋，而且拗口讓人不知所云。但在批註中，理雅各提到幾個關鍵字「天意」（Will of Heaven）、「性」（Nature）、「道」（Path）等，並以理解詮釋成英語。他說：人具備了道德的天性，這種天性是上天或神（Heaven or God）賦予我們的。這種由內在的道德觀構成了人的行為準則，引導著人走上正途，成為一個具備智慧的好人，也就是賢者或哲人（Sage）[44]。筆者仔細看他的批註後，並未發現有任何不妥之處。的確，有許多翻譯者會將「Sage」翻譯成「聖賢」，但在大部分的英語字典上的解釋都是智慧的（Wise）、博學的（Knowledgable）、明智的（Judicious）、有經驗的（Experienced）的人，但並無神學中談到的神聖（Holy）的意思。

在搜尋期刊中，本文發現有學者認為理雅各翻譯《中庸》時沒有擺脫其身為基督教徒的傳教使命。例如：喬飛鳥指出理雅各的《中庸》譯本「具有扎實的學術性與濃厚的基督教傳教士精神」[45]。王輝也指出：理雅各翻譯「四書」時，十分重視鄭玄、朱熹與毛奇齡的注釋，在翻譯《中庸》時也多次引用這三家之言，但這並不表示理雅各「總是尊重中國經學的觀點」，在諸如「『天』與『上帝』的一神屬性」等問題上，理雅各毫不客氣地「挑戰整個經學傳統，堅持自己的解讀」。站在基督教徒的角度，理雅各對《中庸》部分內容的批評毫無保留，例如其對「明則誠矣」的尖銳批評，其實是理雅各「以辭害志」的一種表現，違背了他給自己定下的翻譯原則（理雅各在其翻譯的《中國經典》每一卷開頭都標明了他的翻譯原則，即：「不以文害辭，不以辭害志，以意逆志，是為得之」）[46]。從理雅各所翻譯的《中庸》來看，理雅各並非「心存敬畏的朝聖者」，而是「中國文化的審判官」。王輝更進一步表示：理雅各對《中庸》的批評亦集中體現在對其結構的評價上，理雅各認為《中庸》「結構混亂，毫無章法」，而非朱子所說的「條理清晰，結構完備」。王輝認

---

[44] 理雅各原文：To man belongs a moral nature, conferred on him by Heaven or God, by which he is constituted a law to himself. But as he is prone to deviate from the path in which, according to his nature, he should go, wise and good man—sages—have appeared, to explain and regulate this, helping all by their instrucitons to walk in it.

[45] 喬飛鳥，《《中庸》英譯本比較研究——以理雅各、辜鴻銘、陳榮捷譯本為例》，中文摘要 I [D]（濟南：山東大學碩士論文，2012年），第1頁。

[46] （英）理雅各（James Legge）編譯，《中國經典：論語‧大學‧中庸‧孟子‧書經‧詩經‧春秋‧左傳：英文》[M]（上海：華東師範大學出版社，2010年）。

為：理雅各的《中庸》譯本體現出一種「傳教士的東方主義」，刻意製造東西方本質上的對立，通過貶低「東方」來抬高「西方」，以達到批判儒家思想，突顯基督教「真理」的目的[47]。

　　當本文重新檢驗理雅各的翻譯與解釋後，認為具有比較爭議的點集中於《中庸》的緒論中，理雅各認為《中庸》所提到的「完人」[48]（Men who are absolutely perferct）其實是與《聖經》有衝突的（Contrary）。這就又回到了理雅各的基督教思維邏輯教義上：人是罪人（Sinners）。在理雅各的自序中，他最後寫下：當基督教未來在中國盛行時，中國人就會知道原來他們的先輩既不瞭解神，也不瞭解他們自己。讀到這裡，本文也理解了王輝為何會認為理雅各的《中庸》翻譯有貶低東方與踐踏《中國經典》的意圖[49]。

第二節　對「五經」的翻譯

　　「五經」包含：《詩經》、《尚書》、《禮記》、《周易》、《春秋》，也簡稱為：「詩」、「書」、「禮」、「易」、「春秋」。原本還有一本《樂經》，但於秦朝焚書坑儒時散佚。西周時期因為重視道德教育，所以將教學內容分為兩大部分：「大藝」和「小藝」。「大藝」主要學習對象是「大人」，主要學習的是詩、書、禮、樂；「小藝」主要學習對象是「孩童」，主要學習的是書、數。在《論語》當中記載著「子曰：『興於《詩》，立於禮，成於樂。』」記載於《莊子·天運篇》中，當孔子與老子見面時提到：「丘治《詩》、《書》、《禮》、《樂》、《易》、《春秋》。」由此可見孔子研究五經時間之久與深度之廣。理雅各在《中國經典》第一、二卷就開宗明義地在緒論中寫到：《五經》的

47　王輝，〈理雅各《中庸》譯本與傳教士東方主義〉[J]，《孔子研究》2008(5): 103-114，第104-105、111-112頁。

48　絕對完美的人。

49　（英）理雅各（James Legge）編譯，《中國經典：論語·大學·中庸·孟子：英文》卷一與卷二[M]〔臺北：南天書局有限公司（SMC Publishing Inc），1991年〕，第51、53頁序（Prolegomena）。理雅各在緒論的最後寫下這段話：「By-and-by, when Christianity has prevailed in China, men will refer to it as a striking proof how their fathers by their wisdom knew neither God nor themselves.」

「經」字象徵紡織中的經紗（The warp threads of a web[50]），緊密交織出儒家核心思想的脈絡。

一、《詩經》（The She King, or The Book of Poetry）

《詩經》可追溯到西元前11世紀至西元前6世紀左右，由孔子編纂整理成書，是中國古代歌謠的集大成者，也被視為最具經典的古典文學之一。《詩經》的音樂類型分類成：「風、雅、頌」；《詩經》的表現手法分為：「賦、比、興」。費樂仁指出，《詩經》幫助鞏固了中國古代封建教條。當理雅各在翻譯與研究《詩經》時，理雅各謹慎地對待每個詞句，這反映出他對待中國經典學術一如既往的嚴謹態度[51]。

理雅各一生三譯《詩經》，第一次翻譯在1871年於香港出版的《詩經》收錄在《中國經典》第一卷，這一版本的《詩經》主要採用直譯法，因為理雅各翻譯《詩經》時力求忠於原文，保持原詩語言的特色，側重於散文形式（prose in poetic form, or separate lines）。第二次是1876年於倫敦出版的《詩經》，強調以韻體版的形式翻譯（a metrical translation），該譯本重視押韻，語言風格及排版與第一版有極大的差異[52]。費樂仁（Lauren Pfister）與岳峰均觀察到理雅各在《詩經》上的這一翻譯轉變，收錄在岳峰所著的《在世俗與宗教之間走鋼絲：析近代傳教士對儒家經典的翻譯與詮釋》後，以岳峰與費樂仁兩位教授的對話組成的英文附錄中[53]。第三次翻譯的《詩經》節選了原著中具有宗教儀式意義的篇章，收錄在穆勒主編

---

[50] （英）理雅各（James Legge）編譯，《中國經典：論語・大學・中庸・孟子：英文》卷一與卷二[M]〔臺北：南天書局有限公司（SMC Publishing Inc），1991年〕，第1頁序（Prolegomena）。

[51] 「《詩經》研究仍是以鞏固封建思想為根本目的的儒家經學，學者們多半仍熱衷於校勘、考據、訓詁等方面的研究，整個社會對《詩經》的認識仍局限在經學的範圍內。這些都必然使理雅各對《詩經》的價值取向向經學價值傾斜，從而使他的翻譯帶上濃重的經學色彩。」「理雅各《詩經》翻譯的經學特徵還表現在翻譯過程中對版本和訓釋依據的選擇上。理雅各的《詩經》翻譯是有嚴格的版本原則的。這反映出他對待中國經典的嚴肅態度。他嚴格地選擇版本，為的是能嚴肅地對待每一個詞、每個短語、每一個句子。」（Pfister, 2004）見：李玉良，〈理雅各《詩經》翻譯的經學特徵〉[J]，《外語教學》2005(05): 63-66。

[52] 姜燕，《理雅各《詩經》翻譯與儒教闡釋》[M]（濟南：山東大學出版社，2013年），前言第2頁。

[53] 岳峰，《在世俗與宗教之間走鋼絲：析近代傳教士對儒家經典的翻譯與詮釋》[M]（廈門：廈門大學出版社，2014年），第286-287頁。

的《東方聖典叢書》中的第三卷《中國經典：儒家卷》（The Sacred Books of China: Texts of Confucianism, 1879）。在其緒論中理雅各特別聲明，他的譯著提供研究宗教史的學生使用，並提醒他的讀者，中國古代典籍中並沒有西方人所稱的「『上帝啟示』（Revelation，又作divine revelation）」，所以「西方讀者無須用西方的宗教理念對這些篇章做過深解釋」。理雅各認為《詩經》中頌詩（理雅各稱其為「『郊廟頌歌』，Odes of the Temple and Altar」）的宗教成分最多，因此他在譯本中將原書的順序做了調整，將頌詩放在第一位，接著是大雅、小雅，國風則在最後[54]。

在1871年《詩經》第一版譯本中，理雅各延續傳教士的索隱式翻譯法，用較為嚴苛的視角來檢視《詩經》，當中批評了孔子與部分的儒家文化。如「不孝有三，無後為大」與「七出之條」造成的中國一夫多妻制，他也批評孔子向來不把鬼神說清楚，造成了中國人無信仰，最終才會導致中國人難以接受基督教的上帝。理雅各表示難以理解中國的祭祖和多神崇拜，認為正是「祭祖和多神崇拜的習俗」導致了後世迷信的氾濫。理雅各翻譯的這一版本的《詩經》帶有濃厚的基督教色彩，並且具有鮮明的以民族主義為表現形式的政治傾向。

理雅各在《詩經》的前言（於1871年12月14日在香港）中就寫下懺悔文：因為《詩經》中包含了大量的植物（Plants）、鳥（Birds）、四足動物（Quadrupeds）、魚類（Fishes）、昆蟲（Insects）的專有名詞，在翻譯上形成很大的困難，他自覺可能無法完全駕馭內容，覺得自己的翻譯是非常有瑕疵的（Very defective），希望未來有能力的學者能加以完善《詩經》譯本[55]。岳峰也指出：在面臨《詩經》中對一些沒有可靠依據的動植物進行翻譯時，理雅各以嚴謹的態度求教於日本的專家和英國的植物學家，考證的動物多達一百五十九種，植物多達一百三十九種，運用了自然

---

[54] 吳伏生，〈《東方聖典》中的《詩經》〉[J]，《社會科學戰線》2012(3): 134-139，第134、136頁。

[55] Legge, J. (1871). The Chinese Classics: with a translation, critical and exegetical notes, prolegomena, and copious indexes. Taipei, Taiwan: SMC Publishing Inc. p. v. (preface). 原文如下：The translation is, indeed, very defective, and the notes accompanying it are unsatisfactory and much too brief. The author hopes that the Work which he now offers will be deemed by competent scholars a reliable translation of the original poems. He has certainly spared no labour on the translation, or on the accompanying notes and the prolegomena, to make it as perfect as he could attain to.

科學的研究方法，花費了大量的時間來考證，使之完善[56]。

在1876年《詩經》第二版韻體版譯本中，理雅各對孔子與儒家思想發生轉變。根據姜燕與費樂仁指出，通過理雅各翻譯的《詩經》第一、二、三版，就可以看出理雅各思想上的明顯變化。1873年，在理雅各準備回英國之前，他遊歷了天壇、泰山、曲阜等地，同時也結束了與王韜長達十年的合作。幾位學者（吉瑞德、費樂仁、岳峰、姜燕等[57]）都撰書與撰文指出：在中國的北方之旅正是理雅各對孔子態度發生重大改變的指標。因為理雅各對孔子態度的轉變，直接影響到他對儒家經典的看法與翻譯。

在1879年《詩經》第三版譯本中，因為《詩經》被收入到《東方聖典叢書》第三卷，所以理雅各必須要將這一版本提升到比較宗教學的高度。這時的理雅各已是牛津大學的漢學教授，一個純粹的學者。第三版《詩經》中，理雅各對孔子與儒家經典甚至中國宗教的想法逐漸改變。他之前明顯的基督教色彩逐漸淡化。此時的他更像一位譯者，而他的學術思想也漸漸獨立與成熟。他不再以基督教的視角批判孔子、儒家經典、中國社會與中國文化，反而抱著更為溫和的心態來看待與理解並同情中國宗教，試圖保持客觀的比較宗教學思想。但這並不代表他放棄了他本身的基督教信仰，嚴格來說，理雅各只是淡化了他的傳教色彩。

在《東方聖典叢書》第三卷中，理雅各在前言部分的顯要位置介紹了中國的佛教，並詳細探討道教相關術語的翻譯問題，在比較宗教視角下改變了最初對偶像崇拜的佛教和道教不屑一顧的態度，並將儒教、道教、佛教稱為中國的三大宗教。在這三者中，理雅各對儒教最為重視，對其的研究也最深入，他認為儒教是「中國最優秀的宗教」，是「中國的國教」。理雅各的翻譯不再以基督教為中心，不再服務於傳教，取而代之的是一種更加平等的翻譯方式，《東方聖典叢書》第三卷的出版使中國儒家經典在西方成為《聖經》一樣的聖書，提高了其在西方讀者心目中的高度。

---

[56] 岳峰，《架設東西方的橋樑——英國漢學家理雅各研究》[M]（福州：福建人民出版社，2004年），第163頁。

[57] 姜燕，《理雅各《詩經》翻譯與儒教闡釋》[M]（濟南：山東大學出版社，2013年），前言第1-3頁；岳峰，《在世俗與宗教之間走鋼絲：析近代傳教士對儒家經典的翻譯與詮釋》[M]（廈門：廈門大學出版社，2014），第286-287頁；（美）吉瑞德（Norman J. Girardot）著，段懷清、周俐玲譯，《朝覲東方：理雅各評傳》（The Victorian Translation of China, James Legge's Oriental Pilgrimage）[M]（桂林：廣西師範大學出版社，2011年），第360-362頁。

　　目前學界部分學者對理雅各《詩經》的翻譯可歸納成兩個重點。第一，理雅各的《詩經》翻譯具鮮明的宗教色彩與民族主義，這可謂是老生常談。批評的例子包括：理雅各在翻譯〈關雎〉時，將「窈窕淑女」翻譯成「The modest, retiring , virtuous, young lady」[58]，與其他譯本將「窈窕淑女」譯為「Lovely noble lady」或「Fair maiden」相比，這種譯法具有「明顯的道德教化傾向」[59]。第二，學界對理雅各的《詩經》翻譯採用了「直譯法」普遍抱持負面看法，認為理雅各雖然努力在原文單詞的順序上與語法結構上貼近原文，卻偏離了詩的本質。筆者認為無法貼合原本詩的本質應該與理雅各對《詩經》的態度有關：理雅各認為傳統的《詩經》中的歌謠只停留在遠古簡單的藝術形式上（這點與德庇時的觀點一致）。另外，理雅各的傑出翻譯助手王韜擅長《詩經》，理雅各在《詩經》譯本的注釋裡多達二十多次提及王韜。但理雅各並非全盤接受王韜的意見，他認為王韜對《詩經》的理解太過於傳統，在注釋中理雅各列出了他對王韜同意與否的理由。相較於王韜對《詩經》的傳統理解，理雅各更偏愛朱熹的觀點。

二、《尚書》（The Shoo King, or The Book of Historical Documents）

　　《尚書》（或稱《書經》）是中國第一部史書，也是中國散文的濫觴。劉家和指出，若要追溯中國史學的開端，必定會聯想到《尚書》[60]。《尚書》包括了唐虞三代（唐堯、虞舜、夏、商、周）的史料總集，由孔子編纂刪定而成，是為了培育政治家而編成的教材。秦朝的焚書坑儒對儒家經典帶來了毀滅性的破壞，「焚書」是消滅知識的載體，「坑儒」是對活的文化載體（人）的毀滅，這是中國文化的第一次浩劫[61]，《尚書》也無法倖免。西漢初年伏生整理成《今文尚書》二十九篇。到了晉朝，梅賾造假《古文尚書》二十五篇。因此，現在我們的《尚書》是《今文尚書》

---

[58] （英）理雅各（James Legge）編譯，《中國經典：論語・大學・中庸・孟子・書經・詩經・春秋・左傳：英文》卷四[M]（上海：華東師範大學出版社，2010年），第2頁。

[59] 張曦，〈目的決定策略──目的論視角的〈關雎〉英譯本研究〉[J]，《東華大學學報（社會科學版）》2011, 11(4): 269-274，第269-270頁。

[60] 劉家和，《史學、經學與思想──在世界史背景下對於中國古代歷史文化的思考》[M]（北京：北京師範大學出版社，2013年），第11頁。

[61] 孫培青，《中國教育史》（第三版）[M]（上海：華東師範大學出版社，2010年），第104頁。

與《古文尚書》合編而成。據孫培青指出：儒家學派大致可分為兩個：第一個是今文經學，主要是在漢朝初期憑藉著研究經學的大師們當時的記憶記錄下來，「今文經學認為，《六經》為孔子本人的創作」；第二是古文經學，是在漢武帝時期從地面下或孔子宅壁中發掘到的[62]（見表1對比）。因此，理雅各《尚書》譯本收錄《中國經典》第三卷，其中包括《竹書紀年》。《尚書》的翻譯是一件十分困難的事，因為《尚書》不僅存在「今古文之分」的問題，還存在「有關篇數多寡和文本真偽」的問題，研究或翻譯起來也比其他經書更加困難[63]。

表1　古文經學與今文經學的特點[64]

經學	古文經學	今文經學
字體	先秦古文	漢朝隸書
作者	孔子的整理和編輯	孔子本人創作
發現地點	漢武帝地上和孔避挖掘	漢初經學大師的記憶
特點	政治氣息較淡，學風相對自由，學無常師，突破學派藩籬，貫通百家	受到嚴謹的師承系統（師法與家法）的約束，重視道德的三綱六紀，重視天人之道與天人感應思想

　　針對理雅各為何要在翻譯《書經》時，連《竹書紀年》[65]也一併翻譯的原因，劉家和認為有三點：第一，雖然理雅各並不是完全相信《竹書紀年》中的年代記載，但理雅各認為《竹書紀年》對欲瞭解中國上古歷史的人有所幫助；第二，《竹書紀年》對堯、舜、禹的相關歷史事件的記載相較於《書經》中的記載更加令人信服；第三，理雅各認為相較於《書經》中對堯、舜、禹的謬讚，《竹書紀年》的簡明記載更符合理雅各個人的思想，因為《竹書紀年》在某種程度上打破了儒家對古聖先賢的聖化。這也是最重要的一點，因為理雅各認為人生來帶有原罪，所以他對中國儒家的

---

[62] 孫培青，《中國教育史》（第三版）[M]（上海：華東師範大學出版社，2010年），第113頁。

[63] （英）理雅各（James Legge）編譯，《中國經典：論語・大學・中庸・孟子・書經・詩經・春秋・左傳：英文》卷三，緒論[M]（上海：華東師範大學出版社，2010年），第1-2頁。

[64] 孫培青，《中國教育史》（第三版）[M]（上海：華東師範大學出版社，2010年），第113-115頁。

[65] 《竹書紀年》的爭議點在於：此書雖然逃過了秦朝的焚書坑儒，但在宋朝散佚後被重新整理，因此它本身的史料價值與可信性是被部分學者懷疑的。

「人皆可成堯舜」極不認同；第四，理雅各受到「批判史學」[66]的啟發，因此對《竹書紀年》的翻譯呼應了近代西方史學的方法論[67]。雖然目前學界質疑《古文尚書》的真實性，也不認同理雅各把《古文尚書》視為人類社會進步的觀點。但劉家和仍肯定理雅各此舉（冒著《古文尚書》是偽書的風險仍進行翻譯）是超越當時的國內學者的，因為當時的中國學者迷信儒家經典，例如在「今文」當中的《堯典》提到了堯能「協和萬邦」，一般的中國學者並不會產生質疑；然而理雅各對此進行了反思，他認為堯、舜時的原始時期不可能出現如此龐大的城邦，至多僅僅是一些氏族公社或部落。由此可以看出理雅各在翻譯時，確實有運用思維邏輯與思辨能力進行思考。因此，理雅各此舉是「有助於中國學者破除他們自己對儒家經典的迷信」[68]。

因為《尚書》涉及中國古代歷史，所以理雅各將此經典作品視為必要的翻譯任務。理雅各在翻譯《尚書》時，用古英語來體現《尚書》的古典風格。與翻譯《詩經》時相同，理雅各也遇到許多動植物名稱的翻譯問題，但他仍堅持嚴謹考證。據岳峰指出：理雅各曾向日本與英國學者請教，考證出約一百五十九種動物名與一百三十九種植物名[69]。由此可見，他對譯文精確度的要求非常高。

相比1865年的版本，理雅各1879年出版的《尚書》對「帝」的翻譯發生了變化。1865年的譯本將「帝」譯為「帝王」（Emperor）；1879年的版本中則直接使用了譯音「di」。在關於「帝」，「上帝」與「God」關係的看法上，理雅各的觀點同二十五年前一樣並沒有發生改變，「中文中的『帝』和『上帝』對應於我們的『God』」。同時，理雅各還指出，他已將之前所有完成的中國經典各卷中特殊名詞「帝」和「上帝」全部改成「God」。另外，理雅各也清楚《尚書》包含了後人所杜撰的部分，但理

---

[66]　劉家和指出，理雅各是受到了蘇格蘭史學家喬治·布察南（George Buchanan）的「批判史學」觀點的啟示，為了近代西方史學傳統的需要，他冒著使用偽書的危險也要去翻譯《竹書紀年》。

[67]　劉家和，《史學、經學與思想——在世界史背景下對於中國古代歷史文化的思考》[M]（北京：北京師範大學出版社，2013），第108-111頁。

[68]　劉家和，《史學、經學與思想——在世界史背景下對於中國古代歷史文化的思考》[M]（北京：北京師範大學出版社，2013年），第113-114頁。

[69]　岳峰，《架設東西方的橋樑——英國漢學家理雅各研究》[M]（福州：福建人民出版社，2004年），第210-211、278頁。

雅各仍相信唐堯、虞舜等確有其人，只是《尚書》部分的事蹟被後人過度
誇大，以致可能與真實的歷史有所偏差。一如往昔，理雅各崇尚考證，他
利用天文曆法來驗證其中文獻的確切時間點[70]。

三、《禮記》（The Book of Rites）

子曰：「非禮勿視，非禮勿聽，非禮勿言，非禮勿動。」[71]由此可
見，孔子極為重視「禮」。他終其一生都想恢復周禮，所以他說：「不學
禮，無以立。」[72]的確，人沒有學會禮儀，很難在社會與家庭中立足。所
以《禮記》培養人們成為君子的禮儀規範。傅佩榮指出禮是既客觀又有彈
性的制度，並且必須要依據人的內在真實情感來做調整。他強調：「在思
考人生問題時，禮很重要，但是要記得一個原則：禮是配合人性情感的需
求而調整的，絕不能僵化，否則就成了教條，反而會扼殺人性。譬如人對
父母重要的是情感，這份情感配以禮，才能內外相得；如果沒有這種情感
而仍要遵守這個禮，就會顯得虛假。儒家強調，不管外在的禮如何變化，
內在的情感最重要，孝順不只是表面的行為。」[73]

然而，理雅各認為《禮記》只是「禮儀一類的經書」[74]，在中國古代
宗教上也未能提供更多有價值的資訊。理雅各肯定了這些文本在理解中國
古代「祭祀崇拜」及其思想內涵當中的價值。但是，理雅各認為《禮記》
存在一個爭議點：編者有時會藉由孔子或弟子的言論來闡釋自己的論點，
也就是披著儒家的外衣來包裝自己的觀點[75]。值得一提的是，《禮記》也

---

[70] （美）吉瑞德（Norman J. Girardot）著，段懷清、周俐玲譯，《朝覲東方：理雅各評
傳》（The Victorian Translation of China, James Legge's Oriental Pilgrimage）[M]（桂林：
廣西師範大學出版社，2011年），第224-225、231頁。

[71] 「理雅各指出，《儀禮》（I Li）、《周禮》（Kau Li）、《禮記》（Li Ki），號
稱『三禮』。」「理雅各表達了欽佩之情，並在扼腕痛惜的同時發出疑問，《周
禮》、《禮記》均有譯作，難道就沒有一位漢學家可以承擔《儀禮》的翻譯嗎？」
見：薛超睿，〈從《禮記》英譯本「序言」看出理雅各對中國禮學的接受〉[J]，
《中華文化論壇》2017(07)：13-18。

[72] 《論語・季氏》。

[73] 傅佩榮，《人能弘道：傅佩榮談論語》[M]（臺北：遠見天下文化出版股份有限公
司，2008年），第80頁。

[74] （美）吉瑞德（Norman J. Girardot）著，段懷清、周俐玲譯，《朝覲東方：理雅各評
傳》（The Victorian Translation of China, James Legge's Oriental Pilgrimage）[M]（桂林：
廣西師範大學出版社，2011年），第230頁。

[75] （美）吉瑞德（Norman J. Girardot）著，段懷清、周俐玲譯，《朝覲東方：理雅各評
傳》（The Victorian Translation of China, James Legge's Oriental Pilgrimage）[M]（桂林：

是王韜幫助理雅各翻譯的最後一部譯作[76]。

四、《周易》（The Book of Changes）

《周易》包含了兩個部分：《易經》與《易傳》。《周易》原本是以一套系統化符號與術語相互組合形成卦象來占卜的書籍，其中涉及了哲學與東方的宇宙觀。孔子晚年開始研究《周易》時，他與弟子的對話為《易傳》添加了部分儒家思想。須特別指出的是：孔子在傳授《周易》時，是以哲學的角度切入，並非迷信的占卜與解卦。如此一來，《周易》搖身一變成為「雄踞六經之首、三玄之冠」[77]（「三玄」指《莊》、《老》、《周易》）。司馬遷《史記・卷四十七・孔子世家第十七》中說：孔子晚而喜《易》，序〈彖〉、〈繫〉、〈象〉、〈說卦〉、〈文言〉。讀《易》，韋編三絕，曰：「假我數年，若是，我於《易》則彬彬矣。」從「韋編三絕」也可看出孔子鑽研《周易》十分勤奮[78]。但他年輕時卻「視『好《易》』為求『德行』、『孫正而行義』的對立面」。晚年孔子改變看法，認為《周易》蘊藏了周文王的仁義思想和憂國憂民的意識，並認同《周易》是一部關於辯證法的書，揭示出物極必反、相反相成的哲理[79]。

自17世紀以來，各種語言、各種風格的《周易》（原文為《易經》，據《周禮》記載最早的《易經》由《連山》、《歸藏》和《周易》組成）層出不窮，後因《連山》和《歸藏》都失傳了，僅剩《周易》。現在所說的《易經》就專指《周易》[80]。其中理雅各所翻譯的《周易》可以說是世界上第一部權威的理想英文譯本，成為此後其他《周易》英譯本的標準和參照，奠定了《周易》在西方世界傳播和學術研究的基礎[81]。

1879年，理雅各將《易經》譯成「Books of Changes」，如今已成為《易經》的英文標準譯法。理雅各《易經》完整譯本作為《東方聖典叢

廣西師範大學出版社，2011年），第230頁。

[76] 馬祖毅〈《四書》、《五經》的英譯者理雅各〉[J]，《中國翻譯》1983 (06): 51-45，第51頁。

[77] 岳峰，《架設東西方的橋樑——英國漢學家理雅各研究》[M]（福州：福建人民出版社，2004年），第253頁。

[78] （西漢）司馬遷著，甘宏偉、江俊偉注，《史記：評注本》[M]（武漢：崇文書局，2010年），第311頁。

[79] 廖名春，〈「六經」次序探源〉[J]，《歷史研究》2002 (2): 32-41，第40頁。

[80] 東籬子編著，《周易全鑑》[M]（北京：中央編譯出版社，2010年），第1頁。

[81] 吳均論，〈《易經》的英譯與世界傳播〉[J]，《周易研究》2011 (1): 89-95，第90頁。

書》第十六卷於1882年出版，這是繼1875年《竹書紀年》[82]之後，時隔七年理雅各再度出版的又一部完整的、新的中國古代經典。

五、《春秋》（Spring and Autumn Annals）

《春秋》是中國第一部編年史書，記載從魯隱公元年（西元前722年）至魯哀公十四年（西元前481年）共二百四十二年歷史的史料，由孔子整理並作為教材。《春秋》的文字記載過於精簡，解讀時有一定難度。後人為了便於理解，加以補充與闡釋，流傳至今《春秋》三傳為《春秋左氏傳》、《春秋公羊傳》、《春秋穀梁傳》。

理雅各本人從知識論和歷史研究兩個方面來抨擊《春秋》。第一，與事實不符，他列舉了大量事例來證明《春秋》不合事實，體現為忽略事實、掩蓋事實、扭曲事實；第二，與道德倫理不符，從價值觀和倫理的角度來看，《春秋》有是非不分、偏袒位高權重的在上位者的情況，這與提倡道德教育的儒家是相違背的[83]。因此，理雅各對《春秋》的記載存疑。根據劉家和指出：理雅各在翻譯《論語》時（1861年）確信《春秋》為孔子本人之作。而經過將近十年的研究，在他真正把《春秋》譯出時，他的觀點大大轉變。他不再相信《春秋》的作者為孔子本人。雖然學界對理雅各譯注的《春秋》和《左傳》仍有所批評，但瑕不掩瑜，他清晰易讀的翻譯仍具有學術參考的權威性[84]。

理雅各在《春秋》的緒論中提到，儒家經典已經無法作為中國人的思想方針，中國人必須要尋求另外一位導師，此人正是耶穌。對此，劉家和將理雅各的原文翻譯成下列的中文：「當孔子的著作對他們來說已不足以作為行動指南時，他們便將陷入危機的境地。如果我的研究有助於他們確

---

[82] （美）吉瑞德（Norman J. Girardot）著，段懷清、周俐玲譯，《朝覲東方：理雅各評傳》（The Victorian Translation of China, James Legge's Oriental Pilgrimage）[M]（桂林：廣西師範大學出版社，2011年），第93、229頁。

[83] 「理雅各因為褒貶之說破壞了史實的真實性，所以主張去除褒貶之說，但是他將書法、義例等同於褒貶之說，但在某些書法、義例所書寫的史實面前，他提出了符合自己邏輯的解釋，卻與史實愈行愈遠。」見：羅軍鳳，〈當西方史學遭遇中國經學──理雅各《中國經典‧春秋》與清代《春秋》經學〉[J]，《近代史研究》2015(01): 113-125。

[84] 劉家和，〈理雅各英譯《春秋》、《左傳》析論〉[J]，《國際漢學》2013 (1): 184-196，第184-188、194頁；岳峰，《架設東西方的橋樑──英國漢學家理雅各研究》[M]（福州：福建人民出版社，2004年），第180頁。

信這一點，並能夠促使他們離開孔子而轉向另一位導師，那麼我就實現了我終生的一個重大目標。」[85]

第三節　理雅各的翻譯觀

理雅各在每一卷的《中國經典》上都寫上了孟子這段話作為對自己翻譯的期許：「不以文害辭，不以辭害志；以意逆志，是為得之。」意為不應該以個別的字詞解讀整句話的含義，應該要以全篇的語境來理解每個文字所代表的意義（例如《大學》中的「大學之道，在明明德」，其中第一個「明」是動詞，第二個「明」是形容詞）。在閱讀的同時讓讀者去感受文章的本意，才能真正明白作者想傳達的意圖。理雅各的確有做到，但礙於他本身西方文化背景的限制，他對儒家的理解可總結如下：先通過許多零碎的「點」建構成一條西方人所理解的儒家思路（「線」）；當他翻譯這一條條儒家經典時，理雅各延伸出一個客觀翻譯的「面」。可惜的是，理雅各始終無法將他自以為客觀的各種儒家的「面」組合成一個儒家思想「體」。這個「體」正是《論語・里仁》中孔子所說的「一以貫之」（用一個根本性的事理貫通事情的始末或全部的道理）。理雅各在《論語・里仁》中自己也承認沒有任何一位中國的作者認為理雅各可以參透孔子的「一以貫之」（To myself it occurs to translate, 'my doctrines have one thing which goes through them,' but such an exposition has not been approved by any Chinese writer."[86]）。

一、索隱式翻譯

理雅各對儒家思想的理解並非一成不變，而是隨著他的年齡、經驗、研究方向產生變化，進而影響他自身的儒學觀和翻譯觀。起初，理雅各的翻譯思路具有明顯的宗教色彩。理雅各翻譯中國儒家經典是帶有目的性的：使中國人歸化成基督教徒。如同劉家和指出：「他從事中國經書研究

---

[85] 劉家和，〈理雅各英譯《春秋》、《左傳》析論〉[J]，《國際漢學》2013 (1): 184-196，第192頁。

[86] （英）理雅各（James Legge）編譯，《中國經典：論語・大學・中庸・孟子：英文》卷一與卷二[M]〔臺北：南天書局有限公司（SMC Publishing Inc），1991年〕，《論語・里仁》第169頁。

的最終目標，就是要使得中國人瞭解，孔子的經書已經不再能夠作為人們的思想指南，需要另外尋求一位導師（即耶穌）。」[87]費樂仁（Lauren Pfister）也指出理雅各翻譯的《中國經典》受到了蘇格蘭現實主義和新亞里斯多德主義（Neo-Aristotelianism）的影響，在其譯著中存在著明顯的宗教傾向[88]。而新亞里斯多德主義是一種實踐哲學：通過「善行」來實踐「善」的核心概念[89]。

　　西方傳教士大都沿襲了「索隱派」[90]（Figurists）。索隱主義是傳教士基於《聖經》的世界觀和人類歷史觀對中國古代典籍的一種解釋體系。以人類是挪亞（Noah）的子孫為前提，索隱派傳教士將中國歷史上的「洪水」與《聖經》中的大洪水聯繫起來。針對中國古代帝王、中國神話故事、古代經典中的細節，索隱派力圖在中國傳統文化的不同載體中尋找耶穌的痕跡[91]。理雅各在翻譯一些表示超自然現象的名詞時也採用了索隱派的方法[92]，用「God」來翻譯「上帝」。理雅各傳教士的身份，使他的翻譯活動自然帶有「經文辯讀（以經注經）」[93]的性質。他以《中國經典》和《聖經》等中西「聖書」來互相解說，也為中西方之間的「經文辯

87 劉家和，〈理雅各英譯《春秋》、《左傳》析論〉[J]，《國際漢學》2013 (1): 184-196，第192頁。
88 姚金豔、楊平，〈傳教士和漢學家在《論語》翻譯及詮釋中的文化挪用〉[J]，《湖北大學學報（哲學社會科學版）》2012, 39(2): 90-93，第90頁。
89 劉宇，〈當代新亞里斯多德主義實踐哲學的理論建構及其困境〉[J]，《哲學研究》2013 (1): 67-73，第67-68頁。
90 「索隱」一詞見《周易·繫辭上》：「備物致用，立成器以為天下利，莫大乎聖人探賾索隱，鉤深致遠，以定天下之吉凶，成天下之亹亹者，莫大乎蓍龜。」有索求深層含義的意思。見：東籬子編著，《周易全鑑》[M]（北京：中央編譯出版社，2010年）。對於希望從中國哲學當中找到呼應神啟論的傳教士，弗雷烈（Nicolas Freret）稱他們為「索隱派」，見：謝和耐、戴密微等著，耿昇譯，《明清間耶穌會士入華與中西匯通》[M]（北京：東方出版社，2011年），第57頁。
91 姚金豔、楊平，〈傳教士和漢學家在《論語》翻譯及詮釋中的文化挪用〉[J]，《湖北大學學報（哲學社會科學版）》2012, 39(2): 90-93，第91頁。
92 姜燕，《理雅各《詩經》翻譯與儒教闡釋》[M]（濟南：山東大學出版社，2013年），前言第1頁。
93 「經文辯讀」源於一群猶太學者「試圖從跨文化和比較研究的角度重讀基督教的《聖經》和猶太教的《塔木德》，後來又延展到伊斯蘭教的《古蘭經》」。對不同宗教傳統中的經文進行辯讀，不同傳統之間相互反省並由此重構自我理解，或許「正是破除狹隘的『身份』立場、在多元處境中尋求價值共識的必要前提」。見：楊慧琳，〈「經文辯讀」中的信仰和責任──以理雅各關於「以德報怨」的譯解為例〉[C]，《北京論壇（2010）文明的和諧與共同繁榮──為了我們共同的家園：責任與行動：「信仰與責任──全球化時代的精神反思」哲學分論壇論文或摘要集》2010: 100-104，第100-101頁。

讀」提供了豐富的資源[94]。這一譯法及其將儒教與基督教融合的傾向，得到了多數西方耶穌會士和部分新教傳教士的肯定，但也有許多反對的人存在[95]。

二、五個翻譯特色

本文查閱理雅各的「四書五經」翻譯，歸納出其五點翻譯特色，分別為：古代由右至左的排版方式、直譯法、大量的註腳、以經注經、經典重譯。

第一，理雅各的《中國經典》譯作採用了古代中國竹簡由右至左的排版方式（見圖6）。理雅各為了表現對中國文化的尊重，他採用了最貼近原文的方式來翻譯儒家經典。與現代西方書籍橫寫的排版不同，他在排版上與翻譯字詞順序上也儘量保持與原文一致。理雅各儒經原文的排版採用中國古典排版，即由右到左直寫。這樣的方式起源於古代的竹簡，因竹簡細長且人們大部分慣用右手，所以形成這樣的文字排版方式。在中西文化交流下，理雅各保留了中國古代文字的排版，甚至用古英語來呈現古代儒學的時代感，由此可看出他對傳統文化的尊重。

第二，正因為上文所講的尊重，為了貼近原文，理雅各的翻譯大都採取了直譯法。有學者以理雅各、辜鴻銘（1857-1928）、威利（Arthur Waley, 1888-1966，也譯作韋利）、賴波和夏玉和翻譯的四個版本的《論語》進行了比對，從詞彙和句子的角度分析文體特徵，發現理雅各的譯本中使用的常見詞最少，平均句長也最短，體現出其古樸凝鍊的行文風格。理雅各的譯文亦是最接近原著的。另一方面，直譯法也是許多學者批評理雅各翻譯生硬的主要原因，當中以辜鴻銘的抨擊最為猛烈。他認為理雅各的翻譯不清不楚，冗長呆板。辜鴻銘在自己翻譯《論語》中的序就指出：在理雅各博士出版《中國經典》四十年後的今天，任何人（包括不熟悉中文的人）都會發覺理雅各博士的翻譯無法令人滿意，因其缺乏中國文學素養。同時他自以為博學的《儒家經典》翻譯，其實只是在表面上翻譯了一些中國書籍裡的死知識（Dead knowledge of Chinese books）。因

[94] 楊慧林，〈中西「經文辯讀」的可能性及其價值——以理雅各的中國經典翻譯為中心〉[J]，《中國社會科學》2011(1): 192-205，第193頁。

[95] 岳峰、程麗英，〈索隱式翻譯研究〉[J]，《中國翻譯》2009(1): 33-37，第35-36頁。

圖6　理雅各的《中國經典》採用了中國古典排版

此，理雅各的《中國經典》看在一般的英國人眼裡是奇怪的（Strange and grotesque）。例如曾駐上海、武漢、廣州的英國領事阿查立（Sir Chaloner Alabaster, 1838-1898）就曾對理雅各的翻譯有所質疑。事實上，翻譯注重的是文化交流中資訊的正確性。譯者需要充分認識原文所表現出的文化差異，並盡可能將其融入到目的語的大環境中去，才能做好翻譯的工作。對於辜鴻銘的指控，本文回歸文本，對比理雅各與辜鴻銘的翻譯，發現理雅各的直譯法其實有利有弊。雖然他在排序與內容上盡可能接近原文，但容易造成語意不詳，繼而造成讀者理解上的困難。原因其實很簡單：並不是每個西方讀者都來過中國，這些西方讀者並沒有相關的中國文化背景知識，自然難以理解到原意。若譯文拗口，更容易使讀者不知所云。

　　第三，理雅各非常重視史料的考證（見圖6）。這由他每一本譯作中的大量註腳便可看出。例如翻譯《詩經》時，理雅各遇到許多未知的昆蟲與植物，他專門聯繫了日本與英國的專家考證，由此可見他治學的嚴謹。林語堂也對他這一行為加以稱讚。理雅各翻譯中國古代典籍時，每譯一篇，都要先充分蒐集歷代評注並進行詳細的對比分析，在此基礎上做出自

己的判斷。費樂仁教授的研究表明，理雅各翻譯《中國經典》時參考了大量的資料，僅列出來的就有二百五十種。其中包括字典工具、英譯譯著以及法文、拉丁文、俄文參考文獻。汲取眾家之長後，理雅各對儒家思想有了整體、全面的把握。但理雅各的考證仍不完美，學界仍有質疑理雅各考證的資料並不全面。

第四，由於理雅各想盡可能保持客觀的研究風格而採用了以經注經的翻譯方式。通過陸九淵的《語錄》：「或問先生：何不著書？對曰：六經注我！我注六經！」讀過理雅各《中國經典》的讀者即可發現理雅各力求客觀看待事實，做到「無我」的境界，追求儒家經典的原始意義。這種方式與科學研究方法（scientific research methodology）中的量化研究（quanitative research）非常類似，因此理雅各的翻譯經常參考宋代理學思想集大成者朱熹的《四書集注》，是可以理解的。但參考朱熹的著書有兩點問題：一是理雅各並非全盤接受中國經典及歷代注疏，例如：理雅各對《論語》中的「有教無類」和朱熹「人性皆善，而其類有善惡之殊者，氣習之染也。故君子有教，則人皆可以復於善，而不當復論其類之惡矣」[96]持不贊同的態度，認為這種說法過於誇張[97]；二是為了方便西方讀者理解經典，理雅各運用了大量的註腳來補充說明經典的背景知識。而理雅各在闡釋經典時，卻加上自己的宗教立場。畢竟翻譯不單靠理雅各對儒學的理解，也會被其本身的宗教立場影響。

第五，不同於一般學者的做法，理雅各非常重視復譯。即在完成譯稿的數年後再對原文重新翻譯，比對每一次的譯稿，反覆推敲[98]。許多中文經典理雅各至少都翻譯過兩遍，其中《大學》和《中庸》甚至翻譯出版過四次。大部分的復譯主要修改註解部分，改正錯誤或增加新內容。大幅度地修改復譯的情況也有，但並不多[99]。《中國翻譯詞典》對理雅各譯評價道：「究其譯文品質，並非無懈可擊；事實上，不少學者曾提出過批評。

[96] （宋）朱熹，《論語集注》（下）[M]（合肥：安徽人民出版社，2012年），第34頁。
[97] 楊慧林，〈中西「經文辯讀」的可能性及其價值——以理雅各的中國經典翻譯為中心〉[J]，《中國社會科學》2011(1): 192-205，第195頁。
[98] 岳峰，《架設東西方的橋樑——英國漢學家理雅各研究》[M]（福州：福建人民出版社，2004年），第166頁。
[99] 費樂仁、可凡、姚珺玲，〈費樂仁談典籍翻譯與中西文化交流〉[J]，《國際漢學》2012(1): 11-15，第13頁。

但總體來說，理氏所譯理解原作基本正確，譯筆嚴謹細膩，簡潔雅致；大量的註解反映出他對我國經典翻譯的嚴肅認真態度，有許多地方值得我們借鑑。」[100]

三、理雅各的思想轉變

理雅各的思想轉變大致上可以從兩個方面看出：第一是不同版本的《中國經典》中的緒論（The Prolegomena）。第二是《詩經》1871年的第一版（散文版）與1876年的第二版（韻體版）到最後1879年收入穆勒主編的《東方聖典叢書》中的第三版。關於理雅各在《詩經》中展現出的思想變化可參考第二章的理雅各對儒學經典翻譯。費樂仁在與岳峰的對談中明確指出，在1861年至1872年的第一版《中國經典》與1893年至1895年的第二版的修訂版《中國經典》，理雅各對孔子的評價有明顯變化[101]。的確理雅各對孔子的評價由起初的批判性態度轉變為基本肯定，讚許孔子的教誨並稱其是一位偉人。吉瑞德2002年出版的《The Victorian Translation of China, James Legge's Oriental Pilgrimage》就發現了這個轉變，下為理雅各在《中國經典》第一卷緒論中的中文翻譯與英文原文：「但是，我現在必須要離開這個偉人了。但願我對他所做的一切都是公正的；我對他的性格與思想研究得越多，對他的評價就越高。他是一個非常偉大的人，總體而言，他對中國的影響是巨大而有益的，同時，對於我們這些聲稱自己為基督教徒者來說，他的教誨同樣具有重要裨益。」[102]（But I must leave the sage. I hope I have not done him injustice; the more I have studied his character and opinions, the more highly have I come to regard him. He was a very great man, and his influence has been on the whole a great benefit to the Chinese, while his teachings suggest important lessons to ourselves who profess to belong to the school of Christ.[103]）

---

[100] 林煌天主編，《中國翻譯詞典》[M]（武漢：湖北教育出版社，2005年），第172頁。

[101] 岳峰，《架設東西方的橋樑──英國漢學家理雅各研究》[M]（福州：福建人民出版社，2004年），第166頁。

[102] （美）吉瑞德（Norman J. Girardot）著，段懷清、周俐玲譯，《朝覲東方：理雅各評傳》（The Victorian Translation of China, James Legge's Oriental Pilgrimage）[M]（桂林：廣西師範大學出版社，2011年），第361頁。

[103] （英）理雅各（James Legge）編譯，《中國經典：論語・大學・中庸・孟子：英文》卷一與卷二[M]〔臺北：南天書局有限公司（SMC Publishing Inc），1991年〕，序（Prelegomena），第111頁。

　　除此之外，由穆勒主導的於1879年出版的《東方聖典叢書》也體現出理雅各在研究過程中產生的思想變化。上述的《東方聖典叢書》收錄了理雅各在自序中一段值得細細品味的闡述：一開始，由於堯、舜等同於帝王（emperor），理雅各指出中國的帝（Ti）是指堯、舜。然而，當理雅各引用法語（le Seigneur）一詞加以解釋「帝」（Ti）時，便出現了歧義。問題在於法語「le Seigneur」，在不同的語境下有不同的含義。例如，在封建時期，「le Seigneur」是指「奴隸主貴族」（feudal lord）；在神學中，又可以指「神」（God），這一詞多義造成了語義模糊，間接影響了理雅各的思緒與邏輯判斷。根據1879年穆勒的《東方聖典叢書》，當時六十四歲的理雅各在自序中寫下這樣一段話：「我自己也對『帝』與是否代表『上帝』或『神』與『靈』是否可以互換產生了動搖。因為當一個讀者面對『神』一字時，大都會直接聯想到中國古代宗教的神祇。對此，我也產生疑惑。我應該將中文的『天』翻譯成『Ti』，把『上帝』翻譯成『Shang Ti』，來最貼切地表達中國傳統文化的精髓，還是把『天』與『上帝』翻譯成『至上神』？我無法找到一個確切的答案。」（Could it be that my own view of Ti, as meaning God, had grown up in the heat of our controversies in China as to the proper characters to be used for the words God and Spirit, in translating the Sacred Scriptures? A reader, confronted everywhere by the word God, might be led to think more highly of the primitive religion of China than he ought to think. Should I leave the names Ti and Shang Ti untranslated? Or should I give for them, instead of God, the terms Ruler and Supreme Ruler? I could not see my way to adopt either of there courses.）此時的理雅各正如莎士比亞筆下的哈姆雷特（Hamlet）一樣，思想不斷顛覆，反覆斟酌之下寫出了經典名句：「生存還是毀滅，這是一個問題。」（「To be or not to be; that is the question.」）至此，本文認為理雅各是一位負責任的學者。如哲學當中所提到的懷疑論（Skepticalism），身處在牛津大學的理雅各深知自己的翻譯與觀點將會左右後代世人的學術觀念，所以他不斷進行思辨與反思，運用懷疑論來追求真理，並摸索出哲學當中所談到的「真實」（truth）。

小結

　　孔子是中國的教育家、思想家，他所創立的儒家學派影響了中國幾千年，在中國文化史和思想史上佔據著舉足輕重的位置。彙集孔子及其弟子言行的書籍《論語》是儒家思想的代表作。《論語》不斷影響著中國及周邊其他國家。隨著傳教士來華，以《論語》、《孟子》為代表的儒家典籍和以孔孟為主的儒家思想開始向西方國家傳播。在理雅各正式翻譯《論語》之前，翻譯者都只是從《論語》等古代經典中選取部分進行翻譯[104]。理雅各的《論語》譯本，是英語國家較通行的兩個譯本之一〔另一個是韋利（Arthur Waley）的《論語》譯本〕[105]。他的翻譯不僅為西方讀者打開認識中國經典的窗口，同時西方傳教士對儒學的闡述也為中國讀者提供了新的視角。自他之後，越來越多的傳教士致力於研究儒學，對儒家學派的認識也上升到了一個新的高度[106]。理雅各也「結束了西方學者對中國文獻業餘水準的研究，走上了專業化的道路」[107]。

　　理雅各的儒學研究開始於他的麻六甲時期（1839-1842），英華書院開設的一所中文圖書館和一所西方書庫，為理雅各提供了一個中英文書籍資料相對充分和良好的研究環境。理雅各在研究儒學的過程中，對中國經書提出了幾點批判：（1）前提、論證、結論的過程在邏輯上不完整連貫；（2）缺乏國際意識；（3）缺乏進步意識；（4）提倡中庸卻未能做到中庸；（5）「為尊者諱，為親者諱，為賢者諱」，客觀意識較差。理雅各對儒學的研究成果大部分體現在他的譯作上。其中一大特色即是忠實於原文，語言風格嚴謹，有時卻也難免過於拘謹[108]。

---

[104] 劉文娜，《《論語》英譯本比較研究——以理雅各、威利、劉殿爵三種英譯本為例》[D]（濟南：山東大學碩士論文，2012年），第2頁。

[105] 彭清，〈漢籍外譯對民族典籍英譯之借鑑〉[J]，《廣州大學學報（社會科學版）》2013,12(2): 70-74，第71頁。

[106] 宋好，〈論19世紀外國傳教士創辦華文報刊的「合儒」策略〉[J]，《理論界》2011(4): 120-122，第121頁。

[107] 馬麗娣，〈以中國典籍文學作品英譯研究促進跨文化交流〉[J]，《電影評介》2013(6): 95-97，第96頁。

[108] 岳峰，《架設東西方的橋樑——英國漢學家理雅各研究》[M]（福州：福建人民出版社，2004年），第155、164-166、184-185頁。

　　但理雅各翻譯儒家經典就如同《孫子兵法》所說：「知己知彼，百戰不殆。」[109]利瑪竇一開始就設定了基督教的使命是用來「易佛補儒」——用基督教彌補儒家的不足與缺失，甚至取代佛教。在這個既定前提下，之後的傳教士相繼完成這個使命。理雅各深知儒家思想對中國的影響深遠，藉著儒家思想瞭解中國與中國人對他的傳教有利。雖然學術界對理雅各的翻譯有許多負面的評價，但他在儒學上的付出與貢獻值得肯定。

---

[109] 《孫子兵法・謀攻》。

第三章　理雅各在牛津大學的漢學教育

　　理雅各於1876年10月27日以牛津大學首任漢學教授的身份開始執教並在謝爾登劇院發表了〈就職演講〉[1]。自他擔任牛津大學漢學教授起的19世紀的最後二十五年，理雅各成為西方漢學界的領頭人物。他涉及的研究領域包括比較宗教學、比較語言學、比較文學和比較神話學。理雅各在牛津的任教生涯中，共計開展講座四十二次，開設課程六十三次（其中1886年5月18日的課程因為理雅各生病而取消）。講座內容主要圍繞理雅各的漢學研究成果展開，包括中國古經導讀、中國傳統文化導讀、中國語言學習等等。在人生的最後幾年，理雅各仍勤勉地堅持常規學術工作與教學，舉辦系列學術講座並出版著述。每一學年理雅各都會為有興趣的聽眾舉行兩次專業學術講座，樂於教授初學者和高級班的學生[2]。

　　本章主要探討三個部分：第一，理雅各在牛津大學漢學教育活動。作者發現理雅各對儒家思想的闡釋大幅度地依賴《聖諭十六條》與劉謐的《三教平心論》。理雅各為秉持客觀的闡釋者立場，在《中國經典》翻譯的註腳下面並未透露太多他個人對儒家思想的主觀意見。但《聖諭十六條》與《三教平心論》這兩本書中卻有非常深刻的主觀立場。因此，這兩本收藏在牛津大學的著作可以說最能體現他鮮明的個人思想。第二，理雅各對《聖諭十六條》進行「以耶釋儒」。因為理雅各直接將《聖諭十六條》翻譯成《中華帝國儒學》（Imperial Confucianism or the Sixteen Maxims of

---

[1]　理雅各確認為1876年任職牛津大學首位漢學教授，由以下著作證明：（美）吉瑞德（Norman J. Girardot）著，段懷清、周俐玲譯，《朝覲東方：理雅各評傳》（The Victorian Translation of China, James Legge's Oriental Pilgrimage）[M]（桂林：廣西師範大學出版社，2011年），第140頁；沈建青、李敏辭，〈從〈就職演講〉看理雅各的漢學思想〉[J]，《中國文化研究》2011(2)，DOI:10.15990/j.cnki.cn11-3306/g2.2011.02.022；沈建青、李敏辭，〈牛津大學設立漢語教席的就職演講〉[J]，《國際漢學》2015(3)，DOI:10.19326/j.cnki.2095-9257.2015.02.005.

[2]　（美）吉瑞德（Norman J. Girardot）著，段懷清、周俐玲譯，《朝覲東方：理雅各評傳》（The Victorian Translation of China, James Legge's Oriental Pilgrimage）[M]（桂林：廣西師範大學出版社，2011年），第386-387、409-414頁。

the K'ang-I period[3]），以其在牛津大學講學，開設講座。所以本文通過理雅各在牛津上課的史料《聖諭十六條》來進行文本個案研究，剖析戴著基督教眼鏡的理雅各是如何看待當時滿清皇朝樹立的道德觀、社會觀、政治觀等不同方面裡蘊含的儒家思想。第三，針對劉謐的《三教平心論》，理雅各分別對三教進行評論。理雅各的課堂上反覆出現劉謐這位古代思想家，他多次在牛津大學講解過劉謐的《三教平心論》，但目前國內學界鮮少探究理雅各對儒道佛三教一體的看法。

第一節　擔任牛津大學首位漢學教授

理雅各於1873年回到英國，1876年以牛津大學首任漢學教授的身份開始執教於耶穌文集學院。由牛津大學聖體學院[4]（Corpus Christi College）的比較語言學主持穆勒（Prof. Max Müller, 1823-1900）與時任副校長的李德爾博士（Dr. Liddell）為其擬定聘用文件。

根據相關資料顯示，理雅各進入牛津大學出任第一任漢學教授有三個理由：第一，穆勒主動提出應該邀請當時最傑出的漢學學者來擔任牛津大學第一位漢學教授。張西平將漢學定義為：「漢學實為中西文化會通之產物」[5]，因此，在1861年至1872年間出版了五卷《中國經典》的理雅各無疑是最合適的人選[6]。第二，在理雅各回到英國之前，牛津學子們早已知曉他的著作《中國經典》，這也是理雅各在牛津大學聲名遠播的原因之一。第三，王韜在1867年至1870年期間受理雅各之邀，踏上他的歐洲朝聖之旅。在1868年的寒冬，理雅各與王韜一同前往「哈斯佛」（指牛津大學，Oxford的音譯）出席王韜的一次華語講學[7]（王韜分別在牛津大學與

---

[3]　Legge, J. (ca, 1815-1897). James Legge's four lectures on Imperial Confucianism. (MS. Eng. Misc d. 1256). Bodleian Library & Radcliffe Camera, University of Oxford, Oxford, England. p. 223.

[4]　正確譯名是：聖體學院。牛津大學、劍橋大學分別由二三個學院構成，這些學院不是大學的分校，部分構成整體。

[5]　張西平，《中國與歐洲早期宗教和哲學交流史》[M]（北京：東方出版社，2001年），總序第6頁。

[6]　理雅各的五卷《中國經典》出版時間分別為：1861年出版的第一卷包括《論語》、《大學》、《中庸》與第二卷的《孟子》，1865年出版的第三卷包括《書經》，1871年出版的第四卷包括《詩經》（散文版），1872年出版的第五卷包括《春秋左氏傳》。

[7]　（美）吉瑞德（Norman J. Girardot）著，段懷清、周俐玲譯，《朝覲東方：理雅各評傳》（The Victorian Translation of China, James Legge's Oriental Pilgrimage）[M]（桂林：

愛丁堡大學進行了一些學術的訪問與演講[8]）。相關文獻收錄於王韜所著的《漫遊隨錄》，王韜寫道：「英之北土曰哈斯佛，有一大書院，素著名望。四方來學者，不下千餘人。肄業生悉戴方帽，博袖長衣，雍容文雅。每歲必品第其高下，列優等者，例有賞賚；而頒物之先，必先集於會堂聽講。監院者特邀余往，以華言講學。……是時，一堂聽者，無不鼓掌蹈足，同聲稱讚，牆壁為震。」[9]

穆勒在1868年「就比較語言學作為一個學術研究分支的價值所做的就職演講」中說道：「牛津大學每一個職業性教席的設置，都標誌著每一種新科學歷史上重要的新紀元。」理雅各任牛津大學首任漢學教授就是這樣一個劃時代的標誌。1873年理雅各回國，於同一年在巴黎召開了首屆國際東方學大會。1874年第二屆大會在倫敦召開，這標誌著東方學、比較科學以及漢學研究成就的火炬，已經從歐洲大陸傳遞到英國，也標誌著在東方與漢學研究方面落後於法國和德國幾十年的英國終於擺脫了落後的局面，在「實踐」和「理論」兩種意義上「出現了一種新的東方研究和其他人文科學研究」[10]。1876年10月27日理雅各在謝爾敦劇院發表就職演講，談及設置自己職位目的時，理雅各表示：「這是出於我們與中國在政治、宗教和商業上的關係；同時出於一所追求教育的真理和成果的大學的願景。」

理雅各在牛津大學任職初期，曾進行了大量語言方面的研究。1878年，他舉辦了一次有關「漢字的特徵及其歷史」的公開講座，也在義大利佛羅倫斯（Florence）召開的東方學家大會上做了題為〈中文研究的現狀〉（The Present State of Chinese Studies）的演講。但1878年之後，理雅各逐漸從這類語言討論中淡出，將其主要精力用於翻譯上。他曾坦率地承認自己「主要是一個『單調乏味』的譯者」。理雅各被佛羅倫斯東方學家大會指定為中國分會主席，說明作為一個東方學家理雅各學術身份的認同度大為提高。不論在香港還是英國，理雅各堅持致力於普通教育。在香港參與多年市民生活運動

廣西師範大學出版社，2011年），第115頁

[8]　（英）海倫・理雅各（Helen Edith Legge）著，馬清河譯，《漢學家理雅各傳》[M]（北京：學苑出版社，2011年），序言第4頁。

[9]　王韜，《漫遊隨錄》[M]（北京：社會科學文獻出版社，2007年），第76-78頁。

[10]　（美）吉瑞德（Norman J. Girardot）著，段懷清、周俐玲譯，《朝觀東方：理雅各評傳》（The Victorian Translation of China, James Legge's Oriental Pilgrimage）[M]（桂林：廣西師範大學出版社，2011年），第125、132、140、201頁。

後，回到英國的理雅各繼續支持國民教育。支持刪除高等教育考試中的宗教教派成分，並且公開反對英國鴉片貿易政策。理雅各是牛津薩默維爾學院（Somerville College）的臨時委員會成員，並參與牛津大學促進女性高等教育的行動。在起草最終的調和規則中，以去除入學考試中的宗教內容、確保議事會成員裡包括同樣人數的男議員和女議員中起到了十分積極的作用[11]。

　　19世紀的最後二十五年，自理雅各擔任牛津大學漢學教授起，他成為西方漢學界的領頭人物，與英國漢學乃至整個西方漢學的發展進程息息相關。以牛津大學為代表的英國大學中產生了一批人文學科，這些學科的產生也與理雅各有著莫大的關係。「對比較宗教學、比較語言學、比較文學、比較神話學等學科形成的歷史環境與學術環境的描述中，逐漸確立理雅各作為一名漢學家的歷史定位。」[12]

第二節　漢學教育內容

一、漢學教育課程、講座與漢學獎學金考試

　　從1876年至1897年的二十一年中，理雅各在牛津大學的漢語教學活動可以分為三類：教學課程、專題講座與出題工作[13]。第一，理雅各的教學課程主要是指每週固定的課程安排。從理雅各在牛津大學開設的課程表來看，在1886年、1892年、1895年三個秋季並未開課外，從1877至1897年的二十年間，理雅各分別在1月、4月與10月都有開課。第二，理雅各的專題講座每年至少一次，至多達六次，看得出來他非常重視漢學教育。第三，德庇時獎學金（John Francis Davis）是用於資助通過理雅各「漢語獎學金資格考試」的學生。其考題主要分為兩大類：一是對於漢語語言的掌握，如寫作、中國經書的中譯英、《聖經》的英譯中；二是對中國文化的掌握，如中國哲學、中國歷史、中國地理、《三字經》、《千字文》。

---

[11] （美）吉瑞德（Norman J. Girardot）著，段懷清、周俐玲譯，《朝覲東方：理雅各評傳》（The Victorian Translation of China, James Legge's Oriental Pilgrimage）[M]（桂林：廣西師範大學出版社，2011年），第152、210、212頁。

[12] 段懷清，〈理雅各與維多利亞時代的英國漢學──評吉瑞德教授的《維多利亞時代中國古代經典英譯：理雅各的東方朝聖之旅》〉[J]，《國外社會科》2006(1): 81-83，第81頁。

[13] 沈建青、李敏辭，〈理雅各在牛津大學的漢語教學〉[J]，《國際漢語教學動態與研究》2008年第4期。

由理雅各在牛津大學所開設的系列教學活動可以看出，他的思想已經從傳教士轉變成跨文化的多元漢學家。原則上，理雅各比較重視中國傳統的古代經典導讀，下面分別以這三項活動列表說明。

（一）教學課程

理雅各的教學課程涵蓋了許多領域，如：中國雜說、語法、作文、漢字書寫、《三國志》、《三字經》、《千字文》、《聖諭十六條》、《史記》等。由此不難看出他課程的活潑性與跨領域性。從理雅各使用《三字經》與《千字文》當作教材，更可看出其教學的創意，因為這兩本書都是中國孩童的啟蒙識字教材且內容包羅萬象（包括儒家思想、歷史、地理、社會、倫理、教育等知識）。可想而知，一句「人之初，性本善」，理雅各便可以由「一個點拉出一個面」[14]。

雖然理雅各主要設置「儒釋道」的相關課程，但儒家仍是他課程的核心。在開展儒家相關課程時，以「四書五經」、《論語》、《孟子》、《三字經》、《千字文》等教育經典為主，抓住了儒學教育思想的核心，反映出其對儒家思想的宣傳。與其他傳教士不同，理雅各選用《三字經》、《千字文》為教材，體現出其特殊的中國經書翻譯經歷。理雅各已經瞭解《三字經》對於學習漢語的重要性，並可以在一定程度上從文化的角度解讀《三字經》的內涵。也體現出他已由一位基督教傳教士轉變為一位漢學學者[15]。具體開課情況見表2：

表2　理雅各在牛津大學開設的課程[16]

年份	日期	課程主題
1877	1/24	中國雜說及孔子《論語》（星期一、星期三、星期五）
	4/18	中國雜說、語法及歷史；孔子《論語》及約翰福音中文本
	10/24	中文語法，《論語》及《孟子》（星期一、星期三、星期五）

14 這是通過理雅各的《聖諭十六條》詮釋方法所歸納出來的。理雅各很習慣給出一句話，然後加以補充說明其背景知識，因此本文才會說「一個點拉出一個面」。

15 岳峰，〈理雅各與牛津大學最早的漢語教學〉[J]，《世界漢語教學》2003 (4): 100-103，第102頁。

16 （美）吉瑞德（Norman J. Girardot）著，段懷清、周俐玲譯，《朝覲東方：理雅各評傳》（The Victorian Translation of China, James Legge's Oriental Pilgrimage）[M]（桂林：廣西師範大學出版社，2011年），第411-414頁。

年份	日期	課程主題
1878	1/25	中國雜說，《論語》及《孟子》，儒蓮的《中國語言句法》（星期一、星期三、星期五）
	5/1	中國雜說，語文與作文：「四書」，中國歷史（星期一、星期三、星期五）
	10/16	「四書」；《太上感應篇》；漢語語法
1879	1/28	「四書」；《太上感應篇》；中國歷史及作文
	4/22	「四書」；《聖諭十六條》；中國歷史及作文（每週三天）
	10/21	「四書」；《史記》；漢字分析及作文（每週三天）
1880	1/22	漢語原理；「四書」和Ts'iu Wang T'ing
	4/16	漢語作文雜說；「四書」；威妥瑪爵士的《史記》（TszeChih）（每週三天）
	10/21	「四書」；委辦版摩西十誡；作文原理；中國歷史和地理
1881	1/27	《孟子》；《法顯佛國記》；〈醉翁亭記〉；中國歷史和地理
	4/27	漢語原理；「四書」；《史記》
	10/20	清史；漢語詩；《聖諭十六條》；「四書」（星期一、星期三、星期五）
1882	1/25	「四書」；《道德經》；中國詩歌
	4/19	《道德經》；《聖諭十六條》；中國詩歌；作文雜說（星期一、星期三、星期五）
	10/20	中文作文雜說；「四書」；《史記》
1883	1/12	作文法；《孟子》；《史記》；中國歷史；（每週三天）
	4/18	中國歷史與作文；《三字經》；《論語》第十一章；《孟子》第一章、第四章
	10/7	中國雜說；《孟子》第四章；韓愈〈諫佛骨表〉（每週三天）
1884	1/24	中文作文雜說；《孟子》第五章；《聖諭十六條》及其普及
	4/23	《孟子》第五、六章，文本及注釋；《史記》；《清史》；《聖諭十六條》第七條；漢字書寫
	10/15	（基礎導讀）《史記》—秦史；《聖諭十六條》；漢字書寫
1885	1/20	（基礎導讀，如果需要）《三字經》；《史記》—秦史；「四書」概述；《法顯佛國記》；漢字及正式書寫（每週三天）
	4/21	（基礎導讀，如果需要）《三字經》；《法顯佛國記》；「四書」部分；《三國志》（每週三天）
	10/21	（基礎導讀，如果需要）語音部分；《三國志》；「四書」部分；朱夫子（ChuFu-tsze）的哲學著作（每週三天）
1886	1/29	（基礎導讀）朱熹哲學；《好俅傳》；《詩經》；中國詩歌；「四書」部分（每週三天）
	4/5	（基礎導讀）朱夫子；《好俅傳》；《詩經》；《玄奘西域記》（每週三天）

年份	日期	課程主題
	5/18	（所宣布的5月餘下時間裡的講座和課程因為理雅各生病兒均被取消）
	10/19	（基礎導讀，如果需要）《三字經》；朱夫子；《西域記》；中國歷史選講
1887	1/19	（基礎導讀）「四書」部分；高級班：《玄奘西域記》；古文片段
	4/22	（基礎導讀）「四書」部分；《千字文》；高級班《玄奘西域記》古文
	10月	（基礎導讀）高級班：《三字經》；《千字文》；「四書」部分；高級班：《西域記》；《詩經》第一部分；古文片段
1888	1/18	（基礎導讀）《千字文》；「四書」；《西域記》；漢史；（每週三天）
	4/24	（基礎導讀）《千字文》；「四書」；《西域記》；漢史；（每週三天）
	10/17	（基礎導讀）《三字經》，《千字文》；《法顯佛國記》；高級班：儒家學說——《詩》、《書》以及《聖諭十六條》
1889	1/23	（基礎導讀）《三字經》，《千字文》；高級班：儒家學說；《道德經》與《莊子》；《書經》I、II部分
	5/1	（基礎導讀）《三字經》與中文文法；高級班：佛教學說；劉謐《三教平心論》；《詩》第一、第二部分；「四書」I部分
	10/16	初級班：基礎導讀；混合班：漢字；文法第一課；高級班：《史記》中的周朝歷史；《法顯佛國記》；儒家、道家及佛家比較；中文文法（每週三天）
1890	1/22	（基礎導讀，如果需要）「四書」部分；《千字文》中文文法（每週三天）
	4/22	（基礎導讀）句子結構；「四書」部分；《明心寶鑑》；《聖諭十六條》；《聖諭廣訓》衍及地方話本（每週三天）
	10/14	孔子《論語》；《聖諭十六條》選講；中文文法（每週三天）
1891	1/20	（基礎導讀，如果需要）「四書」；《大學》；《孟子》第六章；《史記》；孔子生平；文法練習
	4/21	（基礎導讀，如果需要）《中庸》；《孟子》第六章；《離騷》（每週三天）
	10/20	（基礎導讀，如果需要）孔子《論語》第十二章；司馬遷的屈原生平；屈原的《離騷》；中文文法（每週三天）
1892	2/10	（基礎導讀）《離騷》；《古文觀止》及唐以來之詩歌；《詩經》第三部分卷二，頌1-6首；中文文法練習（每週三天）
	4/26	（基礎導讀，如果需要）屈原之《離騷》；韓愈之古文範例；《詩經》第三部分卷二頌；中國文法練習（每週三天）
1893	1/24	（基礎導讀，如果需要）劉謐論儒道釋；韓愈論道；屈原詩選讀；漢之崛起；（每週三天）
	4/25	（基礎導讀，如果需要）

年份	日期	課程主題
	10/17	（基礎導讀，如果需要）《離騷》及屈原其他作品選讀；《古文觀止》
1894	1/1	（基礎導讀，如果需要）《離騷》及屈原其他作品選讀；《古文選讀；漢之崛起；《三字經》；孔子《論語》第一、第二部分，附注釋；三部《春秋》（每週三天）
	4/24	（基礎導讀，如果需要）孔子《論語》第一、第二部分，附注釋；漢史；日本的禪道；（每週三天）
	10/16	初級班：《三字經》；高級班：楚辭；孔子《論語》第五部分；《聖諭十六條》第九條（每週三天）
1895	1/18	（基礎導讀）《三字經》；孔子的第一書；簡單句子練習及漢字練習；普通話中的口語（每週三天）
	4/29	初級班：基礎導讀，《三字經》；高級班：孔子《論語》第三部分；《孟子》第四部分第一節；《好俅傳》部分及作文
	6/18	初級班：基礎導讀《三字經》；高級班：孔子《論語》第七部分；《孟子》第六部分；《聖諭十六條》及廣訓衍，第一條；中文文法
1896	1/28	初級班：基礎導讀，《三字經》；孔子《論語》及文法；高級班：《孟子》第六部分第一節；《詩經》第二部分第一章節；《聖諭十六條》第十五條；文法（每週三天）
	4/27	初級班：基礎導讀，《三字經》；朱熹理學；中文文法（每週三天）
	10/20	初級班：基礎導讀，《三字經》；《明心寶鑑》；中文文法；高級班：《孟子》第一部分；漢史；隋史；文法（每週三天）
1897	1/26	初級班：基礎導讀，聲調與部首，簡單句子文法；高級班：《大學》以及《孟子》第一部分（每週三天）
	5/14	初級班：基礎導讀，聲調與部首以及語音部分；中國地理；簡單句子文法；高級班：孔子《論語》第一部分，文本及注釋；漢史；《聖諭廣訓》第二條；廣訓衍，文言文本、白話文本；文法（每週三天）
	10/19	初級班：基礎導讀，聲調與語音；中國地理；簡單句文法；高級班：漢字六義；孔子《論語》第五部分，文本及注釋；漢代最初兩朝；王莽生平；文法（最後一課，永遠沒有結束）

　　由吉瑞德整理的開課課程表[17]中的課程比例來看，可得出：第一，與中國文字書寫練習相較，理雅各更側重中國傳統文化的教授。例如中國古經基礎導讀，關於中國儒學的課程數量遠遠超過於作文課與書寫課之類的中國語言學習課程。第二，理雅各非常重視《聖諭十六條》。其內容可讓牛津學子們不用出國便可以知曉中國文化的部分精髓、道德教化、社會標

---

[17]　（美）吉瑞德（Norman J. Girardot）著，段懷清、周俐玲譯，《朝覲東方：理雅各評傳》（The Victorian Translation of China, James Legge's Oriental Pilgrimage）[M]（桂林：廣西師範大學出版社，2011年），第411-414頁。

準與風俗民情。關於理雅各對於《聖諭十六條》的詳細講解，本章將會加以闡釋。

（二）專題講座

通過吉瑞德整理出理雅各的專題講座[18]，不難發現理雅各的講座主要以中國的語言、歷史、哲學、宗教為主。他在牛津大學任教的第二年（1877年）連續開了四節「中華帝國儒學」（Imperial Confucianism）專題講座，講座的核心內容正是著名的《聖諭十六條》。

從字面上看，「Imperial Confucianism」應該翻譯成「中華帝國儒學」。但理雅各之所以將《康熙十六條》的大標題命名為「Imperial Confucianism」，用小標題解釋「Imperial Confucianism」（見牛津大學檔案：編號為MS. Eng. Misc d. 1261），亦稱為《康熙十六條》（The Sixteen Maxims of the Kang-hsi Period），有他的原因。其目的在於他想要傳達康熙盛世之意。「Imperial」一詞也在一定程度上表達了政府的中央集權，反映出清朝的真實情況。根據大部分字典的同義字查詢，Imperial（帝國的、威嚴的）的同義詞有supreme（至高的）、magnificent（宏偉的）、monarchal（君主的、帝王的）等，指高度統治的政府或中央集權國家。理雅各採用「Imperial」表明他抓住了康熙時期的社會現狀。於《康熙十六條》被命名為「Imperial Confucianism」就可以看出理雅各的用字遣詞經過再三斟酌。「中華帝國儒學」有幾項象徵意義：第一，「皇帝」表現出君主專制；第二，翻譯成「中華帝國儒學」是為了尊孔崇儒；第三，「帝國」（Imperial）的覆蓋度大於「皇室」（Royal），因為「皇室」並未突顯出整個中華帝國的雄偉壯闊。值得注意的是，英文有「皇室」的表達，但作為一個英國人，他沒有採用「皇室」而選擇了「帝國」一詞，足以表現他想要彰顯古代中國的中央集權社會現狀。通過這些，理雅各希望牛津大學學子們可以做到「足不出戶遍知天下事」，以此達到傳教的最終目的。

由此可見，理雅各對《聖諭十六條》的重視程度遠遠超過了其他課

---

[18] （美）吉瑞德（Norman J. Girardot）著，段懷清、周俐玲譯，《朝覲東方：理雅各評傳》（The Victorian Translation of China, James Legge's Oriental Pilgrimage）[M]（桂林：廣西師範大學出版社，2011年）第409-411頁。

題。理雅各之所以重視《聖諭十六條》，是因為它代表了康熙盛世時期的國家治理方針。這也是理雅各在1877年連開四堂講座的原因。雖然《聖諭十六條》不是最直接的儒學教育，但它具備了儒學的思想。理雅各偏重《聖諭十六條》，同樣因其是牛津大學首任漢學教授，受能力、才學及資源之限，他未能夠講解太過深奧的儒家思想，高深的內容學生也難以理解，只能傳播一些較通俗易懂的儒家思想。因此蘊含著淺顯易懂儒家思想的《聖諭十六條》是極佳的儒家思想基礎教材。

　　當然，理雅各的講座內容不局限於《聖諭十六條》。該時期的理雅各已成為一位比較宗教學者，因而他的講座充滿了多元宗教的色彩。從他開設的專題講座也可以看出他的思想轉變：第一，理雅各的講座涉及中國古代封建王朝的歷史、先秦的知識與史學典籍等，如「封建時代」、「秦之崛起及封建國家的到來」、「漢字的特性及歷史」等。由此可看出理雅各雖然是以傳教為目的進行講學，但他已經開始從文化、歷史和宗教其較為深層的角度來理解漢學，也體現出他身份上的轉變。第二，處於學術殿堂的理雅各作為學者的角色已經超越了傳教士的身份。他在牛津大學既開設道家與《道德經》，又開設佛教的煉獄等講座，可看出相比之前，他對各種宗教更加包容了。其實理雅各並沒有很喜歡道教，在牛津圖書館檔案（編號為MS. Eng. Misc d. 1261）中，理雅各就曾表示道家是一種虛幻的現象，甚至有令人不知所云的情形；相對地，儒家主要談「仁義」方面，這讓理雅各認為儒家更勝道家。

　　由表3可看出，講座傳達了儒家、道教、佛教思想，也包含中國歷史與文學。在講座內容的設計上，他開設的中文作文法等實踐課程表明理雅各不只是理論派，也是實踐派。

表3　理雅各在牛津大學開設的專題講座

年份	日期	講座主題
1876	10/27	就職演講
	11/16	漢學的特性及歷史
	12/7	特性及歷史　續：中國作文法導論
1877	1/31	孔子
	3/15	孟子
	5/11	中華帝國儒學I

年份	日期	講座主題
	5/22	中華帝國儒學II
	6/6	中華帝國儒學III
	11/28	中華帝國儒學IV
1878	5/15	西元前7世紀中國的戰爭與遊說磋商和結盟
	11/20	中文作文法及沒有變化的語法I
	11/23	中文作文法II
1879	5/21	秦始皇,將封建體制帶向滅亡的秦國第一個秦國皇帝
1880	2/11	道家
1881	5/11	易經I
	5/18	易經II
1882	11/1	道德經I
	11/4	道德經II
1883	11/7	中國年表
	11/14	封建時代
1884	2/13	周朝I
	2/20	周朝II
	11/12	秦I(因病未講)
	11/19	秦II(因病未講)
1885	11/4	5世紀法顯及其遊歷佛國記
	11/?	秦之崛起及封建國家的到來
1886	(未記載)	(未記載)
1887	(未記載)	(未記載)
1888	5/3	西安府的景教碑
1889	11/13	道家,老子與莊子I
	11/20	道家,老子與莊子II
1890	(未記載)	(未記載)
1891	(未記載)	(未記載)
1892	(未記載)	(未記載)
1893	5/23	佛教和道教中的煉獄
1894	5/22	《離騷》及其作者I
	5/29	《離騷》及其作者II
1895	10/21	扶桑,它在美洲嗎?它是在哥倫布前1000年由中國人所發現的大陸嗎?
	10/28	漢語詩
1896	(未記載)	(未記載)

年份	日期	講座主題
1897	5/11	堯帝之前的中國
	10/28	西元2世紀的班家，尤其是女史學家班昭
	11/20	漢代第一個皇帝及呂后（宣布了但此講座從未演講）

（三）漢學考試

　　關於理雅各漢學試題的材料在1879年德庇時漢學獎學金考試中有所體現。沈建清指出：1876年11月15日，牛津大學以英國漢學家德庇時（John Francis Davis, 1795-1890）的捐款成立了以他命名的漢學獎學金，來激勵漢語學習成績優異的學生。理雅各以他個人的教學觀點出了九次考題〔時間分別在：1879年秋季（Michaelmas Term，簡稱M.T.）、1883年春季（Lent Term，簡稱L.T.）、1884年春季、1885年春季、1886年春季、1888年春季、1890年春季、1892年春季、1892年秋季〕。岳峰在〈理雅各與牛津大學最早的漢語教學〉一文中也提及這份漢語獎學金的資格考材料原件收錄於博多利圖書館（Bodleian Library）（檔案編號是shelfmark 2626 e. 73b[19]）。其題目不僅廣度大且難度非常高，涉及了中國的語言、歷史、哲學、地理，共八十一題。理雅各漢學試題之論述題與獨立思辨的客觀題如下[20]：

表4　理雅各編寫的漢學試題（語言文字類）

年份	期		題目
1879	M.T.	1.	漢字分為哪六類？舉例說明其中最重要的四類其中最重要的四類。
		2.	談到漢語語法時，我們實際上指的是什麼？
1883	L.T.	3.	漢字的屬性是什麼？
		4.	對漢字而言，我們的「詞類」能適用嗎？
		5.	人們認為，漢語語法體系建立在什麼基礎上？在多大程度上這個論斷是正確的？
		6.	試用漢語解釋什麼是簡單句和複雜句。
		7.	指導學習者將英語的複雜句翻譯成漢語時，可以採取什麼方法？

19　岳峰，〈理雅各與牛津大學最早的漢語教學〉[J]，《世界漢語教學》2003(4): 100-103，第102頁。

20　沈建青，〈理雅各在牛津大學的漢學教學〉[J]，《國際漢語教學動態與研究》2008年第4期。

年份	期		題目
		8.	將下面的句子翻譯成漢語：High hill, are high; the Man is tall; the horse, the ox, the sheep, the fowl, the dog, the pig... there are six doMestic aniMals.
		9.	用中文寫出「六書」的名稱，並加以解釋。
1884	L.T.	10.	中國人將漢字分為哪六類？寫出每一類的名稱，並舉例說明。
		11.	漢字究竟是詞彙還是符號？
1885	L.T.	12.	用中文寫出漢字「六書」的名稱，並予以說明。
		13.	試說明下面的分類：「三正、三傳、三綱、三教、三代、四庫、五倫、五常、五金、五經、五穀、六書」。你還能說出其他類似的分類嗎？
1888	L.T.	14.	什麼叫做「三才」、「四方」、「四時」、「五行」、「六畜」、「九族」、「五倫」、「四書」、「六經」？盡可能的用《三字經》裡的文字回答上述問題。
		15.	學生學完「四書」和幾種經典後，他應該接著學習哪種門類的文籍？
		16.	解釋「三字經」書名的意義並說明其內容。這本書作者是誰？什麼時候寫的？為什麼而寫？寫出並翻譯開頭十二句和最後四句。
1890	L.T.	17.	漢字在中文字典——例如說康熙字典裡，是如何排列的？
		18.	人們是怎樣賦予漢字讀音的？這種方法是什麼時候興起的？
		19.	一般地說，每一個漢字都可以分為哪兩個部分？
		20.	寫出你讀物裡漢字的讀音規則——可能的話，用漢字舉例說明聲符的使用。
		21.	寫出一畫、六畫、十一畫的偏旁部首，音譯其名稱並解釋其意義。
		22.	以下字分別屬於哪些偏旁部首：道、千、乘、無、毋、聖、憚、務、外、愛、交。
		23.	寫出表示人、人體、人際關係的部首；寫出表示動物和表示用具、器皿的部首。
		24.	區別與、與、與；為、為、為；好、好、好的不同發音與意義。
		25.	寫出三個在部首字「木」上加一畫所構成的（同部）字。
		26.	描寫「之」字的用法。
		27.	用漢字寫出「San Tsze Ching」的標題並解釋其意義。這本書作者是誰？什麼時候寫的？為什麼而寫？寫出、音譯並意譯其中關於孟子的四句。
		28.	什麼叫做「三才」、「四方」、「四時」、「五行」、「五常」、「六穀」、「六畜」、「八音」、「九族」？盡可能的用《三字經》裡的文字回答上述問題。
		29.	中國人將漢字分為哪六類？盡可能寫出每一類的中文名稱和意義。
		30.	學生學完「四書」和「五經」後，他應該接著學習哪種門類的文籍？

年份	期		題目
1892	L.T.	31.	《千字文》的作者是誰？他在什麼背景下寫作的？文章寫成後給他帶來什麼後果？說說全文的內容。全文分為多少章節？

　　通過表4可知，宏觀上理雅各要求學生掌握漢字的分類與屬性；微觀上，理雅各相當重視語言的相互翻譯方法，並要求學生解釋其翻譯原則與概念。理雅各鼓勵學生自行歸納出除了「三綱五常」外更多的總結性名詞，體現出他非常注重學生培養思辨能力和創造力。理雅各要求學生利用《三字經》解釋新知識（如：「三才」、「四方」、「四時」、「五行」、「五常」、「六畜」、「六穀」、「八音」、「九族」），展現了他非凡的教育方法——通過複習先前學過的概念，讓學生利用熟悉的知識和語言對新知識進行闡述，達到溫故而知新的目的。

　　需要特別指出的是，理雅各非常重視部首概念。岳峰也指出，理雅各所出的語言知識考題，涉及的層面非常廣，且具有深度，如：「漢字分為哪六類？」、「寫出你讀物裡漢字的讀音規則」、「寫出表示人、人體、人際關係的部首」等等。由此看出理雅各在漢語教學中對於漢字的重視程度。同時，這些題目也彰顯出理雅各對中文語音的音素、筆劃順序、部首、規則、詞語等語言學知識的重視[21]。由表4可看出，理雅各要求學生利用部首解釋每個字的相關性與差異性。題目的設置是希望學生瞭解並掌握《三字經》、《千字文》的背景與概念，幫助西方人快速掌握中國儒學的核心思想。因此，他以此命題方式來引導學生，達到教學目的。

表5　理雅各編寫的漢學試題（歷史類）

年份	期		題目
1879	M.T.	1.	什麼叫做三代？說出它們的起始和終結時間。寫出它們的名稱和建立者的名字。
		2.	中國人是怎樣度量時間的？說說他們是怎樣紀年、怎樣劃分晝夜的。

---

[21] 岳峰，〈理雅各與牛津大學最早的漢語教學〉[J]，《世界漢語教學》2003 (4): 100-103，第102頁。

年份	期		題目
1884	L.T.	3.	中國人知道自己國家的名字叫做China嗎？你怎樣解釋這個詞產生於外國人之中？說明Cathaye或者Cathay與Serica這幾個名詞同樣也是外國人使用的。試說明中國人用什麼名稱來稱呼他們自己和自己的國家？
		4.	中國封建社會形態持續了多久？其政府以什麼樣的形式存在？一般認為，中國封建社會經歷了多少朝代？ 封建社會形態之後，中國有多少朝代？用中文寫出它們的名稱來。
1885	L.T.	5.	寫出中國歷代封建王朝的中英文名稱及延續時間。
		6.	誰最早提出「皇帝」（我們用EMperor來翻譯）的稱號？用漢字寫出這個名詞，並講講這樣命名的理由。
		7.	你認為中國三個最偉大的人是誰，說出理由來。
		8.	現在誰在統治中國？這個朝代叫什麼名稱？這個朝代最孱弱的兩個君主是誰？在位時間各多長？
		9.	與用來標明中國國家和人民的「Seres」和「Serica」詞源相對應的漢字是什麼？
1886	L.T.	10.	什麼是「春秋時期」？
		11.	漢字「霸」字是什麼意思？還可以用哪個字來代替它？盡可能多地談談「五霸」。把他們叫做tyrants，對嗎？
1888	L.T.	12.	我們可以將誰稱為中國最早的歷史學家？他的著作叫什麼名字？
		13.	中國封建社會何時開始、何時結束？寫出各封建王朝名稱以及創建者的名字和各王朝延續的時間。
		14.	是誰終結了封建形態、從而開始了帝王朝代的世系？
		15.	盡可能地列舉出中國封建時代以前最偉大的人物。
1890	L.T.	16.	中華帝國有哪兩種政府形式？
		17.	中國最早的史學家是誰？他的著作叫什麼名字？
		18.	是誰終結了封建形態、從而開始了帝王朝代的世系？
		19.	「十七史」寫到哪個朝代？「二十一史」補充了哪些朝代？
		20.	寫出第三個封建王朝的三個最了不起的人物的名字。
1892	L.T.	21.	中國封建社會何時開始、何時結束？寫出各封建王朝名稱以及創建者的名字和各王朝延續的時間。
		22.	康熙皇帝多大年齡登基？他登基那一年相當於我們的什麼時間？
		23.	康熙在什麼時候頒布了《上諭十六條》？目的何在？誰頒布了《聖諭廣訓》加以闡發？同時出版發行用口語闡釋、流傳最廣的是什麼書？官員和其他人對十六條掌握得怎樣？寫出並翻譯第一條。
1892	M.T.	24.	屈原屬哪個國家？他與王室的關係如何？他身居何職？他認為誰是他的祖先？他怎樣遭受辱導致自殺身亡？人們怎樣紀念他的逝世？他創作的主要文學作品是什麼？

年份	期		題目
		25.	你能數出從夏代到現在有多少個朝代？用漢語寫出它們的名稱。在前三個朝代，國家以什麼形式存在？自那以後，從秦代開始，帝國政府以什麼方式行政的？
		26.	從Tsin（晉）到Sui（隋）之間，人們通常只提到四個朝代，但實際上還有許多政權宣稱正統，你能列舉出它們的名稱嗎？
		27.	中國人所臣服的第一個外族統治者是誰？
		28.	當今的統治者是什麼民族？
		29.	其他的韃靼人還建立過什麼政權？

在表5中，理雅各編寫的漢學考試題目要求學生說出三代的起始時間與終結時間，甚至是建立者的名字。體現了理雅各希望學生們重視學習中國歷史的淵源，也反映了理雅各對學術的嚴謹態度。

第一，理雅各希望學生從多重角度掌握中國歷史。例如，他要求學生回答題目：中國人是如何度量時間的？中國為何叫「China」？通過這樣的問題，讀者可以看出理雅各希望學生的學習並不僅止於字面含義，而是通過閱讀中文材料瞭解其背後的中國文化底蘊。這也是他開設的課程與講座都重視中國文化的原因之一。

第二，從歷史類考題也可看出理雅各的嚴謹。他會針對歷史上的具體年份進行提問。如中國封建社會持續多長時間與何時結束？「十七史」寫到哪個朝代？若學生沒有打下深厚基礎，便會覺得這類問題很困難。

第三，理雅各希望學生有清晰的歷史觀，站在歷史的高度和全球範圍內看待漢學。例如，他問：「屈原屬於哪個國家？他與王室的關係如何？他身居何職？他認為誰是他的祖先？他怎樣遭辱導致自殺身亡？人們怎樣紀念他的逝世？他創作的主要文學作品是什麼？」這種問題需要將多個縱橫交錯的歷史事件整合理解。若學生不把屈原的身世、歷史背景、官職甚至到心灰意冷自刎汨羅江的結局貫穿起來，則很難回答這一類問題。

第四，理雅各重視培養學生的創造力與批判性思維。例如，他考察學生「認為中國三個最偉大的人是誰？」等開放性題目，目的是希望學生積極思考，知其所以然，言之有物。

表6　理雅各編寫的漢學試題（哲學類）

年份	期		題目
1879	M.T.	1.	說說中國人是怎樣將漢字區分為Shih（實）和Hsu（虛）字的。
1883	L.T.	2.	解釋一下中國學者是怎樣用「實」和「虛」、「活」和「死」等名稱來區別漢字的。
1884	L.T.	3.	談談孔子。
		4.	說說中國人的甲子紀年法，用漢字寫出干支名稱。
		5.	解釋漢字的Shih（實）和Hsu（虛）之分。
1886	L.T.	6.	二Cheng（程）兄弟是什麼人？
		7.	談談孟子。
1888	L.T.	8.	談談孔子。
1890	L.T.	9.	什麼是「四書」和「六經」？我們現在通常還說「六經」嗎？
1892	L.T.	10.	現行《大學》文本及其編排整理歸功於誰？舊本文字及編排順序在哪裡可以找到？兩個本子之間主要差別是什麼？在多大程度上人們將這篇專論的產生歸因於哪兩位作者、兩者之中誰的可能性更大？
		11.	《孟子》第六篇的主題是什麼？舉個例子（最好用孟子的原話）說明孟子的著名論斷：人性本善。
		12.	簡要說說孔子的生平事蹟，談談他對道德、社會和政府的主要看法。
1892	M.T.	13.	哪些話題孔子很少談及？寫出這些話題來，並說明他為什麼很少談及這些話題的原因。
		14.	孔子認誰為祖先？孔子怎麼碰巧出生在魯國？

　　由表6可以看出，理雅各並未將中方哲學與西方哲學混為一談。哲學類試題也表明理雅各希望學生為抽象的詞彙（如「虛」與「實」、「生」與「死」等抽象概念）下具體定義。在中國哲學考題當中可看出理雅各對孔子的儒家思想抽絲剝繭般的分析。如他問：「哪些話題孔子很少談及？」並要求學生說明原因。若學生死記硬背，只回答「子不語怪力亂神」，就不盡完整。因為理雅各希望學生回答出為何孔子不談論一些反常的、霸道的、悖亂的、神異的事情。若學生無法掌握「孔子關心的是中庸之道：穩定、持久，且與大多數人生活有關的人生正路」[22]，便沒有真正理解。

　　另外，由表6中理雅各要求學生簡述孔子的生平，概括孔子對道德、社會及政府的看法可以看出，理雅各對孔子的批判性已弱化了許多。值得

---

[22] 傅佩榮，《人能弘道：傅佩榮談論語》[M]（臺北：天下文化出版股份有限公司，2008年），第259頁。

一提的是，此時的理雅各已經將儒學歸納到哲學類，而不是宗教類了。由此看出，經過時間的沉澱、學術上的深入研究，理雅各在思想上的包容度提高了，且在學術上更有建樹了。

表7　理雅各編寫的漢學試題（地理類）

年份	期		題目
1879	M.T.	1.	畫一張中國地圖，用中文標明十八行省。
1890	L.T.	2.	構成中國本土的十八行省是哪些？盡可能地用中文寫出它們的名稱並說出它們的含義。
		3.	近來出現的中國第十九行省是怎樣形成的？
1892	L.T.	4.	用中文寫出中華帝國的各省名稱，包括新近形成的第十九省。
		5.	談談中國的兩大河流。
		6.	寫出兩大河流以外的其他五條河流、五座名山和五個湖泊的名字。
		7.	中國現在有多少個對外開放的通商口岸？用中文寫出它們的名稱以及它們所屬省份的名。

由表7可看出，理雅各熱衷於將地理與時事相結合。題目「近年來的中國第十九行省是如何形成的？與中國現在有多少個對外開放的通商口岸？」表明理雅各不希望學生讀死書，而是重視學生對知識的靈活運用。如理雅各要求學生畫中國地圖並標明省份，甚至用中文寫出中華帝國的各省名稱。理雅各的多樣化的漢學題目體現了他良好的教育方式。在理雅各去世一百二十年的今天，這樣的命題方式仍具有一定的參考價值。

二、《聖諭十六條》的講解

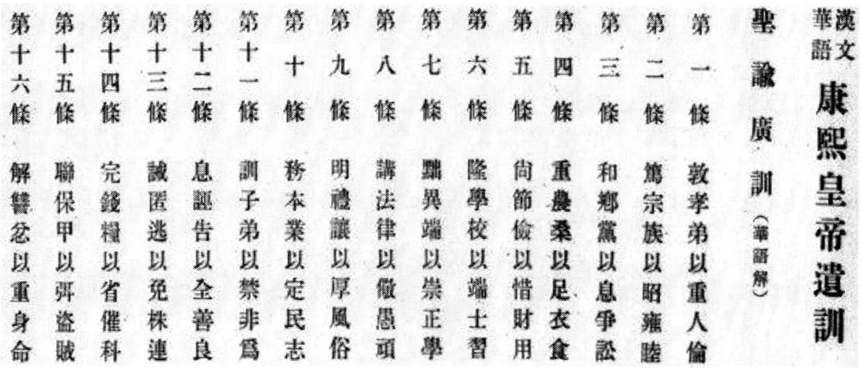

漢文華語　聖諭廣訓（華語解）　康熙皇帝遺訓

第一條　敦孝弟以重人倫
第二條　篤宗族以昭雍睦
第三條　和鄉黨以息爭訟
第四條　重農桑以足衣食
第五條　尚節儉以惜財用
第六條　隆學校以端士習
第七條　黜異端以崇正學
第八條　講法律以儆愚頑
第九條　明禮讓以厚風俗
第十條　務本業以定民志
第十一條　訓子弟以禁非為
第十二條　息誣告以全善良
第十三條　誡匿逃以免株連
第十四條　完錢糧以省催科
第十五條　聯保甲以弭盜賊
第十六條　解讐忿以重身命

圖7　聖諭十六條

　　部分學者指出理雅各在公開演講中關於《聖諭十六條》的講解情況難於查證[23]，但段懷清早在2006年就有對其演講內容的相關闡述[24]。筆者也同樣在牛津大學發現了相關考證資料。較之前的研究結果，下文提供更加詳細的分析。

　　在牛津大學的博多利圖書館（Bodleian Library）檔案資料編號MS. Eng. Misc. d. 1256中，收藏著一份理雅各於1877年的四卷《中華帝國儒學》（Imperial Confucianism），這其實就是英文版的《聖諭十六條》（The Sixteen Maxims of the K'ang-his Period）（見圖7）。在理雅各的女兒所寫的《漢學家理雅各傳》中，馬清河將這四卷演講稿「Imperial Confucianism」譯為「帝國的儒教」[25]；而本文將它譯為「中華帝國儒學」，是為了突顯理雅各心思縝密的翻譯思路。這份資料是理雅各1877年在牛津大學給學生們的四次公開演講稿，其演講內容也公開發行在香港的期刊《The China Review, or Notes and Queries on Far East》中〔第一講刊於1877年，Vol. 6，No. 3，第二講刊於1878年Vol. 6，No. 4，第三講刊於1878年，Vol. 6，No. 5，第四講刊於1978年Vol. 6，No. 6[26]。檔案d. 1256中分別收錄了第二次講座（第1-7條）、第三次講座（第8-12條）、第四次講座（第13-16條）〕，前三次都在泰勒講堂（Taylor Institution）舉辦。根據吉瑞德表示，理雅各在前三次的講座中力求客觀，「不帶個人傾向的反思」[27]。第四次在謝爾德廉劇院（the Sheldonion Theatre），當時出使英國的大臣〔中國第一個駐外公使郭嵩燾（Kwo Sung-tao, 1818-1891）〕也出席了在謝爾德廉廳舉辦（the Sheldonion Theatre）的第四次演講。理雅各非常自豪地告訴聽眾：在第四講開講前，我先把聖諭（Amplification of the Intelligent Emperor）給郭嵩燾讀過。他讀完後表示我（對聖諭的材料）的原文理解是正確無誤的[28]。海

---

[23] 劉姍姍，〈西方傳教士眼中的《聖諭廣訓》〉[J]，《歷史檔案》2015年第2期。

[24] 段懷清，〈理雅各與滿清皇家儒學——理雅各對《聖諭廣訓》的解讀〉[J]，《九州學林》2006年第2期。

[25] （英）海倫・理雅各（Helen Edith Legge）著，馬清河譯，《漢學家理雅各傳》[M]（北京：學苑出版社，2011年），第213頁。

[26] 段懷清，〈理雅各與滿清皇家儒學——理雅各對《聖諭廣訓》的解讀〉[J]，《九州學林》2006年第2期。

[27] （美）吉瑞德（Norman J. Girardot）著，段懷清、周俐玲譯，《朝覲東方：理雅各評傳》（The Victorian Translation of China, James Legge's Oriental Pilgrimage）[M]（桂林：廣西師範大學出版社，2011年），第177頁。

[28] Legge, J. (ca, 1815-1897). James Legge's four lectures on Imperial Confucianism. (MS. Eng. Misc

倫‧理雅各（理雅各的女兒）在《漢學家理雅各傳》一書中提到了關於在第四講郭嵩燾與理雅各的一次尷尬對話，這讓世人看到理雅各真心地為鴉片戰爭感到羞愧。郭嵩燾問理雅各：中國與英國在道德上哪個國家較為優越？理雅各回答：英國人較為優秀。郭嵩燾沉思一會兒後立即又問：那麼為什麼道德高尚的英國人要強迫中國人接受鴉片？此時的理雅各啞口無言，極度羞愧。對於英國強行對中國輸入鴉片（Opium）一事，理雅各認為這是滔天大罪，因為他本身就是反對鴉片貿易協會（the Society for the Supression of the Opium Trade）的成員之一[29]。

　　追溯其歷史，《聖諭十六條》源自於明朝開國皇帝朱元璋於洪武三十年（1397）親自撰寫的「聖諭六言」（即孝順父母、尊敬長上、和睦鄉里、教訓子孫、各安生理、毋作非為），向百姓宣講，封建統治者對老百姓的教化工作從此規範化、制度化。清順治9年（1652）頒發「六諭文」，參考了「聖諭六言」。康熙9年（1670）頒發《聖諭十六條》，《聖諭十六條》主要是以儒家教育為基礎，每一條都明論了以儒學為核心的封建倫理道德，例如：忠、孝、仁、愛、信、義、和、平、禮、義、廉、恥等，潛移默化地教化（教化包含了教育，屬於社會教育，如同現在的廣播、電視、線下的講座）百姓忠君愛國，進而維持社會穩定，鞏固清朝封建政權。因此，《聖諭十六條》也可以理解為一種善書。雍正2年（1724）頒發《聖諭廣訓》，《聖諭廣訓》是對《聖諭十六條》的逐條解釋，每一條增加了一個序言，寫成文段，因由皇帝頒布而得名「聖諭」。當時能接受教育的人極其少數，需要專門人士（如王又樸），來為廣大民眾進行宣講。從檔案中可看出，理雅各在講解《聖諭十六條》時也參考了《聖諭廣訓》。另外，康熙的《聖諭十六條》是當時學校（特別是官學裡的教育理念）很重要的教育內容，學生要學習並參與考核（科舉考試須默寫）。《聖諭十六條》對知識分子、學生進行教育、教化，體現了統治階級的意識，以及以儒學為核心的封建倫理道德觀。因此，《聖諭十六條》與「四書五經」都有特別突出的共同性：他們都是中國儒家教育中對學生的考核。

---

d. 1256). Bodleian Library & Radcliffe Camera, University of Oxford, Oxford, England. p. 223, 363.

[29]　（英）海倫‧理雅各（Helen Edith Legge）著，馬清河譯，《漢學家理雅各傳》[M]（北京：學苑出版社，2011年），第224-227頁。

　　1670年康熙皇帝頒行的《聖諭十六條》主要在講解康熙時期儒家理想中的和諧發展，創造太平盛世的願望。理雅各強調《聖諭十六條》在歷史上的作用舉足輕重。學者段懷清曾經於2006年對這份重要的文本個案進行解讀，他指出：理雅各如此重視《聖諭十六條》，是因為這是在當時用來瞭解康熙與雍正兩朝裡，中國封建社會下有關經濟、政治、文化、宗教、法律、社會制度等方面的最佳教材。理雅各自己也在牛津《耶與儒：人的責任》d. 1261檔案中寫道：在1670年頒布的《聖諭十六條》是對中國人的善良美德與幸福重要準則（Principles essential to their goodness and happiness）進行解析，透過《聖諭十六條》可以讓讀者瞭解中華帝國的繁榮興旺（Prosperity of the empire）[30]。理雅各深信通過《聖諭十六條》可以讓牛津學子們一窺儒家思想在中國的影響層面與範圍。因此，理雅各重視《聖諭十六條》是「就儒家傳統思想與滿清政治文化政策現實之間的內在思想關聯進行的詳細解讀與初步探究」[31]。理雅各認為《聖諭十六條》「是高尚原則的美好例證」，顯示出「最高的人類智慧」，並「證明了那些被傳承下來的禮讚是正當的」。《聖諭十六條》不論是在文風上還是在內容上都十分接近「歐洲人的良知」——「維多利亞時代中產階級的道德觀」，即「強調孝敬父母的價值」。然而歐洲人與中國人相比，哪一方更具有道德性，這依然是困擾理雅各的一大難題[32]。

　　雖然《聖諭十六條》的每一條只有精簡七字，但針對每一條都附有大量的故事來闡述萬歲爺想要教化人民的思想。這是一項重要的文化政策，目的是為了維護統治穩定與進行思想教育。更進一步來說，滿清皇帝頒布這十六條訓誡，希望有指導性作用，希望子民們可以依照這些原則來形成民族品格、修正平民老百姓的日常行為、教化其對國家與對政府應盡的義務（如納稅）。滿清統治者將「聖諭十六條」作為治國重點之一：（1）敦孝弟以重人倫；（2）篤宗族以昭雍睦；（3）和鄉黨以息爭訟；

---

[30] Legge, J. (ca, 1815-1897). James Legge's four lectures on Imperial Confucianism (MS. Eng. Misc d. 1256). Bodleian Library & Radcliffe Camera, University of Oxford, Oxford, England. The Whole Duty of Man, Accroding to Confucianism and Christianity Respectively, p. 160.

[31] 段懷清，〈理雅各與滿清皇家儒學——理雅各對《聖諭廣訓》的解讀〉[J]，《九州學林》2006年第2期。

[32] （美）吉瑞德（Norman J. Girardot）著，段懷清、周俐玲譯，《朝覲東方：理雅各評傳》（The Victorian Translation of China, James Legge's Oriental Pilgrimage）[M]（桂林：廣西師範大學出版社，2011年），第176-178頁。

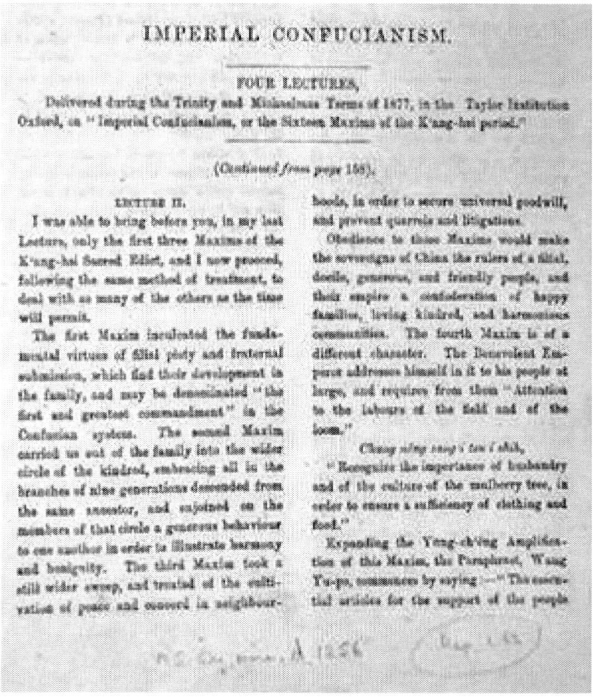

IMPERIAL CONFUCIANISM.

FOUR LECTURES,

Delivered during the Trinity and Michaelmas Terms of 1877, in the Taylor Institution Oxford, on "Imperial Confucianism, or the Sixteen Maxims of the K'ang-hsi period."

(*Continued from page 155*).

LECTURE II.

I was able to bring before you, in my last Lecture, only the first three Maxims of the K'ang-hsi Sacred Edict, and I now proceed, following the same method of treatment, to deal with as many of the others as the time will permit.

The first Maxim inculcated the fundamental virtues of filial piety and fraternal submission, which find their development in the family, and may be denominated "the first and greatest commandment" in the Confucian system. The second Maxim carried us out of the family into the wider circle of the kindred, embracing all in the branches of nine generations descended from the same ancestor, and enjoined on the members of that circle a generous behaviour to one another in order to illustrate harmony and benignity. The third Maxim took a still wider sweep, and treated of the cultivation of peace and concord in neighbourhoods, in order to secure universal goodwill, and prevent quarrels and litigations.

Obedience to these Maxims would make the sovereigns of China the rulers of a filial, docile, generous, and friendly people, and their empire a confederation of happy families, loving kindred, and harmonious communities. The fourth Maxim is of a different character. The Benevolent Emperor addresses himself in it to his people at large, and requires from them "Attention to the labours of the field and of the loom."

Chung nung sang i tsu i shih,

"Recognize the importance of husbandry and of the culture of the mulberry tree, in order to ensure a sufficiency of clothing and food."

Expanding the Yung-ch'ing Amplification of this Maxim, the Paraphrast, Wang Yu-po, commences by saying :—"The essential articles for the support of the people

圖8　理雅各翻譯的《聖諭十六條》

（4）重農桑以足衣食；（5）尚節儉以惜財用；（6）隆學校以端士習；（7）黜異端以崇正學；（8）講法律以儆愚頑；（9）明禮讓以厚風俗；（10）務本業以定民志；（11）訓子弟以禁非為；（12）息誣告以全善良；（13）誡匿逃以免株連；（14）完錢糧以省催科；（15）聯保甲以弭盜賊；（16）解讎忿以重身命[33]。

理雅各在第二、三、四講（Lecture II, III, IV）的教學稿中，開宗明義地指出一個仁慈的君王（The Benelvoent Emperor）必定會將這十六則格言（Maxim）與道德標準謹記在心[34]。將理雅各的譯作與《聖諭十六條》原文對比後，筆者發現理雅各將《聖諭十六條》翻譯得幾近完美（見圖8）。如原文中的第四條的範例：重農桑以足衣食，理雅各先遵照原文

[33] 魚返善雄（編），《漢文華語康熙皇帝聖諭廣訓》[M]（臺北：文海出版社，1974年），目錄第1-2頁；沈雲龍主編的近代中國史料叢刊續輯的第7輯第61冊中，目錄清楚條列出十六條聖諭廣訓。

[34] Legge, J. (ca, 1815-1897). James Legge's four lectures on Imperial Confucianism. (MS. Eng. Misc d. 1256). Bodleian Library & Radcliffe Camera, University of Oxford, Oxford, England. p. 223.

將它翻譯成：「Recognize the importance of husbandry and of the culture of the mulberry tree, in order to ensure a sufficiency of clothing and food.」[35]再加以英文闡述原文中中國文化源遠流長的思想與意境。以下是理雅各為《聖諭十六條》逐條翻譯，及筆者的相關闡述。

第一，「敦孝弟以重人倫」。這裡須特別指出：理雅各是不認同孝道的。因為他認為中國人因為受到儒家「孝文化」影響，造成了拜祖先牌位的「祭祖行為」與「拋棄真神（也就是西方的God）」。所以理雅各只以一句話帶過：孝道（Filial piety）和對兄長的服從（Fraternal submission），這是儒家系統中的第一條，也是最重要的一條誡律（The first and greatest commandment）[36]。就此寥寥一句，可見理雅各似乎不想在這上面著墨太深，也不想違背自己的主觀意識，所以乾脆用孔子的「一言以蔽之」[37]。1880年，理雅各在自己寫的書《中國的宗教：儒教、道教與基督教之描述與比較》中，也表達出對孝順的不認同：「中國人的孝順是錯誤的（Wrong）與有害的（Injurious）。」[38]

第二，「篤宗族以昭雍睦」。這一條談論家庭倫理，理雅各把家庭圈擴大，家和萬事興（The family into the wilder circle of the kindred），並指出中國人的世代觀念可以延伸到九代（Nine generations）。由此可見，理雅各在解釋儒家思想概念的同時，也順便會補充中國文化的知識背景。如幾個家人組成一個家庭；幾個家庭組成一個家族。因此家庭成員們之間的彼此互動自然產生了一種行為共識或模式（A generous behavior）。這種共識約束著全家族每個人的行為，進而促進家庭的和諧（Harmony）與仁慈（Benignity）[39]。對於這一點，理雅各也只用短短一句話帶過。筆者認為應該是理雅各認為無須多做補充，因為每個家庭與家族本來就是要以和為貴，這是再正常不過的事。

[35] Legge, J. (ca, 1815-1897). James Legge's four lectures on Imperial Confucianism. (MS. Eng. Misc d. 1256). Bodleian Library & Radcliffe Camera, University of Oxford, Oxford, England. p. 223.

[36] Legge, J. (ca, 1815-1897). James Legge's four lectures on Imperial Confucianism. (MS. Eng. Misc d. 1256). Bodleian Library & Radcliffe Camera, University of Oxford, Oxford, England. p. 223.

[37] 《論語・為政》。

[38] Legge, J. (2017). The Religions of China: Confucianism and Taoism Described and Compared with Christianity. London, UK: Forgotton Books. p. 88.

[39] Legge, J. (ca, 1815-1897). James Legge's four lectures on Imperial Confucianism. (MS. Eng. Misc d. 1256). Bodleian Library & Radcliffe Camera, University of Oxford, Oxford, England. p. 223.

　　第三，「和鄉黨以息爭訟」。這一條是在解讀鄰里關係。「和睦鄉黨」是指與鄰居和睦相處（「Peace and concord in neighbourhoods」），這是為了保持天地萬物間的親善感（Secure universe goodwill）與避免爭吵和訴訟（Prevent quarrels and litigations）[40]。只有嚴守這三個道德標準，中國人才是一個孝順的、溫順的、寬宏大量的、友善的民族（A filial, docile, generous, and friendly people）。整個中華帝國才會是充滿著幸福快樂的家庭、彼此互相關懷的親屬與和諧的社會（The empire a confederation of happy families, loving kindred, and harmonious communities），整個中華民族形成一個五倫（父子有親、長幼有序、夫婦有別、君臣有義、朋友有信）的完整社會結構[41]。

　　第四，「重農桑以足衣食」[42]。理雅各引用王又樸（Wang Yu-po）的白話文來解釋這一條：「一個仁君必定會照顧好人民的生計，不會讓他們受凍挨餓。」所以不種田，哪會有飯可以吃？不養蠶，哪會有衣服可以穿？因此，人民必須要有工作。理雅各強調中國自古以來就重視農業與耕作季節，因為這關係著國家經濟。他指出在古代的封建中國就教導子民要勤奮（Diligent），不可以懶惰（Lazy）。農夫不能離開犁田工具與鋤頭，已婚婦女不能遠離養蠶與紡織。這種原始的農耕與養蠶的文化不會少於五千年[43]。然而，理雅各並未補充更多滿清政府在農業上的其他細節或政策。

　　第五，「尚節儉以惜財用」[44]。理雅各強調做人要懂得節制（Chieh,

---

[40] Legge, J. (ca, 1815-1897). James Legge's four lectures on Imperial Confucianism. (MS. Eng. Misc d. 1256). Bodleian Library & Radcliffe Camera, University of Oxford, Oxford, England. p. 223.

[41] Legge, J. (ca, 1815-1897). James Legge's four lectures on Imperial Confucianism. (MS. Eng. Misc d. 1256). Bodleian Library & Radcliffe Camera, University of Oxford, Oxford, England. p. 223.

[42] Legge, J. (ca, 1815-1897). James Legge's four lectures on Imperial Confucianism. (MS. Eng. Misc d. 1256). Bodleian Library & Radcliffe Camera, University of Oxford, Oxford, England. p. 223. "Recognize the importance of husbandry and of the culture of the mulberry tree, in order to ensure a sufficiency of clothing and food."

[43] Legge, J. (ca, 1815-1897). James Legge's four lectures on Imperial Confucianism. (MS. Eng. Misc d. 1256). Bodleian Library & Radcliffe Camera, University of Oxford, Oxford, England. p. 224-225. " If you do not plant the fields, whence will you obtain food? If you do not rear the silkworm, whence will you obtain clothing?...yet after all, the sources of our food and clothing depend on those who plant the fields and nourish the silkworm. Should not these things then be viewed as of the very first importance?"

[44] Legge, J. (ca, 1815-1897). James Legge's four lectures on Imperial Confucianism. (MS. Eng. Misc d. 1256). Bodleian Library & Radcliffe Camera, University of Oxford, Oxford, England. p. 226.

「moderation」）[45]。他指出金錢的使用就好比水的使用，要懂得節約，過度浪費會造成經濟上的乾枯。他將《聖諭十六條》的兩個節省的例子都翻譯成英語以突出節儉的好處。第一個例子寫道：「節儉就好比水儲蓄在池子裡一般。水若是不儲蓄些，就只顧流將去，便立刻流乾了。」[46]理雅各為了忠於原文，沒有用類似的字替代掉原文，連儲水槽都翻譯了出來[47]。第二個例子用軍人來比喻：軍人一領到薪水就沒有節制地亂花，最後沒錢了，只能去借。但是，借錢會有利息，最終不斷借貸與揮霍金錢的下場就是窮困潦倒（Misery）[48]。對於這一點，生活不算富裕的理雅各並無任何異議。岳峰提到：理雅各當時在牛津大學的每年收入是年薪三千英鎊，但他的這份薪水卻要扶養六個孩子和十五個孫子女[49]，所以理雅各很懂得「節制」。他說人浪費金錢的原因無非兩個：愚蠢的野心（Foolish ambition）與想要一場虛榮的表演（Wish to make a vain show）。但他也強調這不是鼓勵小氣吝嗇（Not be a niggardly parsimony）。理雅各在這一條的最後寫下：這些節省的概念植入中國人的腦海裡，就好像將好的種子種植在好的土壤裡[50]。

"Show that you prize moderation and economy, in order to prevent the lavish use of your means."

[45] Legge, J. (ca, 1815-1897). James Legge's four lectures on Imperial Confucianism. (MS. Eng. Misc d. 1256). Bodleian Library & Radcliffe Camera, University of Oxford, Oxford, England. p. 226.

[46] 魚返善雄（編），《漢文華語康熙皇帝聖諭廣訓》[M]（臺北：文海出版社，1974年），第25頁

[47] Legge, J. (ca, 1815-1897). James Legge's four lectures on Imperial Confucianism. (MS. Eng. Misc d. 1256). Bodleian Library & Radcliffe Camera, University of Oxford, Oxford, England. p. 227. "If the water be alloed to flow away without these restraints, it will soon have all disappeared, and the reservoir be dry. If money be spent without method and care, it will soon be exhausted."

[48] Legge, J. (ca, 1815-1897). James Legge's four lectures on Imperial Confucianism. (MS. Eng. Misc d. 1256). Bodleian Library & Radcliffe Camera, University of Oxford, Oxford, England. p. 227. "Soliders are remonstrated with as being notoriously improvident and extravagant.Their pay being fixed, they might know better than most others how to regulate their expenditure; but they do not try to do so. They get to the end of their pay, and then they go all round to borrow, and will engage to pay eighty or even nearly cent per cent for the money, very soon the lamb, that is, the interest, becomes as large as the dam, that is, the capital, and the result is misery."

[49] 岳峰，〈理雅各與牛津大學最早的漢語教〉學[J]，《世界漢語教學》2003, 4(66): 100-103，第102頁。

[50] Legge, J. (ca, 1815-1897). James Legge's four lectures on Imperial Confucianism. (MS. Eng. Misc d. 1256). Bodleian Library & Radcliffe Camera, University of Oxford, Oxford, England. p. 227. "These lessons about method and economy have fallen into the Chinese mind as good seed into good soil."

　　第六，「隆學校以端士習」[51]。理雅各對這一條著墨甚多，洋洋灑灑地花了四頁介紹中國考試狀況。可見他認為這是一種奇觀，有必要介紹給牛津大學的學生瞭解。當中他對科舉考試的考場情境和祖孫三代（祖父、父親、兒子）一同參加科舉考試的競爭狀態進行了巨細靡遺的描述[52]。理雅各要強調的是，中國人非常重視學術教育（Academical education）與學者的養成（The training of the scholar）[53]。本文通過交叉比對理雅各與《聖諭十六條》第六條，發現理雅各並沒有花很多心力在翻譯原文上，反而不斷地補充背景知識，只為了強調兩個重點：中國的四民之首是「士」[54]與中國考試的制度。第一，理雅各寫道：一個仁君會愛才惜才，因此中國從漢朝（西元前7世紀中期）開始到唐朝（626-649）的考試系統鼎盛，其目的只有一個：挑選出優秀的文人學者（Scholar or the literalist）[55]。而古代能受教育的多數是達官顯貴的名門後代（The high-born youth）[56]。第二，理雅各以中文寫下「科場條例」、「殿試」與中國的功名「秀才」、「舉人」、「進士」等字，並用英文闡述。孫邦華用相似的對比指出：在華西人將「秀才」對比成西方的「學士」，「舉人」對比「碩士」，「進士」

---

[51] Legge, J. (ca, 1815-1897). James Legge's four lectures on Imperial Confucianism. (MS. Eng. Misc d. 1256). Bodleian Library & Radcliffe Camera, University of Oxford, Oxford, England. p. 228. "Make much of the Colleges and Seminaries, in order to make corret the practice of the scholar."

[52] Legge, J. (ca, 1815-1897). James Legge's four lectures on Imperial Confucianism. (MS. Eng. Misc d. 1256). Bodleian Library & Radcliffe Camera, University of Oxford, Oxford, England. p. 229. "The examinations are held in the Kung-yüan, an immense building, containing in Canton 7500 small cells or rooms, measuring 4 feet by 3, and hardly more than 6 feet high, in which the competitors write their papers. There are many large halls also for the accommodation of the examoners. The excitement is intense. men present themselves who may have previously failed repeatedly. Father, son, and grandson have been known to appear at the same examination. Careful precautions are taken to prevent fraud and imposition. Three themes are given out the first day, taken from 'the Four Shu,' or first learned Confucian Books, on which essays have to be written, and a fourth theme is proposed for a composition in poety."

[53] Legge, J. (ca, 1815-1897). James Legge's four lectures on Imperial Confucianism. (MS. Eng. Misc d. 1256). Bodleian Library & Radcliffe Camera, University of Oxford, Oxford, England. p. 228.

[54] Legge, J. (ca, 1815-1897). James Legge's four lectures on Imperial Confucianism. (MS. Eng. Misc d. 1256). Bodleian Library & Radcliffe Camera, University of Oxford, Oxford, England. p. 228. "The Scholars are the Head of the four classes of the people."

[55] Legge, J. (ca, 1815-1897). James Legge's four lectures on Imperial Confucianism. (MS. Eng. Misc d. 1256). Bodleian Library & Radcliffe Camera, University of Oxford, Oxford, England. p. 228.

[56] Legge, J. (ca, 1815-1897). James Legge's four lectures on Imperial Confucianism. (MS. Eng. Misc d. 1256). Bodleian Library & Radcliffe Camera, University of Oxford, Oxford, England. p. 228.

對比「博士」[57]。理雅各也不例外，他直接把「進士」翻譯成「Advanced Scholars」與「Doctors」[58]。理雅各歸納出科舉制度的優點與缺點。優點是其公平性，它開放給任何社會階層（Open to all classes of the people）參與；但缺點是科舉考試的內容與科目狹隘（The limited range of the subjects），只考中國文學，把科學與科學方法都排除在考試外[59]，這不利於中國的科學發展。

第七，「黜異端以崇正學」[60]。理雅各把這一條解釋成貶損異端邪教，以讚揚儒家正統性[61]。這裡須特別強調：理雅各談的「正統」是放在中國文化框架下的「中國的正統」，也就是「儒家」中的「正統」；而非放在一般基督教教義的「正統」與非基督等異教徒的「異端」內。因此，理雅各引用了王又樸的話來說明何謂「正統」（Orthodoxy）與何謂「異端」（Heterodoxy），「正統」就是當一個符合「正道」與「正氣」、頂天立地的人。如何做到呢？唯一的辦法就是讀聖賢書──「四書五經」[62]。根據《聖諭十六條》：「天下惟獨聖人留下的五經四書，這都是正經的道理，個個該當講究的。」[63]既然「孔子」、「儒家思想」、「四書五經」是「正統」，那「異端」是什麼？「異端」是指「佛教」、

---

[57] 孫邦華，《西學東漸與中國近代教育變遷》[M]（北京：中國社會科學出版社2012年），第248頁

[58] Legge, J. (ca, 1815-1897). James Legge's four lectures on Imperial Confucianism. (MS. Eng. Misc d. 1256). Bodleian Library & Radcliffe Camera, University of Oxford, Oxford, England. p. 230.

[59] Legge, J. (ca, 1815-1897). James Legge's four lectures on Imperial Confucianism. (MS. Eng. Misc d. 1256). Bodleian Library & Radcliffe Camera, University of Oxford, Oxford, England. p. 231.

[60] Legge, J. (ca, 1815-1897). James Legge's four lectures on Imperial Confucianism. (MS. Eng. Misc d. 1256). Bodleian Library & Radcliffe Camera, University of Oxford, Oxford, England. p. 232. "Discountenance and put away strange principles, in order to exalt the correct doctrine."

[61] Legge, J. (ca, 1815-1897). James Legge's four lectures on Imperial Confucianism. (MS. Eng. Misc d. 1256). Bodleian Library & Radcliffe Camera, University of Oxford, Oxford, England. p. 232. "Degrade strange religions, in order to exalt the orthodox doctrine."

[62] Legge, J. (ca, 1815-1897). James Legge's four lectures on Imperial Confucianism. (MS. Eng. Misc d. 1256). Bodleian Library & Radcliffe Camera, University of Oxford, Oxford, England. p. 232. "This then is the correct doctrine, the orthodoxy of China, Confucianism pure and simple, man's discharge of his duties in the various relations of society. He has not to go beyond himself to discover it, nor to seek any higher sanction for it than his own nature, nore to look for any future sentence of retribution to enforce it. If he must go beyond himself, there are the four Shu and the five King, all the Confucian books, handed down by the sage or about him, containing the record of the example and lessons of himself and the more ancient Sages."

[63] 魚返善雄（編），《漢文華語康熙皇帝聖諭廣訓》[M]（臺北：文海出版社，1974年），第37頁。

「道教」、「白蓮教」、「天地會」、「天主教」等非儒家的其他宗教或團體。在第七條聖諭中，其以白話文明確記載了若干現象：「自從有那一種無賴的人，沒處吃飯，投托著寺廟裡頭安身，藉著神佛的名色，造作出許多天堂地獄輪迴報應的話頭……這些吃齋，做會蓋廟塑像的話頭，都是遊手無賴的和尚道士（Ho-shang and Tao-sze[64]）造作出來誆騙你們的。你們偏要信他，不但自己去燒香拜廟，還縱容老婆女兒入廟燒香，油頭粉面，穿紅掛綠的，與那些和尚道士光棍漢子，挨肩擦臂，擁擁擠擠，不知行的好在那搭兒，倒做出許多醜事……總是這些奸僧邪道，他身子懶，不肯去種田，又不會做買賣，沒得吃穿，生出法子來哄人[65]……道士家越發荒唐，甚麼驅神遣將，斬妖除邪，呼風喚雨，禮星拜斗。且莫說都是些謊話，就是偶然有些靈應，也都是一團的幻術，障眼的法兒，並不是實實在在的。一時間，百姓被他哄信，都廢時失業，說奇道怪的起來，風俗人心，一齊都壞盡了。」[66]理雅各在1880年出版的《中國的宗教》書中的道教篇也引用了「黜異端以崇正學」談到他對道家的看法，他認為道家既是宗教也是哲學（Taoism is the name both a religion and a philosophy），但道家有許多怪異的信條（Taoism is among the strange principles）[67]。值得一提的是，聖諭第七條也載明「不可相信天主教」：「更有可惡的人，藉此招搖結黨，名為教主，傳道招徒，夜聚曉散，一時勢眾，就生起邪心，做起歹事來。一旦發覺，身被鎖拿，問成大罪，就如白蓮教（The Society of the white Lotus[68]）、聞香教，後來都被殺滅，這些都是不安本分的前車後轍了。就算是天主教，談天說地，無影無形，也不是正經。只因他們通曉天文，會算曆法，所以朝廷用他造曆，並不是說他的教門好，你們斷不可信他。這些左道旁門，律上處治的最嚴。」[69]很明顯地，這一條的批評也包

---

[64] Legge, J. (ca, 1815-1897). James Legge's four lectures on Imperial Confucianism. (MS. Eng. Misc d. 1256). Bodleian Library & Radcliffe Camera, University of Oxford, Oxford, England. p. 233.

[65] 魚返善雄（編），《漢文華語康熙皇帝聖諭廣訓》[M]（臺北：文海出版社，1974年），第38-41頁。

[66] 魚返善雄（編），《漢文華語康熙皇帝聖諭廣訓》[M]（臺北：文海出版社，1974年），第42頁。

[67] Legge, J. (2017). The Religions of China: Confucianism and Taoism Described and Compared with Christianity. London, UK: Forgotton Books. p. 159, 161.

[68] Legge, J. (ca, 1815-1897). James Legge's four lectures on Imperial Confucianism. (MS. Eng. Misc d. 1256). Bodleian Library & Radcliffe Camera, University of Oxford, Oxford, England. p. 234.

[69] 魚返善雄（編），《漢文華語康熙皇帝聖諭廣訓》[M]（臺北：文海出版社，1974

括了西方的傳教士，但理雅各也在這一條最後寫下了解套方法：跟中國的士大夫交往，並把基督真理灌輸到他們的腦海中（They[Missionaries] should approach the educated Chinese mind with their Christain truth[70]）。這其實就應和利瑪竇當初立下的規矩之一：結交中國士大夫，因為他們才具備中國重視的「正統性」——儒家。

第八，「講法律以儆愚頑」[71]。理雅各針對這一條，直接標示出來的重點就是：要讓人民懂法律。那些愚昧無知的頑固分子，他們是需要被教導與被警告的[72]。這也與西方哲學教育中的一句格言相呼應：「無知是最大的罪惡。」[73]蘇格拉底說無知是一種罪[74]，他的學生柏拉圖也強調的：無知是萬惡的根源[75]。理雅各在其書中兩次重複無心之過（Inadvertent offences）是可以被原諒的；但若是蓄意的過錯，無論多微小的小過失，都必須要被處罰[76]。如同劉備告誡劉禪的話：「勿以惡小而為之，勿以善小而不為。」因此，理雅各總結：害怕律法，你就不會犯法。害怕處罰，你就會避免犯罪[77]。做到了這些，你就可以過著安居樂業的生活。

年），第42頁；Legge, J. (ca, 1815-1897). James Legge's four lectures on Imperial Confucianism. (MS. Eng. Misc d. 1256). Bodleian Library & Radcliffe Camera, University of Oxford, Oxford, England. p. 235. "Christianity also is an unsound and corrupt religion. Only because the European teachers of it understand astronomy and are versed in mathematical calculations, therefore the Government employs them in making out the calendar. It does not, however, thereby say that their religion is good, and you should on no account believe it."

[70] Legge, J. (ca, 1815-1897). James Legge's four lectures on Imperial Confucianism. (MS. Eng. Misc d. 1256). Bodleian Library & Radcliffe Camera, University of Oxford, Oxford, England. p. 235.

[71] Legge, J. (ca, 1815-1897). James Legge's four lectures on Imperial Confucianism. (MS. Eng. Misc d. 1256). Bodleian Library & Radcliffe Camera, University of Oxford, Oxford, England. p. 299. "Expound the laws in order to warn the ignorant and obstinate."

[72] Legge, J. (ca, 1815-1897). James Legge's four lectures on Imperial Confucianism. (MS. Eng. Misc d. 1256). Bodleian Library & Radcliffe Camera, University of Oxford, Oxford, England. p. 302. "The ignorant and obstinate are duly in structed and warned."

[73] 傅佩榮，《西方哲學心靈（第1卷）》[M]（新北：立緒文化事業有限公司，2014年），第27頁。

[74] There is only one good knowledge, and one evil, ignorance.

[75] Ignorance, the root and stem of all evil.

[76] Legge, J. (ca, 1815-1897). James Legge's four lectures on Imperial Confucianism. (MS. Eng. Misc d. 1256). Bodleian Library & Radcliffe Camera, University of Oxford, Oxford, England. p. 300. "You pardon inadveretent offences, however great, and punish purposed crimes, however small."

[77] Legge, J. (ca, 1815-1897). James Legge's four lectures on Imperial Confucianism. (MS. Eng. Misc d. 1256). Bodleian Library & Radcliffe Camera, University of Oxford, Oxford, England. p. 302. "Fearing the law, you will not break it; fearing punishment, you will avoid it."

　　第九，「明禮讓以厚風俗」。理雅各在解釋此條時，將禮讓翻譯成讓禮（Yielding courtesy[78]），強調第九條的重點是「謙受益，滿招損」，也將與禮讓的相關詩詞放進此條作為補充。值得注意的是，漢文原文的確有提到「謙受益，滿招損」，但沒有說明是出自哪一本書或文獻，理雅各在翻譯時，補充批註在內文中與註腳在文章下方。「謙受益，滿招損」是出自《尚書・大禹謨》：「滿招損，謙受益，時乃天道。」（Pride brings less, and humility receive increase—that is the way of Heaven.[79]）由此可見，理雅各做學問非常考究，重視史料的源頭。另一個例子是婁師德的「唾面自乾」，原文漢語與漢語解釋中並沒有說明朝代，理雅各為其補充婁師德的唐朝年份，讓人為他做學問的追根究柢而感到驚訝。以下是漢語與英語的比較：「古人有個婁師德，他問著他的兄弟說：設若有人把唾液唾你，你怎麼樣待他呢？他兄弟說道：擦乾了就是了。婁師德說道：你若是擦乾了，那個人越發惱了，只是笑而受之，聽他自己乾就是了。」[80]第九條的範例還有王彥方（Wong Yen-fang）與管幼安（Kwan Yu-an）[81]，理雅各也如同上述般如實翻譯，呈現中國哲學思想。最後這一條結束前，理雅各放上與該主題相關的詩來呼應這一條內容。

　　第十，「務本業以定民志」[82]。此條與強調人人有工作做的第四條（重農桑以足衣食）頗為類似。但是，本條更深入地探討中國文化中的勤勞與毅力，批評遊手好閒[83]的懶惰（Lazy[84]）。理雅各將文中的「朕惟

---

[78] Legge, J. (ca, 1815-1897). James Legge's four lectures on Imperial Confucianism. (MS. Eng. Misc d. 1256). Bodleian Library & Radcliffe Camera, University of Oxford, Oxford, England. p. 302.

[79] Legge, J. (ca, 1815-1897). James Legge's four lectures on Imperial Confucianism. (MS. Eng. Misc d. 1256). Bodleian Library & Radcliffe Camera, University of Oxford, Oxford, England. p. 304.

[80] 魚返善雄（編），《漢文華語康熙皇帝聖諭廣訓》[M]（臺北：文海出版社，1974年），第56頁；Legge, J. (ca, 1815-1897). James Legge's four lectures on Imperial Confucianism. (MS. Eng. Misc d. 1256). Bodleian Library & Radcliffe Camera, University of Oxford, Oxford, England. p. 304. " Long ago, under the T 'ang dynasty (A.D. 118-906), there was a Lou Sze-te, who once asked his brother, 'suppose that some one were to spit in your face, how would you treat him?' 'I would simply wipe it off,' rejoined Sze-te, 'the man would proceed to do something more outrageousl you should simply receive the insult with a smile, and let the spittle dry of itself, and there would be an end of the matter."

[81] Legge, J. (ca, 1815-1897). James Legge's four lectures on Imperial Confucianism. (MS. Eng. Misc d. 1256). Bodleian Library & Radcliffe Camera, University of Oxford, Oxford, England. p. 304.

[82] Legge, J. (ca, 1815-1897). James Legge's four lectures on Imperial Confucianism. (MS. Eng. Misc d. 1256). Bodleian Library & Radcliffe Camera, University of Oxford, Oxford, England. p. 304. "Labour diligently at your proper callings, in order to give settlement to the aims of the people."

[83] 魚返善雄（編），《漢文華語康熙皇帝聖諭廣訓》[M]（臺北：文海出版社，1974年），第60頁。

[84] Legge, J. (ca, 1815-1897). James Legge's four lectures on Imperial Confucianism. (MS. Eng. Misc

上天民必各付一業，使為立身之本」[85]的「上天」翻譯成英文的Heaven，然後翻譯成：天把我們生下來，一定會給我們工作或事業，好讓我們去養家活口[86]。理雅各對此非常同意，所以他用羅馬的城市來比喻中國的城市，他提到：如果一個外國人走進了一個中國城市，他會發現從事相同或類似的產業通常都設立在一起，這種狀況也發生在羅馬的城市。例如：會有某一條街全部都是藥劑師（Apothecaries）開的店、貴重金屬業（Precious metals）與玉石業（Stones）也比鄰而居、象牙（ivory）與骨頭製品（Bones）也都將店開在一起[87]。理雅各巨細靡遺地寫道：古代封建王朝時，士農工商就開始分布在屬於自己的地理位置，而形成了產業部落[88]。此條最後，理雅各將俗語「一根草一點露」[89]、「野雀無糧天地寬」[90]與成語「有心磨鐵，鐵成針」[91]、「有心鑿山，山通海」[92]來幫助牛

d. 1256). Bodleian Library & Radcliffe Camera, University of Oxford, Oxford, England. p. 305.

[85] 魚返善雄（編），《漢文華語康熙皇帝聖諭廣訓》[M]（臺北：文海出版社，1974年），第124頁。

[86] Legge, J. (ca, 1815-1897). James Legge's four lectures on Imperial Confucianism. (MS. Eng. Misc d. 1256). Bodleian Library & Radcliffe Camera, University of Oxford, Oxford, England. p. 305. "Heaven, we are told, designs that every man should have a fixed occupation, to afford him the means of support for himself and those depending on him. Though the employments of the scholar, the husband-man, the mechanic, the trader, and the solider, are not the same, yet, when duly attended to, they equally conduce to the same object."

[87] Legge, J. (ca, 1815-1897). James Legge's four lectures on Imperial Confucianism. (MS. Eng. Misc d. 1256). Bodleian Library & Radcliffe Camera, University of Oxford, Oxford, England. p. 305.

[88] Legge, J. (ca, 1815-1897). James Legge's four lectures on Imperial Confucianism. (MS. Eng. Misc d. 1256). Bodleian Library & Radcliffe Camera, University of Oxford, Oxford, England. p. 305. "Among the counsels given to the marquis of Ch'i which was then the leading State of the feudal Kingdom, in the 7th century B.C., by his chief minister Kuan Chung, was this, that he should not allow the four classes of people to dwell together, but assign to scholars their location in the neighbourhood of the colleges; to husbanmers their in the coutry; to mehanics, their near the publc offices, that they might be the better under surveillance, and to traders, theirs around the market places."

[89] Legge, J. (ca, 1815-1897). James Legge's four lectures on Imperial Confucianism. (MS. Eng. Misc d. 1256). Bodleian Library & Radcliffe Camera, University of Oxford, Oxford, England. p. 306. "Each blade of grass has the dew of a blad of grass allotted for itsnorishent."

[90] Legge, J. (ca, 1815-1897). James Legge's four lectures on Imperial Confucianism. (MS. Eng. Misc d. 1256). Bodleian Library & Radcliffe Camera, University of Oxford, Oxford, England. p. 306. "The birds of the fields have no stores of food provided for them, but Heaven and Earth are generous."

[91] Legge, J. (ca, 1815-1897). James Legge's four lectures on Imperial Confucianism. (MS. Eng. Misc d. 1256). Bodleian Library & Radcliffe Camera, University of Oxford, Oxford, England. p. 306. "By patient labour a bar of iron may be rubbed down to a pin."

[92] Legge, J. (ca, 1815-1897). James Legge's four lectures on Imperial Confucianism. (MS. Eng. Misc d. 1256). Bodleian Library & Radcliffe Camera, University of Oxford, Oxford, England. p. 306.

津的聽眾理解中國文化中的「腳踏實地」與「有志者、事竟成」的務實想法。

　　第十一，「訓子弟以禁非為」[93]。理雅各認為這條呼應第六條（隆學校以端士習）的孝悌：對父母孝順，對兄長敬愛（Filial piety and fraternal submission[94]）。理雅各分別在第307頁與第308頁不斷地宣導中國人對孝悌的重視。他幾乎直譯王又樸的北方土白話來詮釋孝悌的重要性與家庭教育的影響力：「要好也就好，要壞也就壞。這是緊要的關頭，所以教訓他最要緊。你們家子弟不學好，都是你們做父親做哥哥的不是。」[95]理雅各引用了英國浪漫主義詩人威廉·華茲華斯（William Wordsworth）的名言：小孩是大人的父親（The boy is father to the man.[96]）來呼應這一條的概念，並加以延伸——為何父親或兄長沒把家中的小孩教育好？因為孩子從小就沒有被培養好的習慣，反而一直陷溺在惡習中[97]。所以，不僅是慈母多敗兒（Indulgent mother ruins her boy.[98]），父親與兄長也有責任。如同《三字經》說道：「養不教，父之過。」俗話說得好，「桑條從小揉」（隱喻教育須從小教起）[99]。理雅各非常認同，王韜也曾告訴過他錦衣玉食會慣壞

　　"With a determined heart you may tunnel through a mountain for the waters of the sea."

[93]　Legge, J. (ca, 1815-1897). James Legge's four lectures on Imperial Confucianism. (MS. Eng. Misc d. 1256). Bodleian Library & Radcliffe Camera, University of Oxford, Oxford, England. p. 306. "Instruct sons and younger brothers, in order to prevent them from doing what is wrong."

[94]　Legge, J. (ca, 1815-1897). James Legge's four lectures on Imperial Confucianism. (MS. Eng. Misc d. 1256). Bodleian Library & Radcliffe Camera, University of Oxford, Oxford, England. p. 307.

[95]　魚返善雄（編），《漢文華語康熙皇帝聖諭廣訓》[M]（臺北：文海出版社，1974年）第66頁；Legge, J. (ca, 1815-1897). James Legge's four lectures on Imperial Confucianism. (MS. Eng. Misc d. 1256). Bodleian Library & Radcliffe Camera, University of Oxford, Oxford, England. p. 307. "Children are almost wholly devoid of any decision of their own. If you wish them to be good, they will be good; if you wish them to be evil, they will be evil. If the children and younger brothers in your families are not good, it is the fault of you, fathers and elder brothers."

[96]　Legge, J. (ca, 1815-1897). James Legge's four lectures on Imperial Confucianism. (MS. Eng. Misc d. 1256). Bodleian Library & Radcliffe Camera, University of Oxford, Oxford, England. p. 307.

[97]　Legge, J. (ca, 1815-1897). James Legge's four lectures on Imperial Confucianism. (MS. Eng. Misc d. 1256). Bodleian Library & Radcliffe Camera, University of Oxford, Oxford, England. p. 307. "What is the reason that fathers and elder brothers so often and so much fail in instructing the young branches of their family? It is the habit they have of indulging them."

[98]　Legge, J. (ca, 1815-1897). James Legge's four lectures on Imperial Confucianism. (MS. Eng. Misc d. 1256). Bodleian Library & Radcliffe Camera, University of Oxford, Oxford, England. p. 307.

[99]　魚返善雄（編），《漢文華語康熙皇帝聖諭廣訓》[M]（臺北：文海出版社，1974年）第68頁；Legge, J. (ca, 1815-1897). James Legge's four lectures on Imperial Confucianism. (MS. Eng. Misc d. 1256). Bodleian Library & Radcliffe Camera, University of Oxford, Oxford, England. p. 307. "Bend the twigs of the mulberry free, while they are yet small."

小孩，養成不好的生活習慣[100]。

第十二，「息誣告以全善良」[101]。理雅各解釋道：根據當時的背景，的確有很多誣告的情況[102]。理雅各文內有一段題外話：當時有許多人認為中國人全都是騙子（The Chinese are all liars[103]），但這並不正確（It is not by any means correct. It is far too sweeping[104]）。可見理雅各秉持中立的角度來看待中國人。這一條中的「息」字其實具有深意。在王韜的幫助下，理雅各將這一條的意境翻譯得非常貼近。「聖祖仁皇帝的意思說：拿刑法禁著你們，叫（同『叫』）你們不告謊狀，你們縱然的怕法度不告狀子，到底心裡還藏著毒氣。若是一旦發作出來，更是厲害呢！不如勸導你們、感化你們、叫（同『叫』）你們大家儘量讓，不肯告狀，這個好啊。」[105]

第十三，「誡匿逃以免株連」[106]。因為翻譯過順治5年（1648年）與康熙15年（1676年）間的窩藏人犯的罰則，理雅各很熟悉滿清的法律條例。並認為近三十年來清朝政府減輕藏匿人犯罪是由於政治安定

---

[100] Legge, J. (ca, 1815-1897). James Legge's four lectures on Imperial Confucianism. (MS. Eng. Misc d. 1256). Bodleian Library & Radcliffe Camera, University of Oxford, Oxford, England. p. 307. "They (mothers, fathers, elder brothers) give the children fine clothes, to induce people to look at their vanity. They give them nice things to eat, and so pamper their appetite. And not only so. When they hear the young rascals abusing people, and ought to correct them."

[101] Legge, J. (ca, 1815-1897). James Legge's four lectures on Imperial Confucianism. (MS. Eng. Misc d. 1256). Bodleian Library & Radcliffe Camera, University of Oxford, Oxford, England. p. 308. "Put a stop to false accusations, in order to protect the innocent and good."

[102] Legge, J. (ca, 1815-1897). James Legge's four lectures on Imperial Confucianism. (MS. Eng. Misc d. 1256). Bodleian Library & Radcliffe Camera, University of Oxford, Oxford, England. p. 308. "And there is abundant proof that the crime of false charges and accusations is common in China."

[103] Legge, J. (ca, 1815-1897). James Legge's four lectures on Imperial Confucianism. (MS. Eng. Misc d. 1256). Bodleian Library & Radcliffe Camera, University of Oxford, Oxford, England. p. 308.

[104] Legge, J. (ca, 1815-1897). James Legge's four lectures on Imperial Confucianism. (MS. Eng. Misc d. 1256). Bodleian Library & Radcliffe Camera, University of Oxford, Oxford, England. p. 308.

[105] 魚返善雄（編），《漢文華語康熙皇帝聖諭廣訓》[M]（臺北：文海出版社，1974年），第76頁；Legge, J. (ca, 1815-1897). James Legge's four lectures on Imperial Confucianism. (MS. Eng. Misc d. 1256). Bodleian Library & Radcliffe Camera, University of Oxford, Oxford, England. p. 310. "But attention is called particularly to the letter of the maxim. It does not run, 'Punish false accusations,' nor 'Forbid false accusations,' but is 'Put a stop to false accusations.' 'The meaning of the Emperor in this,' says mr. Wang, 'was that, though to prohibit you by the penal laws from false accusing might induce you, though the terror of punishment, to abstain, yet was the poisonous breath stered up in the mind might on some future occasion break out with greater violence, it was better to counsel you to renovate yourselves, that you might all mutually yield to one another and litigate no more.'"

[106] Legge, J. (ca, 1815-1897). James Legge's four lectures on Imperial Confucianism. (MS. Eng. Misc d. 1256). Bodleian Library & Radcliffe Camera, University of Oxford, Oxford, England. p. 363. "Warn against sheltering deserters, in order to avoid being involved in their punishment."

（The dynasty was coming to feel secure）和中國君主對治理國家的放鬆感（Relaxed）[107]。理雅各說道：順治5年（1648年）時，若藏匿逃犯，會有三項嚴重的處罰。第一，砍頭；第二，抄家與沒收家產；第三，將你與你的左鄰右舍約莫十家全部抓去充軍[108]。到了康熙15年（1676年），清朝律法有所鬆懈。若藏匿人犯，不用砍頭，也不會沒收家產；若男子就去充軍，兩鄰十個家庭處以杖刑後，「同省不同區」地流放三年[109]。由此可見，這近三十年來，窩藏人犯從砍頭與沒收家產降至杖刑，清政府的確減輕了刑罰。

　　第十四，「完錢糧以省催科」[110]。理雅各開宗明義點出：這是一條對中國君主有益的訓諭（A good injunction for the rules for China[111]），簡言之就是納稅是人民的義務（The duty of people[112]），要求人民納稅，讓國家發展。所謂取之於民，用之於民。理雅各如實地按照原文的順序翻譯出來：「你們百姓見識小、不明白，只當是朝廷家要了去，自己受用，卻不知道有多少用處呢！即如拿錢糧官兒們的俸祿，正是養贍這些做官的，叫（同『叫』）他好料理你們的事。又如拿錢糧去充兵餉，正是養活著兵，好叫（同『叫』）他與你們拿賊、護衛你們。又如拿錢糧去糴（意為買入）些

[107] Legge, J. (ca, 1815-1897). James Legge's four lectures on Imperial Confucianism. (MS. Eng. Misc d. 1256). Bodleian Library & Radcliffe Camera, University of Oxford, Oxford, England. p. 364.

[108] Legge, J. (ca, 1815-1897). James Legge's four lectures on Imperial Confucianism. (MS. Eng. Misc d. 1256). Bodleian Library & Radcliffe Camera, University of Oxford, Oxford, England. p. 364. "Accordingly, in 1648, the first manchow Emperor enacted that everuone harbouring a deserter should be decapitated, and his property confiscated, while the Heads of the ten neighbouring families, five on each side of his house, should be banished to the distant forntiers."

[109] Legge, J. (ca, 1815-1897). James Legge's four lectures on Imperial Confucianism. (MS. Eng. Misc d. 1256). Bodleian Library & Radcliffe Camera, University of Oxford, Oxford, England. p. 364. "In 1676, our Benevolent Emperor modified in an important manner the oppressive law of his father, and enacted that the principal person concerned in the hiding of a deserter, instead of being beheaded and his family property being confiseated, should only be banished, and male to do military service on the distant frontier, whilst the Heads of the five neighbouring families on each side of his should only receive so many blows of the stick, and be banished for three years to some other district of the same province."

[110] Legge, J. (ca, 1815-1897). James Legge's four lectures on Imperial Confucianism. (MS. Eng. Misc d. 1256). Bodleian Library & Radcliffe Camera, University of Oxford, Oxford, England. p. 366. "Promptly and fully pay your taxes, in order to escape frequent requisitions of your quotas."

[111] Legge, J. (ca, 1815-1897). James Legge's four lectures on Imperial Confucianism. (MS. Eng. Misc d. 1256). Bodleian Library & Radcliffe Camera, University of Oxford, Oxford, England. p. 366.

[112] Legge, J. (ca, 1815-1897). James Legge's four lectures on Imperial Confucianism. (MS. Eng. Misc d. 1256). Bodleian Library & Radcliffe Camera, University of Oxford, Oxford, England. p. 367.

穀子存在倉庫裡，正是預備著荒年，不叫（同『叫』）你們餓死。至於此外還有修城、修河、修堤堰、修船隻、運糧、買銅鑄錢、修倉修庫，無數的用處，無非是取了你們的錢，還為你們百姓用去。」[113]同時理雅各也補充說明稅收必須是要快速的和足夠的（Promptly and fully[114]）。但理雅各在最後也提出批評，認為滿清的賦稅政策是理想型，理論上看起來很漂亮[115]，但卻鮮少關注政府管理的缺失。

第十五，「聯保甲以弭盜賊」[116]。針對這一條，理雅各拿英國的阿爾弗雷德大帝（King Alfred, 849-899）的十戶區（A tithing, meaning 10 householders in the system of frankpledge[117]）來做比喻：阿爾弗雷德大帝也是用十戶區的概念在治理英國，這十戶彼此守望相助。若發現有犯罪分子，十戶區的領導（The headborough or chief）不會去包庇他，並將罪犯送入監牢[118]。因此，這一條所說的一甲，是指十戶家庭，也就是相當於阿爾弗雷德大帝的十戶區；一保，是指十甲，等於一百戶家庭，所以理雅各將一保翻成hundred。如《聖諭十六條》中提到的：「十家為甲，十甲為保。」[119]文中理雅各也分享了在近四十

---

[113] 魚返善雄（編），《漢文華語康熙皇帝聖諭廣訓》[M]（臺北：文海出版社，1974年），第82頁；Legge, J. (ca, 1815-1897). James Legge's four lectures on Imperial Confucianism. (MS. Eng. Misc d. 1256). Bodleian Library & Radcliffe Camera, University of Oxford, Oxford, England. p. 367. "Again, the pay of the army is taken from revenue; and it is given for the support of the soldier, that they may be encouraged to put down babditti, and to defend and protect the people. By means of the revenue, moreover, grain is bought and stored up in the granaries, as a provision against years of famine, that the people may not die of starvation. And there are very many other uses to which the taxes are applied, such as repairing the walls, and gets of cities, clearing out the beds of rivers and repairing their banks, refitting ships for the converyance of the taxes paid in kind, purchasing copper for coinage, keeping the public buildings in repair."

[114] Legge, J. (ca, 1815-1897). James Legge's four lectures on Imperial Confucianism. (MS. Eng. Misc d. 1256). Bodleian Library & Radcliffe Camera, University of Oxford, Oxford, England. p. 367.

[115] Legge, J. (ca, 1815-1897). James Legge's four lectures on Imperial Confucianism. (MS. Eng. Misc d. 1256). Bodleian Library & Radcliffe Camera, University of Oxford, Oxford, England. p. 367. "All this is is beautiful in theory, but we must bear in mind that case of the government of China, in the expositon of the Sacred Edict, is pleaded by itself. If we heard the other side, we should receive a very different statement of it character."

[116] Legge, J. (ca, 1815-1897). James Legge's four lectures on Imperial Confucianism. (MS. Eng. Misc d. 1256). Bodleian Library & Radcliffe Camera, University of Oxford, Oxford, England. p. 368. "Combine in hundreds and tithings, in order to put an end to thefts and robberies."

[117] Retrieved from: https://www.collinsdictionary.com/dictionary/english/tithing

[118] Legge, J. (ca, 1815-1897). James Legge's four lectures on Imperial Confucianism. (MS. Eng. Misc d. 1256). Bodleian Library & Radcliffe Camera, University of Oxford, Oxford, England. p. 369.

[119] 魚返善雄（編），《漢文華語康熙皇帝聖諭廣訓》[M]（臺北：文海出版社，1974年），第134頁。

年前他親身體驗過的保甲文化，並補充說明中國的窄小街道與路上許多的閘門其實是和保甲文化息息相關，街道與閘門成為了保甲的配備。他說：當時的街道很窄，走在路上又有非常多的閘門，抬頭往天空一看，只看到一堆墊子與衣服，陽光無法全部曬到地面。突然，他聽到有人喊抓賊，一瞬間，閘門全部立刻關閉，人們蜂擁出來抓小偷，如甕中捉鱉一般，小偷立刻就被抓到了，被送到衙門[120]。理雅各同時也翻譯出人們也會不願意將賊送到官府：第一，地方政府怕事，若犯罪率過高，會影響他們的考績，不利升官。第二，地方上的無恥仕紳與賊私通，彼此分贓而庇護罪犯，一般民眾也惹不起地方仕紳與罪犯，所以也就作罷。第三，人是懶惰散漫的，反正又不是偷我家，不干我的事[121]。最後，理雅各為他的觀察下了結論：英國人遵守法律，中國人是害怕法律而服從官方（We say that we English are a law-abiding people; the Chinese are a law-fearing people and eminently amenable to authority[122]），並提到目前已被基督教洗禮過的文明國家可以幫助中國來改革現況（Christianly civilized nations may, possibly, serve the purpose of facilitating such reforms[123]）。

　　第十六，「解讎忿以重身命」[124]。在這裡，理雅各分別談身（Body）與命（Ming）[125]，他為了闡述《孝經》中的「身體髮膚，受之父母，不敢

---

[120] Legge, J. (ca, 1815-1897). James Legge's four lectures on Imperial Confucianism. (MS. Eng. Misc d. 1256). Bodleian Library & Radcliffe Camera, University of Oxford, Oxford, England. p. 369. "When I first visited a Chinese city nearly 40 years ago, I was struck by the narrowness of its streets, the widest of them hardly wider than our lanes, and also by the gates or high palisades at the end of each street and alley. It occurred to me that the narrow streets often covered overhead by matting or cloth, might be thought to be a better protection from the sun's rays than wide streets would be. One day, however, a cry burst out of 'Thief! Thief!' The gates at each end were instantly closed. The people swarmed out. The thief was caught as in a trap, and dragged off in no gentle way to the office of the district magistrate. The narrow streets and numerous gates are adjuncts of the system of tithings and hundreds."

[121] Legge, J. (ca, 1815-1897). James Legge's four lectures on Imperial Confucianism. (MS. Eng. Misc d. 1256). Bodleian Library & Radcliffe Camera, University of Oxford, Oxford, England. p. 369-370. 華語解見：魚返善雄（編），《漢文華語康熙皇帝聖諭廣訓》[M]（臺北：文海出版社，1974年），第88頁。

[122] Legge, J. (ca, 1815-1897). James Legge's four lectures on Imperial Confucianism. (MS. Eng. Misc d. 1256). Bodleian Library & Radcliffe Camera, University of Oxford, Oxford, England. p. 371.

[123] Legge, J. (ca, 1815-1897). James Legge's four lectures on Imperial Confucianism. (MS. Eng. Misc d. 1256). Bodleian Library & Radcliffe Camera, University of Oxford, Oxford, England. p. 371.

[124] Legge, J. (ca, 1815-1897). James Legge's four lectures on Imperial Confucianism. (MS. Eng. Misc d. 1256). Bodleian Library & Radcliffe Camera, University of Oxford, Oxford, England. p. 371. "Study to remove rooted animosities and angry feelings, in order to show the importance due to the body and (Heaven-given) nature."

[125] Legge, J. (ca, 1815-1897). James Legge's four lectures on Imperial Confucianism. (MS. Eng. Misc

毀傷，孝之始也[126]」，翻譯了陝西鹽運司王又樸（Wang Yu-po）的《聖諭十六條》的講解。「萬歲爺意思說：人生在世，性命是天與的，身體是父母遺的，不是容易的。天生下我來，得做個人，不做禽獸。我也該做人的事，不做那禽獸的事，方不負天地生我一場。父母生下我來，費了多少辛勤，躭了多少驚恐，指望我做個好人，光宗耀祖，我就該著實謹慎，不犯王法，把這個完全身體還了父母，方不負父母生我一場。這保守身子，乃是做人第一件大事。」[127]在這裡，理雅各扣回第一條的孝悌，提醒聽眾孝順是儒家思想中的第一條誡律（The first commandament of the Confucian system[128]），深植在中國人的心中（So firmly rooted in the Chinese mind[129]）。其實，筆者認為不應該說只存在中國人心中，應該說只要是受到儒家思想影響的國家，都非常重視孝順。像第二次世界大戰後，研究日本文化的著名作者露絲・本尼迪克特（Ruth Benedict）所寫的《菊與刀》（The Chrysanthemum and the Sword）就可以看出日本也非常重視孝文化。值得注意的是，在談到第十六條時，理雅各再次分享自己的親身經歷。這次他談的是基督教被誤解成不孝順的宗教。理雅各說：有次我搭船航行在中國的水域時，我被一位中國男子言語攻擊，他說基督教否定孝道（「Christianity was unfilial[130]」）。當我否認他的這種指控時，他回到船內的客艙，手上拿著我督導發行的評論報導，此評論報導是在談《聖經》

---

d. 1256). Bodleian Library & Radcliffe Camera, University of Oxford, Oxford, England. p. 371.

[126] 卷九《孝經》。

[127] 魚返善雄（編），《漢文華語康熙皇帝聖諭廣訓》[M]（臺北：文海出版社，1974年），第93頁；Legge, J. (ca, 1815-1897). James Legge's four lectures on Imperial Confucianism. (MS. Eng. Misc d. 1256). Bodleian Library & Radcliffe Camera, University of Oxford, Oxford, England. p. 371. "The human nature of men is the gift of Heaven, and their bodies are derived from their parents. Heaven made us men, and not brutes; and we ought therefore to act the part of men, and not that of brutes. So shall we not frustrate the intention of Heaven and Earth in giving us birth. Our parents, again, in bringing us forth to life, sustained multipledsorrows and anxieties, and looked forward to our becoming good men, so as to shed rays of glory round our ancestors. We ought, therefore, to be watchful, and at death deliver back our persons, complete as we received them, to our parents, and not render vain their toils in our behalf. The protection of our bodies is man's greatest concern. "

[128] Legge, J. (ca, 1815-1897). James Legge's four lectures on Imperial Confucianism. (MS. Eng. Misc d. 1256). Bodleian Library & Radcliffe Camera, University of Oxford, Oxford, England. p. 371.

[129] Legge, J. (ca, 1815-1897). James Legge's four lectures on Imperial Confucianism. (MS. Eng. Misc d. 1256). Bodleian Library & Radcliffe Camera, University of Oxford, Oxford, England. p. 372.

[130] Legge, J. (ca, 1815-1897). James Legge's four lectures on Imperial Confucianism. (MS. Eng. Misc d. 1256). Bodleian Library & Radcliffe Camera, University of Oxford, Oxford, England. p. 372.

中《馬太福音》第8章第21節與第22節[131]。等男子把第21節與22節唸出來後，他對著群眾說：這就是基督教！而這外國人（理雅各）竟然說基督教沒有否定孝道。我回應他說：難道你認為「身體髮膚，受之父母，不敢毀傷」這種保護自己的觀念適合用於軍人們在沙場上陣殺敵的狀況嗎？說到這裡，這男子啞口無言[132]。沒錯，為了盡孝道，確實應該好好地保護好自己的身體。但是，自古以來忠孝難兩全，理雅各用這個「以子之矛攻子之盾」的親身經驗分享給聽眾，表示孝順應該要因情而定。至於基督教這一宗教是否講孝道，這跟自身家庭教育有關。若家庭本身重視孝順，如移民到美國的希臘後代，就會延續這文化。若該民族其本身就比較獨立，如移民美國的德國後裔，則不能理解孝文化。筆者在美國與部分美國人交流時，試著解釋孝順（Filial Piety）給美國友人聽，大部分的美國人都無法理解這一概念，畢竟中西雙方的價值觀南轅北轍。

最後，理雅各以下面這段話作為第四講的結尾：通過分析這十六條，我想讓你們瞭解中國沒有誇大那些好的，正確的事；但也沒有貶低那些惡的，錯誤的事[133]。

三、《三教平心論》的講解

為何劉謐的《三教平心論》對研究理雅各的學者們如此重要？因為在1889年5月1日、1889年10月16日、1893年1月24日、1893年5月23日理雅各都分別引用了劉謐的《三教平心論》中的儒道佛基本思想來對比基督教的教義，甚至與《聖經》做比較。此時的他，對儒家的態度與立場都發生了變化，產生了所謂的「同情性的理解」（Sympathetic understanding）[134]。這時候的理雅各，收起了之前傲慢的基督文明的優越感和猛烈的批儒立場，更像是一位比較宗教學者，以他自身的跨文化經驗抽絲剝繭地尋找儒家與

---

[131] 主要內容是說：有個門徒對耶穌表示想先回去埋葬他的父親，但是耶穌說，任憑死人埋葬他們的死人，你跟從我吧。耶穌的回應容易令人誤會，會以為耶穌很殘忍，不許人辦喪事，不重視孝道。所謂的任憑死人埋葬他們的死人，並非要人們不要辦喪事、不要同情死人、不要盡孝順等等，而是要把神看得比兒女情長更重要。

[132] Legge, J. (ca, 1815-1897). James Legge's four lectures on Imperial Confucianism. (MS. Eng. Misc d. 1256). Bodleian Library & Radcliffe Camera, University of Oxford, Oxford, England. p. 372.

[133] Legge, J. (ca, 1815-1897). James Legge's four lectures on Imperial Confucianism. (MS. Eng. Misc d. 1256). Bodleian Library & Radcliffe Camera, University of Oxford, Oxford, England. p. 374.

[134] 周俐玲、段懷清，〈理雅各與劉謐《三教平心論》〉[J]，《中國比較文學》2008（1）：75-8，第76頁。

基督教這兩者間跨文化對話的可能性。另外，周俐玲與段懷清都強調：理雅各的課堂經常提到劉謐的《三教平心論》，相較於與理雅各同期的漢學家，甚至是後期的漢學家，都鮮少關注劉謐的《三教平心論》。而從理雅各在牛津的開課情況就可以看出：劉謐的《三教平心論》是影響理雅各的宗教觀與宗教史觀的關鍵。這本書在理雅各由傳教士到漢學家的身份轉換過程中，起到了催化劑的作用。劉謐的《三教平心論》在理雅各的比較宗教研究時期（1877-1888）扮演了非常重要的角色，通過對此書的剖析，理雅各陸續完成了「〈論儒教與基督教之關係〉（Confucianism in Relation to Christianity）、《中華帝國儒學》（The Imperial Confucianism）、《中國宗教：儒道解析及其與基督教的比較》（The Religions of China: Confucianism and Taoism Described and Compared with Christianity）、〈基督教與儒教關於人生教義的對比〉（Christianity and Confucianism Compared in Their Teaching on the Whole Duty of Man）、〈基督教在中國：景教、羅馬天主教、新教／基督教〉（Christianity in China: Nestorianism, Roman Catholicism, Protestantism/ Christianity in China）」[135]等等有關基督教與儒家、道家、佛教的比較宗教研究。

　　曾經研究理雅各的段懷清認為：一般研究理雅各的學者，大都將研究重心放在理雅各對十三經的翻譯。但除此之外仍有兩本書深深地影響著理雅各。第一本是《聖諭十六條》，第二本是宋元時期劉謐寫的《三教平心論》[136]。第一本《聖諭十六條》，段懷清分別寫過兩篇文章[137]對其進行分析；但對於第二本之《三教平心論》，周俐玲與段懷清指出：「[理雅各]在翻譯『中國經典』過程中已經注意到了劉謐的《三教平心論》，而且還在他後來正式成為牛津大學首任漢學講座教授後，在自己主持的牛津公開講座以及自己的課堂上，多次講解過劉謐的《三教平心論》及相關主題……但是，理雅各當時在課堂上是如何解讀劉謐的《三教平心論》，如今已經無法考究——他在課堂上的那些解釋也並沒有留下相應的書面文字

[135] 周俐玲、段懷清，〈理雅各與劉謐《三教平心論》〉[J]，《中國比較文學》2008（1）：75-87，第84-85頁。
[136] 周俐玲、段懷清，〈理雅各與劉謐《三教平心論》〉[J]，《中國比較文學》2008（1）：75-87，第78、81-82。
[137] 段懷清，〈理雅各與滿清皇家儒學——理雅各對《聖諭廣訓》的解讀〉[J]，《九州學林》2006年第1期。

記載。」[138]

　　2013年3月，在筆者前往牛津大學翻拍理雅各的第一手史料時，意外在檔案MS. Eng. Misc. d. 1261發現了一份長達二百零四頁的史料[139]。這是理雅各提交給倫敦第9屆東方學家大會（The Congress）的論文，這整本論文的封面直接譯成：《A Fair and Dispassionate Discussion of the Three Doctrines Accepted in China: From a Buddhist Writer by James Legge》[140]，此論文正是理雅各以劉謐的《三教平心論》為基礎與基督教做對比。在《三教平心論》中，劉謐將儒道佛調合成為一體。這在理雅各眼裡，是荒謬的。本文將在此部分介紹理雅各是如何以這本書為基礎，簡潔地引用他對儒道佛的原文看法。值得注意的是，這本論文在右上角與正下方都有不同的頁碼，本文認為應是一份份零散的教學資料與講義[141]，牛津大學把他們裝訂成冊，所以才會在右上方用鉛筆標注頁碼。筆者採用的是右上方標記頁碼來注記，以便於未來研究理雅各的學術研究者進行比對。

（一）佛教

　　以劉謐寫的《三教平心論》為基礎，理雅各從釋迦牟尼（「Shakyamuni」[142]）開始談論佛教的起源。理雅各本身是西方傳教士，他不認為其他宗教（例如：佛教）是完全可以被理解的。作為法蘭西學院教授和法國科學院院士，謝和耐（Jacques Gernet）在他寫的書《中國與基督教——中西文化的首次撞擊》中譯本序言中一針見血地指出：「傳教士們主要關心的是使

---

[138] 周俐玲、段懷清，〈理雅各與劉謐《三教平心論》〉[J]，《中國比較文學》2008（1）：75-87，第81、82-83。

[139] 筆者感到驚訝之餘，也在2017年2月5日寫信給浙江大學段懷清教授，向他再次求證是否已經有國人研究過了。段教授恭喜筆者說這應該是新的發現。另外一個驚訝是，這份資料並非屬於翻譯類，而是理雅各以劉謐的《三教平心論》為基礎，戴上基督教傳教士的眼鏡來分別解讀《三教平心論》中的儒道佛。

[140] Legge, J. (ca, 1815-1897). James Legge's four lectures on Imperial Confucianism. (MS. Eng. Misc d. 1261). Bodleian Library & Radcliffe Camera, University of Oxford, Oxford, England. p. 1；理雅各的女兒（海倫・理雅各）也曾經提及過這本書，見（英）海倫・理雅各（Helen Edith Legge）著，馬清河譯，《漢學家理雅各傳》[M]（北京：學苑出版社，2011年），第213頁

[141] 關於理雅各針對劉謐的《三教平心論》所開的講座與有關的課程,請參考第三章,第一節中的第三級標：「漢學教育的總體情況：教學、講座、出試題」。

[142] Legge, J. (ca, 1815-1897). James Legge's four lectures on Imperial Confucianism. (MS. Eng. Misc d. 1261). Bodleian Library & Radcliffe Camera, University of Oxford, Oxford, England. p. 20.

中國人接受他們自己的宗教（基督教）歸化。」[143]要使中國人歸化到基督教，就要知己知彼，並投其所好以降低中國人對基督教這個陌生宗教的反感。許多研究都揭示從第一批以定居方式來華的傳教士，例如義大利人羅明堅（Michele Ruggieri）在1579年7月與利瑪竇（Matteo Ricci）1582年8月來到澳門後，都依照當時的日本暨中國巡按使范禮安（Alessandro Valignano）的文化適應策略，調整了他們傳教的方式，開始學習中國文化與語言，藉由投其所好以達到歸化及教化中國人的目的。一開始傳教士們錯判情勢，以為佛教對中國有著深遠的影響，所以他們穿上了僧侶袈裟，以穿鑿附會的方式打進中國人的生活圈。但成效不彰後，利瑪竇發現原來影響中國日常文化最深的不是佛教，而是儒家思想。因此，他們又脫去僧服，再改穿儒士長袍，好融入當時的社會氛圍與生活。利瑪竇在1595年5月第一次穿上了儒士長袍，他也深刻地感受到：在中國，擁有被人尊重的崇高社會地位的人，並非佛教僧侶，而是士大夫（或學者）[144]。傳教士一代代經驗相傳，傳到了在1818年創辦了英華書院的馬禮遜（Robert Morrison），馬禮遜也影響了當時亦在英華書院的理雅各的中國觀：高度重視儒家，適當忽略佛教。因此，牛津大學曼斯費爾德學院的院長費爾貝恩在檔案MS. Eng. C. 7124回憶理雅各的文章說到：理雅各是繼承了馬禮遜的遺願（He [Dr. Legge]entered, indeed, in his misson upon a noble inheritance, the inheritance left by Robert Morrison）[145]。

在牛津大學圖書館標號（MS. Eng. Misc d. 1261）檔案中，理雅各翻譯並解釋了佛教五戒（The Five Prohinitions）：不殺生（Not to kill）、不偷竊（Not to steal）、不邪淫（Not to commit fornication）、不妄語（Not to speak falsely）、不飲酒（Not to drink intoxicating liquors）[146]，看得出他已對佛教有了一定的瞭解。

---

[143]（法）謝和耐（Jacques Gernet）著，耿昇譯，《中國與基督教：中西文化的首次撞擊》（CHINE ET CHRISTIANISME: La prenière confrontation）[M]（北京：商務印書館，2015年）中譯本序。

[144]（法）謝和耐（Jacques Gernet）著，耿昇譯，《中國與基督教：中西文化的首次撞擊》（CHINE ET CHRISTIANISME: La prenière confrontation）[M]（北京：商務印書館，2015年），第3頁；孫邦華，《西學東漸與中國近代教育變遷》[M]（北京：中國社會科學出版社，2012年），第3、9-10頁。

[145] Legge, J. (ca, 1815-1897). James Legge's four lectures on Imperial Confucianism. (Ms. Eng. c. 7124). Bodleian Library & Radcliffe Camera, University of Oxford, Oxford, England. p. 5.

[146] Legge, J. (ca, 1815-1897). James Legge's four lectures on Imperial Confucianism. (MS. Eng. Misc d. 1261). Bodleian Library & Radcliffe Camera, University of Oxford, Oxford, England. A fair and

他認同佛教悲天憫人的情懷，但也針對劉謐的佛教論點提出三點缺失：崇拜偶像（Material greatness）、缺乏證據證明（Unsupported by evidence）、與事實相反（Contrary to facts）[147]。除了這三點缺失以外，最讓理雅各質疑的是劉謐竟然沒有提到「天」！因為理雅各認為天就是他所信仰的上帝，劉謐不提天，就等於未提到上帝。這讓他非常不高興[148]。理雅各也批評佛教的祭拜儀式荒謬至極，非常愚蠢（The whole liturgy appears to us ridiculously foolish[149]）。其實，這種基督教徒批評佛教與中國迷信的情況非常常見，連他的老前輩利瑪竇也早就跳出來批評佛教是「偽宗」[150]。因此，理雅各在最後一頁的最後一段寫下了他對佛教的看法：佛教是宣傳奇異觀念（Passing strange[151]）。要理解理雅各為何認為佛教很怪異其實不難，只要試想：面對一個從未看過的教派，當一群信徒虔誠地不斷膜拜木頭或石頭做成的雕刻物品，身為基督教徒的理雅各自然會有文化衝擊（Culture shock）。畢竟這不是他所經歷過的，與自身想法相去甚遠，所以覺得極度荒謬。但若以當代的跨文化學科的角度來看，便沒什麼大不了的。可惜當時跨文化還未成氣候，畢竟它是一個距離現今只成立六十年不到的新興學科。

　　但隨著理雅各開始進入比較宗教學研究後，他對佛教更加包容。1886年，理雅各翻譯的《佛國記》（Record of the Buddhistic Kingdoms: Being an Account）出版。在1893年牛津的演講「佛教和道教的煉獄」中，理雅各指

---

dispassionate discussion of the three Doctrines accepted in China. From a Buddhist Wrtiter, p. 33.

[147] Legge, J. (ca, 1815-1897). James Legge's four lectures on Imperial Confucianism. (MS. Eng. Misc d. 1261). Bodleian Library & Radcliffe Camera, University of Oxford, Oxford, England. A fair and dispassionate discussion of the three Doctrines accepted in China. From a Buddhist Wrtiter, p. 23.

[148] Legge, J. (ca, 1815-1897). James Legge's four lectures on Imperial Confucianism. (MS. Eng. Misc d. 1261). Bodleian Library & Radcliffe Camera, University of Oxford, Oxford, England. A fair and dispassionate discussion of the three Doctrines accepted in China. From a Buddhist Wrtiter, p. 16. "Again he (Liu Mi) dismisses the subject without any recognition of the existence and ordinations of the Supreme Ruler of which I have already complained."

[149] Legge, J. (ca, 1815-1897). James Legge's four lectures on Imperial Confucianism. (MS. Eng. Misc d. 1261). Bodleian Library & Radcliffe Camera, University of Oxford, Oxford, England. A fair and dispassionate discussion of the three Doctrines accepted in China. From a Buddhist Wrtiter, p. 37.

[150] （法）謝和耐（Jacques Gernet）著，耿昇譯，《中國與基督教：中西文化的首次撞擊》（CHINE ET CHRISTIANISME: La prenière confrontation）[M]（北京：商務印書館，2015年），第14-15頁。

[151] Legge, J. (ca, 1815-1897). James Legge's four lectures on Imperial Confucianism. (MS. Eng. Misc d. 1261). Bodleian Library & Radcliffe Camera, University of Oxford, Oxford, England. A fair and dispassionate discussion of the three Doctrines accepted in China. From a Buddhist Wrtiter, p. 39.

出佛教雖然有缺陷，「但它（佛教）教導一種值得讚美的德性，且宣導慈悲善行及一種自我提高」[152]。由此，便可看出理雅各在思想上的轉變。

（二）道家

有學者認為理雅各對道家非常讚賞。如袁臣認為理雅各翻譯的《道德經》與其他儒家經典一樣具有「較高的整合適應選擇度」。理雅各給予《道德經》極高的評價，並堅信《道德經》是最能體現中國人原始思想的著作之一。「道」是儒釋道文化體系中非常重要的一環，「《道德經》窮究天地萬物本源『自然』及宇宙最高理則『道』，以之為宗極，而發明修身治政之人道」。後世的「道教」則更加世俗，因此理雅各將道家的哲學思想與道教加以區分[153]。姜燕也表示，理雅各將道家分為文本與宗教。他讚賞莊子，並將道家思想當成一種哲學來看待，但他認為道教是一種迷信的宗教[154]。在理雅各翻譯的《道德經及莊子全集》中，他提到：莊子所提到的故事大部分屬於小說類（His narratives are for the most part fictions），而老子與孔子兩位都是偉大的思想家，孔子更像是一個提倡倫理道德的學者（moralist），老子則更像是形而上的學者（metaphysician）[155]。

在本文考證理雅各的原始資料後，發現並非如此。理雅各說，以增加知識的層面來說，道家是幫助不大的（We can laugh at this. Taoism was wrong in its opposition to the increase of knowledge[156]）。雖然理雅各肯定了莊子（Chwang-tsze）是個聰明的作家（A brilliant writer）〔因為他用寓言故事（Fable）來提出一些警世智慧〕[157]，也翻譯了道家的《道德經》，但他對道家的評價不高。他認為老莊這種自然無為的思想概念不夠具體，甚至與跟西方蘇格拉底之前的詭辯學派有相似之處。在西方蘇格拉底學說出現之前，當時的

[152] （美）吉瑞德（Norman J. Girardot）著，段懷清、周俐玲譯，《朝覲東方：理雅各評傳》（The Victorian Translation of China, James Legge's Oriental Pilgrimage）[M]（桂林：廣西師範大學出版社，2011年），序第3頁、第300頁。

[153] 袁臣，〈從翻譯適應選擇論看理雅各英譯道德經〉[J]，《江蘇外語教學研究》2011（1）:69-73，第69-71頁。

[154] 姜燕，《理雅各《詩經》翻譯與儒教闡釋》[M]（濟南：山東大學出版社，2013年），第22頁。

[155] Legge, J. (1976). The Tao Te Ching & The Writing of Chuang-Tzu. Taipei: Ch'eng-Wen. p. 49.

[156] Legge, J. (1976). The Tao Te Ching & The Writing of Chuang-Tzu. Taipei: Ch'eng-Wen. p. 75.

[157] Legge, J. (ca, 1815-1897). James Legge's four lectures on Imperial Confucianism. (MS. Eng. Misc d. 1261). Bodleian Library & Radcliffe Camera, University of Oxford, Oxford, England. Taoism, p. 40.

詭辯學派認為憑藉主觀意識加上口才，就可以瞭解真實與事實。所以普羅達哥拉斯說：「人是萬物的尺度」，格而齊亞也說：「口才好比毒藥，可以毒化一切」，所以主觀意識再加上好口才容易顛倒是非。蘇格拉底出現後，他利用「諷刺法」，迫使詭辯學派承認自己的無知。因為把「無知」當作一種境界，才能夠得到更多知識。這種說法相似於孔子說過的：「知之為知之，不知為不知，是知也。」《論語・為政》這種勇於承認自己的無知才是真正智慧的說法，表明我們的「知」和「德行」應有所聯繫。也就是說，「知」和「行」合一，才是真正的「知」。不懂裝懂的「知」，不是真正的「知」。唯有承認客觀的知識，才是一種知識。如此，詭辯學派在當時注重主觀的「知」，忽略了客觀的「知」，與蘇格拉底辯論的時候失敗，而真正的知識就會浮現出來[158]。針對劉謐的《三教平心論》他舉了幾個例子來佐證他的想法。

　　第一，理雅各批評劉謐只是單向接受資訊卻沒有思考和辨別是非黑白的能力，甚至不去質疑老子這樣是否會被其他儒家士大夫恥笑[159]。理雅各進行評論時，在原始資料的下方註腳搬出了康熙《聖諭十六條》中的第七條「黜異端以崇正學」，並加以解釋。萬歲爺所說的正統（Orthodoxy）是當一個符合「正道」與「正氣」、頂天立地的人。如果讀儒家「四書五經」是所謂的正統，相對來說佛教與道教就變成了非正統的異端（「Heterodoxy」）[160]了。這又是一個常見的「理雅各方法」：以子之矛，攻子之盾。即拿中國人的話來思辨另外一個中國人的話。筆者發現理雅各似乎很擅長使用這種邏輯思維。

　　第二，理雅各對「莊周夢蝶」表示出強烈的不贊同。他對莊子的評價很尖銳。「莊周夢蝶」講述莊周有天做了個夢，他夢到自己變成一隻蝴蝶，而這個夢好真實。醒來後他不知道到底是自己做夢變成了蝴蝶，

---

[158] 鄔昆如，《希臘哲學趣談》[M]（臺北：東大圖書有限公司，1976年），第102-104頁。

[159] Legge, J. (ca, 1815-1897). James Legge's four lectures on Imperial Confucianism. (MS. Eng. Misc d. 1261). Bodleian Library & Radcliffe Camera, University of Oxford, Oxford, England. A fair and dispassionate discussion of the three Doctrines accepted in China. From a Buddhist Wrtiter, p. 19. "He accepts without questions the wild and baseless storiesof what the Taoist masters are able to accomplish by their magical arts, which are a subject for ridicule of the Confucian scholars."

[160] Legge, J. (ca, 1815-1897). James Legge's four lectures on Imperial Confucianism. (MS. Eng. Misc d. 1256). Bodleian Library & Radcliffe Camera, University of Oxford, Oxford, England. p. 232.

還是其實根本就是蝴蝶變成了莊周[161]。理雅各翻譯完後，他說這就是中國人想表達的物化，即事物的轉化與變遷（The transmutation of things）。其後理雅各批評道：你們（指西方人）有做過這樣的夢嗎？我從來沒有做過這樣的夢。我有做過許多很特別的夢，我有夢見我得到了很棒的殊榮，我也夢過我因為犯罪或做錯事，感到慚愧丟臉。但是！我從未迷失掉我自己，我—我自己—我。在心理學上，我並不認為會有任何人曾有這種感覺，因此莊周的故事根本就是不可能的（Did any of you ever have such a dream? I never had. I have had many wonderful dreams, in some or which I have gained great honours and distinctions, and in others have been guilty of enormous crimes; but I never had lost the feeling of the I – myself – I. I do not think it is possible in psychology for any one ever to lose that feeling so that Chwang's dream was impossible; but I have told it you as he tells it to his readers[162]）。也許正因為理雅各無法完全理解道家內涵，導致他無法將道家的精髓詮釋出來。曾任美國賓州雅瑋納學院哲學系主任與賓州愛丁堡大學心理學資深教授李紹昆，提到另一個理雅各翻譯道家故事的例子：「莊子的英文譯本總有十餘種之多。在我看來，老的譯本[163]雖然忠於原文，卻沒有譯出莊子的精神。」[164]他舉例莊子〈秋水篇〉中大家都很熟悉的「濠梁之辯」的「知魚之樂」。針對莊子能知魚之樂，原文的答案是：「我知之濠上也。」理雅各的英譯採用直譯，後面又多此一舉放上「由我們同樂」（ "Well, I know it (from our enjoying our selves together)"over the Hao[165]）。

　　第三，理雅各認為道家太過虛幻，莊子根本就沒有提供一個明確的解釋，所以務實派的理雅各覺得道家根本就是不知所云[166]。因此，理雅各把

[161] Legge, J. (ca, 1815-1897). James Legge's four lectures on Imperial Confucianism. (MS. Eng. Misc d. 1261). Bodleian Library & Radcliffe Camera, University of Oxford, Oxford, England. A fair and dispassionate discussion of the three Doctrines accepted in China. From a Buddhist Wrtiter, p. 41. "I, Chwang Chau, dreamt that I was a butterfly, - a butterfly flying about, feeling that it was enjoying itself and without any knowledge of Chau. Suddenly I awoke, and was myself again the veritable Chau. I did not know whether I had been Chau dreaming that he was a butterfly, or it was now a butterfly dreaming that it was Chau. But between Chau and a butterfly there must surely be a difference. This is a case of what is called the transmutation of things."

[162] Legge, J. (ca, 1815-1897). James Legge's four lectures on Imperial Confucianism. (MS. Eng. Misc d. 1261). Bodleian Library & Radcliffe Camera, University of Oxford, Oxford, England. Taoism, p. 41.

[163] Legge, J. (1959). The Text of Taoism. New York, NY: Julian Press.

[164] 李紹昆，《哲學、心理、教育》[M]（新北：臺灣商務印書館，1993年），第145頁。

[165] 李紹昆，《哲學、心理、教育》[M]（新北：臺灣商務印書館，1993年），第146頁。

[166] Legge, J. (ca, 1815-1897). James Legge's four lectures on Imperial Confucianism. (MS. Eng. Misc

「道家」或「道」總結為：「道」不是指人，而是指一種現象（Tao is not a personal Being, but only a phenomenon[167]）。針對這一點，也有學者指出因為道家思想無法與基督教教義融合，所以理雅各採用了自己的邏輯思維來理解道家[168]。相較於佛教的怪誕儀式與道家的虛幻無解，理雅各更傾向於欣賞儒家。他也說到孔子的確比較好（I must think that Confucius had the better[169]），孔子談的「仁」（Benevolence）與「義」（Righteousness）與基督教教義比較接近[170]。

　　最後，本文欲提出一個將「犬儒學派」與「老莊哲學」結合的非主流的思考方向。看完理雅各的牛津材料後，本文試著剖析理雅各對道家思想有嚴重批判性的原因。最終在古希臘的「犬儒主義」[171]（Cynicism）中

---

d. 1261). Bodleian Library & Radcliffe Camera, University of Oxford, Oxford, England. Taoism, p. 46. "I think you will all feel as I do, that, after weighing all his words, it is still difficult to give a categorical answer to the question"

[167] Legge, J. (ca, 1815-1897). James Legge's four lectures on Imperial Confucianism. (MS. Eng. Misc d. 1261). Bodleian Library & Radcliffe Camera, University of Oxford, Oxford, England. p. 51.

[168] 廖敏，〈試析《道德經》翻譯的多樣性〉[J]，《西南民族大學學報（人文社科版）》2004, 25(9): 333-336，第335頁；「理雅各對於作為道教核心觀念的『道』所做的解釋一直是相當謹慎的，並且竭力避免用任何西文詞來對譯，但他仍盡力提出了幾點：首先，『道』並非人格化的神。其次，『道』雖然先天地生，但這裡的『天地』與儒教經典中的『天地』是不一樣的。」見：潘琳，〈理雅各的道教研究及其轉變〉[J]，《道教學研究》2017(02): 25-31。

[169] Legge, J. (ca, 1815-1897). James Legge's four lectures on Imperial Confucianism. (MS. Eng. Misc d. 1261). Bodleian Library & Radcliffe Camera, University of Oxford, Oxford, England. p. 49.

[170] Legge, J. (ca, 1815-1897). James Legge's four lectures on Imperial Confucianism. (MS. Eng. Misc d. 1261). Bodleian Library & Radcliffe Camera, University of Oxford, Oxford, England. p. 47；「在理雅各的各種紀錄中，曾多次出現道教徒皈依基督教的事蹟。因而理雅各認為信仰道教的中國人可能比儒教徒更容易接受基督教。」見潘琳，〈理雅各的道教研究及其轉變〉[J]，《道教學研究》2017(02): 25-31。

[171] 犬儒學派是以流浪為生，生活貧苦；他們內心裡根本不去追求外在的榮華富貴。在西洋哲學史中，我們最熟悉的是後來的迪奧哲內斯（Diogenes, 324 B.C.）。史載這個以乞討為生的哲人，他不但具有很高的智慧，同時注重實行，口號是「回歸自然」。下面列舉三個關於他著名的故事：第一，有一天他在路上看到一個小孩用手捧水喝，於是把自己僅有的一隻碗丟棄。第二，歷史記載亞歷山大大帝耳聞他的智慧，因而拜訪他，希望勸他出山幫忙治理希臘帝國，當亞歷山大大帝問他有什麼要求，即便要求帝國的一半，他也肯給予時，迪奧哲內斯坐在木桶中曬太陽，不耐煩地說：「請你走開一點，不要遮住我的陽光。」第三，迪奧哲內斯之所以不出山幫助亞歷山大參與政治，也可能是由於他不滿意蘇格拉底的另一個弟子柏拉圖的學說；傳說有一次，柏拉圖對「人」下了一個定義，認為「人」是「兩足而沒有羽毛的動物」，迪奧哲內斯有次在大庭廣眾前，找了一隻公雞，把雞的毛都拔光，然後大叫：「請你們來看，柏拉圖所謂的『人』。」見：鄔昆如，《希臘哲學趣談》[M]（臺北：東大圖書有限公司，1976年），第117-118頁。

找到一些蛛絲馬跡。根據劉家和指出：目前專門研究「犬儒學派」的作品雖有限，但仍有極少數的學者從事「犬儒學派」與「老莊學派」的比較分析。例如：楊巨平指出「犬儒學派」與「莊子學派」其實有思想本質的相似之處。雖然「莊子學派」不提倡像「犬儒主義」那樣過清貧困苦、以流浪乞討為生的生活方式，但犬儒學派的「樸」與道家崇尚「自然無為」都是強調「人性的自然、自然的人生」[172]。理雅各是一個對信仰與生活都非常積極的人，在他的人生文獻材料中幾乎看不到與「犬儒學派」和「道家」觀念類似的消極人生觀。因此，他難以接受道家的觀念（如：一切是命、逆來順受、再怎麼做也沒用[173]）是可以被理解的；相比之下，理雅各更欣賞儒家「希望改善這世界」的積極入世精神。

（三）儒家

　　三家中理雅各最喜歡儒家。因為儒家重視教育，培養出的士大夫（Scholars）走仁義的道路（Walking in the paths of Benevolence and Righteousness[174]），這與基督教很相似。因為劉謐說的天（Heaven）或最高的統治者（The Supreme Ruler）相當於基督教的上帝（Equivalent to our designation, "God"）[175]。而且儒家說的「己所不欲，勿施於人」在《聖經》新約也出現過類似表達（We find it New Testament: What you do not want done to yourself do not do to others[176]）。

　　戴上基督教的眼鏡來檢視孔子的理雅各也對其有所批評。有一次理雅各的教會同事問理雅各：孔子是罪人嗎？（Was Confucius a sinner?[177]）（在基督教的教義裡，人生來帶有原罪）但這位同事卻緊接著說：孔子是人，

---

[172] 楊巨平，《古希臘羅馬犬儒現象研究》[M]（北京：人民出版社，2002年），劉家和序第2頁、正文第30、126、200頁。

[173] 傅佩榮，《人能弘道：傅佩榮談論語》[M]（臺北：遠見天下文化出版股份有限公司，2008年），第523頁。

[174] Legge, J. (ca, 1815-1897). James Legge's four lectures on Imperial Confucianism. (MS. Eng. Misc d. 1261). Bodleian Library & Radcliffe Camera, University of Oxford, Oxford, England. p. 2.

[175] Legge, J. (ca, 1815-1897). James Legge's four lectures on Imperial Confucianism. (MS. Eng. Misc d. 1261). Bodleian Library & Radcliffe Camera, University of Oxford, Oxford, England. p. 10.

[176] Legge, J. (ca, 1815-1897). James Legge's four lectures on Imperial Confucianism. (MS. Eng. Misc d. 1261). Bodleian Library & Radcliffe Camera, University of Oxford, Oxford, England. p. 10.

[177] Legge, J. (ca, 1815-1897). James Legge's four lectures on Imperial Confucianism. (MS. Eng. Misc d. 1261). Bodleian Library & Radcliffe Camera, University of Oxford, Oxford, England. p. 26.

因此他一定是個罪人，不過他是個好人[178]。這種在基督徒中根深柢固的觀念在理雅各翻譯《中國經典》的緒論（Prolegomena）時就有所體現：對於反基督教的中國人而言，未來當基督教在中國盛行起來後，中國人就會知道他們的祖先們根本就不認識神或甚至他們自己[179]。因此，我們可以看出理雅各當時仍扛著鮮明的基督教旗幟看待中國儒家經典。此外，令人驚訝的是，理雅各竟然抱怨劉謐在《三教平心論》中沒有認可「天」（當時的理雅各把「天」視為「神」）的存在[180]。當然，可以理解為理雅各是以一種學者的嚴謹態度，對劉謐選擇忽略天的重要性而提出批評。這也是理雅各長久以來認為中國的正統（儒家）存在著一個非常大的缺失的原因：沒有提到「神」（God）[181]。理雅各說：孔子沒有否定人與神的關係，但卻也跟神保持了一定的距離，這正是導致儒家思想無法完美的一個原因[182]。關於理雅各對儒家的更多觀點，本文在第四章與第五章做詳盡闡述。最後整理出在牛津大學檔案中理雅各對儒家思想的讚美與批評（見表8）。

---

[178] Legge, J. (ca, 1815-1897). James Legge's four lectures on Imperial Confucianism. (MS. Eng. Misc d. 1261). Bodleian Library & Radcliffe Camera, University of Oxford, Oxford, England. Confucius, p. 26. "Confucius was a man, and he must therefore have been a sinner, but he was a good man."

[179] Legge, J. (1949). The Chinese Classics. Oxford, England: Oxford University Press. p. 55. "It is antagonistic to Christianity. By-and-by, when Christianity has prevailed in China, men will refer to it as a striking proof how their fathers by their wisdom knew neither God nor themselves."

[180] Legge, J. (ca, 1815-1897). James Legge's four lectures on Imperial Confucianism. (MS. Eng. Misc d. 1261). Bodleian Library & Radcliffe Camera, University of Oxford, Oxford, England. A fair and dispassionate discussion of the three Doctrines accepted in China. From a Buddhist Wrtiter, p. 16. "Again he (Liû Mî) dimisses the subject without any recognition of the existence and ordinations of the Supreme Ruler of which I have already complained."

[181] Legge, J. (ca, 1815-1897). James Legge's four lectures on Imperial Confucianism. (MS. Eng. Misc d. 1261). Bodleian Library & Radcliffe Camera, University of Oxford, Oxford, England. The Whole Duty of Man, According to Confucianism and Christianity Respectively, p. 162. "I shall point out immediately wherein their view of it (the orthodoxy of China, Confucianism) is defective. At present, it must be granted to them that in this summary exposition of human duty, there is no mention made of any duty which man owes to God"

[182] Legge, J. (ca, 1815-1897). James Legge's four lectures on Imperial Confucianism. (MS. Eng. Misc d. 1261). Bodleian Library & Radcliffe Camera, University of Oxford, Oxford, England. The Whole Duty of Man, According to Confucianism and Christianity Respectively, p. 171. "Confucianism does not deny indeed the relation between man and God, but it has but a very imperfect conception and understanding of it, and teachers consequently only indistinctly noth the relation itself and duties springing from it. It keeps God at an awful distance from its followers."

表8　理雅各對儒家思想的看法

認同點：讚美儒家	不認同點：批評儒家
1.真誠、坦率、簡單明瞭[1]	1.孔子不談死亡（未知生，焉知死）[2]
2.伴隨著教誨[3]，例如：「仁」、「義」[4]、「苛政猛於虎」[5]	2.孔子不跟弟子談論神（God），只談天（Heaven）[6]
3.沒有過分或誇張荒謬的行為語言行[7]：例如佛教崇拜偶像與祭祀、道家的虛幻言論[8]	3.認為：「子不語：怪、力、亂、神」是災難性（Disastrous）的行為[9]，理雅各認為在基督教還沒來到中國前，中國其實很不錯。為何最後變差？原因是中國人不信神[10]
4.與福音相同[11]：己所不欲，勿施於人[12]	
5.孔子非無神論者（An atheist）[13]	
6.肯定儒家的世俗主義（Secularism）[14]	

第三節　理雅各的漢學教育特點

　　理雅各擔任牛津大學教授職位直到去世期間，對學生一直悉心盡力教導。但由於當時的漢學屬於偏僻冷門的學科，他的學生並不多。理雅各曾經寫信給國務大臣，針對漢學教育問題提出一些要求，建議安排準備外派到中國政府、緬甸政府和（麻六甲）海峽等地區去服務的年輕傳教士先到牛津大學學習一兩年的漢語，達到說寫流利的漢語水準[183]，但幾年後才得到批覆[184]。理雅各採用「語言與文化並重，同時注重翻譯」的教學法，強調文化背景的學習和實踐。主張學漢語的人最好能到中國去與中國人一起生活一段時間[185]。

　　在教學上，理雅各不重視漢語文法與口語教學。第一，他認為文法並不重要，在教學方式上表現出輕視文法的傾向，「重古經而輕日常實際運用」[186]。這其實與理雅各二十多歲學習漢語的經歷有關，岳峰表示理雅各在學習漢語的過程中並沒有學到漢語文法，因此這影響到理雅各在牛津大學的教學方式。第二，岳峰也指出理雅各不重視口語教學是一種教學

---

[183] （英）海倫・理雅各（Helen Edith Legge）著，馬清河譯，《漢學家理雅各傳》[M]（北京：學苑出版社，2011年），第223頁。

[184] 岳峰，〈理雅各與牛津大學最早的漢語教學〉[J]，《世界漢語教》2003（4）：100-103，第102-103頁。

[185] 岳峰，《架設東西方的橋樑——英國漢學家理雅各研究》[M]（福州：福建人民出版社，2004年），第323、328頁。

[186] 岳峰，〈理雅各與牛津大學最早的漢語教學〉[J]，《世界漢語教學》2003（4）：100-103，第102-103頁。

失誤。

　　但在**翻譯**上，理雅各似乎又很重視文法。理雅各重視對經典的**翻譯**，所以他採用的**翻譯**方法趨近於早期英語教學法當中的文法**翻譯**法（Grammar-translation Approach），通過講解文法與練習**翻譯**來學習外語（文法**翻譯**法最早源於拉丁語教學法，這與理雅各十五歲時學習拉丁語並表現出色有關）[187]。同時，理雅各想傳授給他的學生們是「一種更為現代的、在說和寫上更為實用的普通話」。

　　理雅各認為「大學之道」應當專注於「學問與教育」的雙重「提升」，須承擔起向年輕人傳授最高知識的責任，理雅各認為「教育之原理在於精神和道德性格的培育」。就中國文化的研究領域來看，理雅各認為應該將中國歷史、文學等包括在內，因其對從遠古時代就已達到「一種高度文明」的中國具有重要的研究意義。

　　在課程安排上，理雅各於1880-1881年學期開設的課程，包括了《四書》、中國史書、中文作文法、閱讀學習。從《中國經典》1893年最後一版出版到理雅各1897年去世的這幾年間，理雅各逐漸脫離了那些部分偏激的思想，漸漸地習慣於牛津平靜的教學與講座生活。在其人生的最後歲月中，理雅各仍堅持舉辦學術講座，著作的出版也未曾間斷，而對牛津大學以外的活動則很少參與了。

　　縱觀理雅各在牛津的任教生涯，吉瑞德在其著作《朝覲東方：理雅各評傳》（The Victorian Translation of China, James Legge's Oriental Pilgrimage）中這樣評價理雅各：「從最初在麻六甲作為一個傳教士，一直到人生暮年牛津大學的教授，他一直是一個專心致志、富有奉獻精神的學者以及教師。」[188]

小結

　　從理雅各在牛津大學舉辦的講座與考題，到他極為重視康熙頒布的《聖諭十六條》和劉謐的《三教平心論》，都可看出理雅各非常重視跨文

[187] （英）海倫・理雅各（Helen Edith Legge）著，馬清河譯，《漢學家理雅各傳》[M]（北京：學苑出版社，2011年），第一章第1-2頁。

[188] （美）吉瑞德（Norman J. Girardot）著，段懷清、周俐玲譯，《朝覲東方：理雅各評傳》（The Victorian Translation of China, James Legge's Oriental Pilgrimage）[M]（桂林：廣西師範大學出版社，2011年），第148、170、386-387、396、409-414、412頁。

化層面的教育。在教學方面,雖然他的學生不多,但扣除掉他生病的時間,理雅各幾十年如一日地堅持舉辦講座、開設課程,鞠躬盡瘁,將自己的畢生所學教授給他的學生。在他人生的最後時光,依然堅持在自己的崗位上,窮盡一生研究中西文化交流。他晚年退出了關於語言和漢學的激烈爭論,在臨終前依然進行著翻譯工作,致力於推動整個英國漢學教育的發展,翻開了英國漢學的新篇章。

第四章　理雅各的儒學教育觀

　　儒學的重要發展史可以大致上可以分為四期：先秦儒（孔孟荀）、漢儒（董仲舒）、宋明儒（張載的「氣」學派；程顥、程頤、朱熹的「理」學派；王陽明、陸九淵的「心」學派）、當代新儒（梁漱溟的「心」學派；馮友蘭的「理」學派；張岱年的「氣」學派）。漢武帝時期，董仲舒提出「罷黜百家，獨尊儒術」，雖然並沒有形成儒家思想一統天下的局面，也不可能真正「罷黜百家」，但「儒家居於思想主導地位是實在的」，可以說是獨尊[1]。在政治學領域，儒家思想主要闡述君臣關係、官民關係，強調等級制度。儒家教育慢慢滲透到中國人的思想中，對中國的政治制度產生的影響是不可估量的。本章將引用理雅各的第一手資料（包括他翻譯的《中國經典》與牛津大學手稿）來分別從四個方面闡述他對儒家教育的思考：（1）理雅各對孔孟的看法；（2）理雅各對孝道的看法；（3）理雅各對中國女子教育的批判；（4）理雅各的中西方教育比較觀。

第一節　理雅各對孔孟的看法

　　在牛津大學孟子檔案（Mencius, the Philosopher of China）中，理雅各在第一頁就點出：雖然孟子不及孔子出名，但我認為孟子不比孔子差，因為孟子的教誨比孔子更容易理解，而且更富有生命力（I do not think that mencius was inferior to cental ability to his predecessor (Confucius), or that his influence has beem less powerful on their country. We certainly understand him better, and comprehend him more easily. His teachings are full vivacity and sparkle[2]）。理

---

[1] 劉家和，〈論原創文化與文化的創新〉[J]，《浙江學刊》2003 (6): 10-15，第12頁。

[2] Legge, J. (ca, 1815-1897). James Legge's four lectures on Imperial Confucianism. (MS. Eng. Misc d. 1261). Bodleian Library & Radcliffe Camera, University of Oxford, Oxford, England. Mencius, the Philosopher of China, p. 121.

雅各認為要瞭解中國的文化、風俗和習慣，一定要先研究古代典籍。因此他對孔孟的著作研究十分重視。《中國經典》第一卷到第五卷的扉頁上，理雅各均引用了孟子的闡釋論：「不以文害辭，不以辭害志，以意逆志，是為得之」，體現了理雅各不堅持己見、樂意接受新觀點的開放態度，這也是理雅各翻譯中國經典的自我期許。理雅各研究儒家經典孔孟學說，不僅為了學術研究，更希望能學以致用。他認同的觀點也貫徹在自己的研究生涯。理雅各在1863年發表《中國經典》第一卷緒論，其中不僅正文中包含的《論語》、《大學》、《中庸》進行了簡單的介紹，也對孔子的家世、生平、思想學說等方面進行了詳細的評述。理雅各客觀的評價了孔子成為聖人的原因，認為孔子傳承了中國傳統，並成為了其美好理想的代表。也對孔子的謙卑給予高度的評價[3]。

其實，大部分於晚清來華的傳教士在比較孔子與孟子的兩種思想後，他們與理雅各一樣，普遍地更加尊重孟子過於孔子[4]。

一、對孔子及其思想的看法

孔子的中心思想是「仁」，「仁」是一種包含各種優秀德行（如愛、恕、忠、樂、勇、信、敬、禮等等）的「自覺」。唐君毅將孔子的「仁」定義為：仁是一種自知的心靈，宋明理學家如王陽明提出「致良知」，其實就是告訴人們要瞭解自己，「以『仁』統諸德」。真正的「仁者」一定是具備各種優良的品德（人心中所具備的品行）。因此，唐君毅建議當學習中國哲學思想時，若難以理解孔子的「仁」，可以試著把「仁」視為「具在內心、貫通諸德之德」。其實孔子的仁與西方蘇格拉底所說的「人要知道自己」大抵一致，都重視人道與德行，但側重點不同。孔子重視「道德」、「家庭」、「孝悌」而蘇格拉底重視「公正」、「智慧」、「勇敢」、「節制」[5]。從目前蒐集到的文獻來看，理雅各對孔子的評價既有正面的，也有負面的，以下分別說明。

---

[3] 陳可培，《偏見與寬容，翻譯與吸納——理雅各的漢學研究與《論語》英譯》[D]（上海：上海師範大學博士論文，2006年），第72、75頁。

[4] 孫邦華，〈明清時期在華西人視野中的科舉制度特徵與作用——另一雙眼看科舉〉[J]，《福建論壇（人文社會科學版）》2006(9):74-79，第240頁。

[5] 唐君毅，《唐君毅全集·卷十八——哲學論集》[M]（臺北：臺灣學生書局，1990年），第79、85-86、195-197、544-545頁。

　　從正面來看，理雅各肯定了儒教倫理觀在社會責任方面的積極意義，「仁、義、禮、智、信」這儒教「五常」使人民通過抱持樂觀的人性，約束自我，「父子有親，君臣有義，夫婦有別，長幼有序，朋友有信」，這「五倫」也使得人們在社會關係中彰顯自我，督促人們努力實現倫理要求[6]。理雅各對孔子「因材施教」的靈活性甚是稱讚。儒家經典當中的許多概念往往沒有固定的說法，比如《論語》裡出現的「仁」就有多種不同的表述。在對待同一個問題時，孔子給不同弟子的答案是不同的，體現出孔子因材施教的主張[7]。理雅各之所以稱讚這一點，與在西方受教育有關，因為西方尊重每個學生個體性的差別。

　　從負面來看，理雅各對孔子有三點批評：

　　第一，他認為孔子想法過於守舊，對於治理國家的想法格局太狹隘。理雅各認為治理一個國家牽涉到許多複雜的因素，怎麼可能像孔子說的「恢復周禮」就可以治理國家。即使以現在的時代背景來看，也或多或少會覺得孔子以禮治國有類似烏托邦想法。因此理雅各認為孔子的政治觀是過時守舊的，只適合「一家之主，部落酋長，小國之君」[8]的小國寡民國家或原始簡單的社會時期[9]，不適用在泱泱大國[10]，大國的治理需要靠「原則」，而非僅靠一個「禮」字就解決。理雅各指出：孔子想恢復周禮，他告誡學生要遵循古代宗教（Ancient religion），卻沒意識到他這樣一味地守舊，根本沒有任何的改變，甚至沒有考慮到時代變遷，時空背景早已經不一樣了[11]。

---

[6]　伍玉西，〈協調而非對立──理雅各論耶儒關係〉[J]，《廣州社會主義學院學報》2011 (2): 55-59，第57頁。

[7]　劉家和、何元國、蔣重躍，〈孝與仁在原理上矛盾嗎？〉[J]，《中國哲學史》2004(1): 104-109，第104頁。

[8]　王輝〈新教傳教士譯者對孔子和儒家經典的認識〉[J]，《孔子研究》2011(5): 117-126，第121頁。

[9]　胡衛清，〈中西人性論的衝突：近代來華傳教士與孟子性善論〉[J]，《復旦學報（社會科學版）》2000(3): 68-75，第72頁。

[10]　陳可培，《偏見與寬容，翻譯與吸納──理雅各的漢學研究與《論語》英譯》[D]（上海：上海師範大學博士論文，2006年），第75頁。

[11]　Legge, J. (2017). The Religions of China: Confucianism and Taoism Described and Compared with Christianity. London, UK: Forgotton Books. p. 137. 在標題：Confucius did not change or modify the ancient religion. 下，理雅各寫下："He (Confucius) studied them (the ancient classcis), and exhorted and helped his disciples to do the same, but he did not alter them, nor even digest them into their present form."

第二，理雅各認為孔子對祭祖與鬼神的態度是「不真誠的迴避心態」。當子路向孔子請教如何服事鬼神一事，孔子說：「未知生，焉知死」[12]，在理雅各看來，孔子用隱晦的方式（Never spoke explicitly）在逃避（Evade）問題。理雅各則更進一步說明孔子之所以逃避，是因為他自己懷疑鬼神大過於相信其存在（He doubted more than he believed）。但同時孔子又不斷提及天（須注意：此時理雅各相信孔子的天是英文單詞God），他認為天就是神，孔子怎麼可以一直談天卻又否認神的存在呢？另外，孔子耳提面命地說要「孝順」（Filial piety）祭祖，卻又不承認鬼的存在，明顯相互矛盾。再者，理雅各對「子不語：怪（Extraordinary things）、力（Feats of strength）、亂（Rebellious disorder）、神（Spiritual beings）」[13]與「敬鬼神而遠之」[14]提出質疑。他認為孔子刻意與「神」保持距離是不對的。理雅各寫道：孔子並非是一個無神論者（Atheist），他只是不跟學生談神（He did not talk with disciples about God），但這樣的做法是災難性的（Disastrous）。理雅各把儒家歸類為一種純粹政教分離的「世俗主義」（Secularism），因為儒家不受任何宗教主張限制。他認為孔子或儒家思想都是傑出的，但它們絕對不是完美的[15]。本文認為此時理雅各是站在基督教宗教的立場對孔子提出批評。

第三，孔子的三綱（君臣、父子、夫婦）是種文化上與思想上的束縛，違反人「民主、平等、自由」[16]。與孟子的「民貴君輕」相比，孔子略遜一籌。例如孔子的「克己復禮為仁」思想容易造成過度內省以及向權威低頭，間接形成中國人順從與消極的奴性。雖說人們克制自己的行為舉止來符合社會的期待是好的，但若過度就不好了。「孔子有時過分強調內省，事無巨細，都要嚴格要求內省，以致造成我們民族性格中的一

---

[12] 《論語・先進》第11章。

[13] 《論語・述而》第21章。

[14] 《論語・雍也》第22章；注意：理雅各是放在第20章，但他在註腳沒有批評這句話，只說不要迷信（do not be superstitious）。見：（英）理雅各（James Legge）編譯，《中國經典：論語・大學・中庸・孟子：英文》卷一與卷二[M]〔臺北：南天書局有限公司（SMC Publishing Inc），1991〕，《論語》第191頁。

[15] 《論語・述而》；Legge, J. (ca, 1815-1897). James Legge's four lectures on Imperial Confucianism. (MS. Eng. Misc d. 1261). Bodleian Library & Radcliffe Camera, University of Oxford, Oxford, England. p. 31-33.

[16] 孫邦華，《西學東漸與中國近代教育變遷》[M]（北京：中國社會科學出版社，2012年），第242頁。

些弱點，如謹小慎微、個性壓抑、逆來順受、窒欲守節等，產生消極影響。」[17]

1861年，理雅各出版了《中國經典》第一版第一卷，包含《論語》、《大學》和《中庸》。雖然理雅各儘量客觀地為西方人帶來與原文語意貼切的翻譯，但在跨文化、語言隔閡、不同的宗教信仰影響下，理雅各在翻譯的過程中必然存在一定的局限。例如：《論語》中詞義多變，翻譯《論語》不僅需要理解其字面意思，還需要將古漢語中的大智慧傳達出來，給翻譯造成極大難度。下面以理雅各翻譯的「君子」與「仁」及「禮」做重點分析。

「仁」字在《論語》出現次數超過百次，理雅各對《論語・雍也》第二十八章提到的：「己欲立而立人，己欲達而達人」也在頁下腳注中點出：這句話是「仁者之心體」的描述，無私（Void of all selfishness）的表現[18]。但是，只從理雅各簡短的翻譯與詮釋，無法讓西方人感受到中國傳統文化思想。傅佩榮指出：「仁」其實包括了三個人生特點：第一，「人之性」是「向善」，人的內心有趨善性，只要「真誠」，我們就可以自覺。第二，「人之道」是「擇善」，人會因為正直，所以擇善固執地選擇正確的道路，但需要「智慧」與「勇氣」做到去惡從善。因此，孔子才會說：「苟志於仁矣，無惡也。」[19]只要立志以行仁為目標，不斷地擇善固執，人自然而然就不會做什麼壞事了。第三，「人之成」是「至善」，也是孔子認為的「聖」。人的一生需要完成「仁」的使命，也就勢必要到生

---

[17]　王炳照、郭齊家、劉德華、何曉夏、高奇、施克燦等編，《簡明中國教育史》[M]（北京：北京師範大學出版社，2010年），第37頁。

[18]　（英）理雅各（James Legge）譯釋《中國漢籍經典英譯名著：論語・大學・中庸》[M]（上海：上海三聯書店，2014年），第60頁。「"This is the description of 仁者之心體 he mind of the prefectly vurtuous man, 'as void of all selfishness.'"；筆者統計發現，理雅各在《論語》譯本中將『仁』翻譯成『true virtue』或是『perfect virtue』的次數多達57次，譯成『perfectly virtuous』或『truly virtuous』的次數也有12次。除了『仁』，『德』也被理氏翻譯成『virtue』。由此可見，『virtue』（其形容詞為『virtuous』）是其譯本中出現頻率很高的一個關鍵字。根據《牛津高階英漢雙解詞典》，『virtue』指的是『behavior or attitudes that show high moral standards; a particular good quality or habit; an attractive or useful quality』，即道德層面上好的行為、人物或是一種良好的道德品質，強調的是某種具體的美德，故用它來翻譯『德』是很對等、恰當的。」見：王樟芳、俞影飛，〈《論語》中「仁」的英譯比較研究——以理雅各、辜鴻銘譯本為例〉[J]，《現代語文（語言研究版）》2015(01): 158-160。

[19]　《論語》里仁篇第4章，子曰：「苟志於仁矣，無惡也。」

命結束後才能止於善；換言之，就是「死而後已」，必要時人類可以「殺身成仁」完成世界大同的理想。因此，「仁」與「善」有程度上的差異：善人是做善事的人；仁者是「知道」為何要去做善事的人。但理雅各的注釋未能體現出這種深層的文化內涵。

其次，「克己復禮為仁」。當顏淵向孔子問仁時，孔子說：「克己復禮為仁」，主要強調「仁」是體現在「禮」的規範中，可保留合理的欲望，但要克制自己的非分欲望，是指一種內在的道德情感與道德品質。從理雅各的翻譯上看來，他提到了「克己」是要靠「約身」（To restrain the body）與解釋了「己」是指自身的私欲（Selfish desires of the body）[20]。但美中不足的是，理雅各在譯文的注釋中只解釋「禮」對於個人的重要性，並未在下方的註解中加以闡述為何要做到「克己復禮」？「克己復禮」的目的是什麼？「克己復禮」在「仁」與「禮」之間的關係為何？錢遜指出：「仁」是「禮」的內在基礎。若沒有這內在基礎，「禮」只會流於形式主義[21]。

最後，《論語・堯曰》中的「不知禮，無以立也」與《論語・季氏》中的「不學禮，無以立」都提到的「沒有禮就難以在社會上立足」。孔子的禮還可以上升到國家的禮層次。如《論語・為政》提到：「道之以政，齊之以刑，民免而無恥。道之以德，齊之以禮，有恥且格。」大意為若單純用法治引導人民，用處罰來約束人民的行為，百姓的心態只是為了避免處罰，但不會有自發的羞恥心；但是，若用道德來教化民眾，用禮儀來規範社會行為，人民會因為有羞恥心而自覺地遵守規矩。理雅各也未在註解中讓讀者明白其文化內涵。理雅各只寫到人民因為懼怕懲罰而會避免違反法律[22]。但他沒有再更仔細地展開與闡釋。

在翻譯《論語》時，理雅各對同一個詞在不同語篇中採用了不同的翻譯方式。《論語》中經常可以見到「君子」一詞，這詞具備有許多含義。他可以是「品德高尚的人」，又或是「社會地位高的貴族」，甚至還有其他的意涵。理雅各的《論語》譯本中，「君子」一詞有多種譯法，如

---

[20] （英）理雅各（James Legge）譯釋，《中國漢籍經典英譯名著：論語・大學・中庸》[M]（上海：上海三聯書店2014），第116頁。

[21] 錢遜編著，《《論語》下冊》[M]（濟南：濟南出版社，2016年），第20頁。

[22] （英）理雅各（James Legge）譯釋，《中國漢籍經典英譯名著：論語・大學・中庸》[M]（上海：上海三聯書店，2014年），第12頁。

「A man of complete virtue」、「The superior man」、「The scholar」、「The accomplished scholar」[23]等。雖然不是每一個「君子」都翻譯得準確，但相較於理雅各之前的譯者幾乎把所有的「君子」都翻譯成「Gentleman」，可以說理雅各是一位尊重中國文化的闡釋者（詳見表9）。

表9　理雅各對《論語》中的「君子」不同的英譯

中文出處		理雅各對「君子」的英譯
1.	子曰：「學而時習之，不亦說乎？有朋自遠方來，不亦樂乎？人不知而不慍，不亦君子乎？」——《論語·學而第1章》	a Man of coMplete virtue, sir, Mr., the superior Man, a princely Man, an in-person-acting Chün-tsze, the Man superior in virtue
2.	有子曰：「其為人也孝弟，而好犯上者，鮮矣；不好犯上，而好作亂者，未之有也。君子務本，本立而道生。孝弟也者，其為仁之本與！」——《論語·學而第2章》	
3.	子曰：「君子食無求飽，居無求安，敏於事而慎於言，就有道而正焉，可謂好學也已。」——《論語·學而第14章》	
4.	子曰：「君子不器。」——《論語·為政第12章》	
5.	子貢問君子。子曰：「先行其言，而後從之。」——《論語·為政第13章》	
6.	子曰：「君子周而不比，小人比而不周。」——《論語·為政第14章》	
7.	儀封人請見。曰：「君子之至於斯也，吾未嘗不得見也。」從者見之。出曰：「二三子，何患於喪乎？天下之無道也久矣，天將以夫子為木鐸。」——《論語·八佾第24章》	
8.	子曰：「富與貴是人之所欲也，不以其道得之，不處也；貧與賤是人之所惡也，不以其道得之，不去也。君子去仁，惡乎成名？君子無終食之間違仁，造次必於是，顛沛必於是。」——《論語·里仁第5章》	
9.	子曰：「君子之於天下也，無適也，無莫也，義之與比。」——《論語·里仁第10章》	
10.	子曰：「君子懷德，小人懷土；君子懷刑，小人懷惠。」——《論語·里仁第11章》	

---

[23] （英）理雅各（James Legge）編譯，《中國經典：論語·大學·中庸·孟子·書經·詩經·春秋·左傳：英文》卷一[M]（上海：華東師範大學出版社，2010年），第137-138、141、150頁。

	中文出處	理雅各對「君子」的英譯
11.	子曰：「君子喻於義，小人喻於利。」——《論語‧里仁第16章》	
12.	子曰：「君子欲訥於言，而敏於行。」——《論語‧里仁第24章》	
13.	子謂子賤，「君子哉若人！魯無君子者，斯焉取斯？」——《論語‧公冶長第2章》	
14.	子謂子產，「有君子之道四焉：其行己也恭，其事上也敬，其養民也惠，其使民也義。」——《論語‧公冶長第15章》	
15.	子華使於齊，冉子為其母請粟。子曰：「與之釜。」請益。曰：「與之庾。」冉子與之粟五秉。子曰：「赤之適齊也，乘肥馬，衣輕裘。吾聞之也，君子周急不繼富。」——《論語‧雍也第3章》	
16.	子曰：「質勝文則野，文勝質則史。文質彬彬，然後君子。」——《論語‧雍也第16章》	
17.	陳司敗問昭公知禮乎？孔子曰：「知禮。」孔子退，揖巫馬期而進之，曰：「吾聞君子不黨，君子亦黨乎？君取於吳為同姓，謂之吳孟子。君而知禮，孰不知禮？」巫馬期以告。子曰：「丘也幸，苟有過，人必知之。」——《論語‧述而第30章》	
18.	子曰：「文，莫吾猶人也。躬行君子，則吾未之有得。」——《論語‧述而第32章》	
19.	子曰：「君子坦蕩蕩，小人長戚戚。」——《論語‧述而第36章》	
20.	曾子曰：「可以託六尺之孤，可以寄百里之命，臨大節而不可奪也。君子人與？君子人也。」——《論語‧泰伯第6章》	
21.	子聞之，曰：「大宰知我乎！吾少也賤，故多能鄙事。君子多乎哉？不多也。」——《論語‧子罕第6章》	
22.	子曰：「君子居之，何陋之有？」——《論語‧子罕第13章》	
23.	君子不以紺緅飾。紅紫不以為褻服。當暑，袗絺綌，必表而出之。——《論語‧鄉黨第6章》	
24.	子曰：「論篤是與，君子者乎？色莊者乎？」——《論語‧先進第20章》	

	中文出處	理雅各對「君子」的英譯
25.	子路、曾皙、冉有、公西華侍坐。子曰：「以吾一日長乎爾，毋吾以也。居則曰：『不吾知也！』如或知爾，則何以哉？」……「求！爾何如？」對曰：「方六七十，如五六十，求也為之，比及三年，可使足民。如其禮樂，以俟君子。」——《論語・先進第25章》	
26.	子路曰：「有是哉，子之迂也！奚其正？」子曰：「野哉由也！君子於其所不知，蓋闕如也。」——《論語・子路第3章》	
27.	子曰：「君子和而不同，小人同而不和。」——《論語・子路第23章》	
28.	子曰：「君子易事而難說也：說之不以道，不說也；及其使人也，器之。小人難事而易說也：說之雖不以道，說也；及其使人也，求備焉。」——《論語・子路第25章》	
29.	子曰：「君子泰而不驕，小人驕而不泰。」——《論語・子路第26章》	
30.	南宮适問於孔子曰：「羿善射，奡盪舟，俱不得其死然；禹稷躬稼，而有天下。」夫子不答，南宮适出。子曰：「君子哉若人！尚德哉若人！」——《論語・憲問第6章》	
31.	子曰：「君子而不仁者有矣夫，未有小人而仁者也。」——《論語・憲問第7 章》	
32.	子曰：「君子上達，小人下達。」——《論語・憲問第24章》	
33.	曾子曰：「君子思不出其位。」——《論語・憲問第28章》	
34.	子曰：「君子恥其言而過其行。」——《論語・憲問第29章》	
35.	子曰：「君子道者三，我無能焉：仁者不憂，知者不惑，勇者不懼。」——《論語・憲問第30章》	
36.	子路問君子。子曰：「脩己以敬。」曰：「如斯而已乎？」曰：「脩己以安人。」曰：「如斯而已乎？」曰：「脩己以安百姓。脩己以安百姓，堯舜其猶病諸！」——《論語・憲問第45章》	
37.	子路慍見曰：「君子亦有窮乎？」子曰：「君子固窮，小人窮斯濫矣。」——《論語・衛靈公第1 章》	
38.	「君子哉蘧伯玉！邦有道，則仕；邦無道，則可卷而懷之。」——《論語・衛靈公第6章》	

	中文出處	理雅各對「君子」的英譯
39.	子曰：「君子義以為質，禮以行之，孫以出之，信以成之。君子哉！」——《論語・衛靈公第17章》	
40.	子曰：「君子病無能焉，不病人之不己知也。」——《論語・衛靈公第18章》	
41.	子曰：「君子疾沒世而名不稱焉。」——《論語・衛靈公第19章》	
42.	子曰：「君子求諸己，小人求諸人。」——《論語・衛靈公第20章》	
43.	子曰：「君子矜而不爭，群而不黨。」——《論語・衛靈公第21章》	
44.	子曰：「君子不以言舉人，不以人廢言。」——《論語・衛靈公第22章》	
45.	子曰：「君子謀道不謀食。耕也，餒在其中矣；學也，祿在其中矣。君子憂道不憂貧。」——《論語・衛靈公第31章》	
46.	子曰：「君子不可小知，而可大受也；小人不可大受，而可小知也。」——《論語・衛靈公第33章》	
47.	子曰：「君子貞而不諒。」——《論語・衛靈公第36 章》	
48.	孔子曰：「求！君子疾夫舍曰欲之，而必為之辭。」——《論語・季氏第1章》	
49.	孔子曰：「君子有三戒：少之時，血氣未定，戒之在色；及其壯也，血氣方剛，戒之在鬥；及其老也，血氣既衰，戒之在得。」——《論語・季氏第7章》	
50.	孔子曰：「君子有三畏：畏天命，畏大人，畏聖人之言。小人不知天命而不畏也，狎大人，侮聖人之言。」——《論語・季氏第8章》	
51.	孔子曰：「君子有九思：視思明，聽思聰，色思溫，貌思恭，言思忠，事思敬，疑思問，忿思難，見得思義。」——《論語・季氏第8章》	
52.	陳亢退而喜曰：「問一得三，聞詩，聞禮，又聞君子之遠其子也。」——《論語・季氏第13章》	
53.	子路曰：「昔者由也聞諸夫子曰：『親於其身為不善者，君子不入也。』」——《論語・陽貨第7章》	

	中文出處	理雅各對「君子」的英譯
54.	宰我問：「三年之喪，期已久矣。君子三年不為禮，禮必壞；三年不為樂，樂必崩。舊穀既沒，新穀既升，鑽燧改火，期可已矣。」子曰：「食夫稻，衣夫錦，於女安乎？」曰：「安。」「女安則為之！夫君子之居喪，食旨不甘，聞樂不樂，居處不安，故不為也。今女安，則為之！」宰我出。子曰：「予之不仁也！子生三年，然後免於父母之懷。夫三年之喪，天下之通喪也。予也，有三年之愛於其父母乎？」——《論語·陽貨第21章》	
55.	子路曰：「君子尚勇乎？」子曰：「君子義以為上。」——《論語·陽貨第23章》	
56.	子路曰：「不仕無義。長幼之節，不可廢也；君臣之義，如之何其廢之？欲潔其身，而亂大倫。君子之仕也，行其義也。道之不行，已知之矣。」——《論語·微子第7章》	
57.	子夏之門人問「交」於子張。子張曰：「子夏云何？」對曰：「子夏曰：『可者與之，其不可者拒之。』」子張曰：「異乎吾所聞：君子尊賢而容眾，嘉善而矜不能。」——《論語·子張第3章》	
58.	子夏曰：「雖小道，必有可觀者焉；致遠恐泥，是以君子不為也。」——《論語·子張第4章》	
59.	子夏曰：「百工居肆以成其事，君子學以致其道。」——《論語·子張第7章》	
60.	子夏曰：「君子有三變：望之儼然，即之也溫，聽其言也厲。」——《論語·子張第9章》	
61.	子夏曰：「君子信而後勞其民，未信則以為厲己也；信而後諫，未信則以為謗己也。」——《論語·子張第10章》	
62.	子夏聞之曰：「噫！言游過矣！君子之道，孰先傳焉？孰後倦焉？譬諸草木，區以別矣。君子之道，焉可誣也？有始有卒者，其惟聖人乎！」——《論語·子張第12章》	
63.	子貢曰：「紂之不善，不如是之甚也。是以君子惡居下流，天下之惡皆歸焉。」——《論語·子張第20章》	
64.	子貢曰：「君子之過也，如日月之食焉：過也，人皆見之；更也，人皆仰之。」——《論語·子張第21章》	

	中文出處	理雅各對「君子」的英譯
65.	子貢曰：「君子一言以為知，一言以為不知，言不可不慎也。夫子之不可及也，猶天之不可階而升也。」——《論語·子張第25章》	
66.	子曰：「不知命，無以為君子也。不知禮，無以立也。不知言，無以知人也。」——《論語·堯曰第3章》	
1.	子曰：「君子不重則不威，學則不固。主忠信，無友不如己者，過則勿憚改。」——《論語·學而第8章》	the scholar, a student, one who wishes to be a Chün-tsze, the Man who prefers virtue, 君子＝尚德之人
2.	子曰：「君子無所爭，必也射乎！揖讓而升，下而飲，其爭也君子。」——《論語·八佾第7章》	
3.	宰我問曰：「仁者，雖告之曰：『井有仁焉。』其從之也？」子曰：「何為其然也？君子可逝也，不可陷也；可欺也，不可罔也。」——《論語·雍也第24章》	
4.	子曰：「君子博學於文，約之以禮，亦可以弗畔矣夫！」——《論語·雍也第25章》	
5.	子曰：「聖人，吾不得而見之矣；得見君子者，斯可矣。」子曰：「善人，吾不得而見之矣；得見有恆者，斯可矣。亡而為有，虛而為盈，約而為泰，難乎有恆矣。」——《論語·述而第25章》	
1.	子謂子夏曰：「女為君子儒，無為小人儒。」——《論語·雍也第11章》	Adjective＝qualifying 形容詞「君子」修飾名詞「儒」
1.	「君子篤於親，則民興於仁；故舊不遺，則民不偷。」——《論語·泰伯第2章》	the 位 or station of the individuals indicated,than to their 德 or virtue, a Man of high rank; a Man of virtue and station; a Man in a superior situation
2.	曾子言曰：「鳥之將死，其鳴也哀；人之將死，其言也善。君子所貴乎道者三：動容貌，斯遠暴慢矣；正顏色，斯近信矣；出辭氣，斯遠鄙倍矣。籩豆之事，則有司存。」——《論語·泰伯第4章》	
3.	孔子曰：「侍於君子有三愆：言未及之而言謂之躁，言及之而不言謂之隱，未見顏色而言謂之瞽。」——《論語·季氏第6章》	
4.	子之武城，聞弦歌之聲。夫子莞爾而笑，曰：「割雞焉用牛刀？」子游對曰：「昔者偃也聞諸夫子曰：『君子學道則愛人，小人學道則易使也。』」子曰：「二三子！偃之言是也。前言戲之耳。」——《論語·陽貨第4章》	

	中文出處	理雅各對「君子」的英譯
5.	「君子有勇而無義為亂，小人有勇而無義為盜。」——《論語‧陽貨第23章》	
1.	子曰：「先進於禮樂，野人也；後進於禮樂，君子也。如用之，則吾從先進。」——《論語‧先進第1章》	AccoMplished gentleMan 奴隸主貴族
1.	周公謂魯公曰：「君子不施其親，不使大臣怨乎不以。故舊無大故，則不棄也。無求備於一人。」——《論語‧微子第10章》	both of rank and virtue
1.	子曰：「君子惠而不費，勞而不怨，欲而不貪，泰而不驕，威而不猛。」子張曰：「何謂惠而不費？」子曰：「因民之所利而利之，斯不亦惠而不費乎？擇可勞而勞之，又誰怨？欲仁而得仁，又焉貪？君子無眾寡，無小大，無敢慢，斯不亦泰而不驕乎？君子正其衣冠，尊其瞻視，儼然人望而畏之，斯不亦威而不猛乎？」——《論語‧堯曰第2章》	The person in authority

　　其實《論語》中的「君子」可以有許多不同的意義，例如「男子」、「奴隸主貴族」、「國君」、「諸侯」、「天子」、「教師」、「學者」、「德才兼備且道德高尚的人」等。理雅各瞭解到他必須要清楚地理解《論語》每個章節的上下文，他才有辦法區分出在不同語境下「君子」的含義，正如他在特定的幾個「君子」的註腳中寫道：雖然都是同一個詞（君子），但每個（君子）都有自己所要代表的蘊意，因此它（君子）的意思不盡相同（Though the application of the terms there is different[24]）。在對理雅各所翻譯的《論語》進行查閱後，本文歸納整理出理雅各將「君子」的翻譯分為六個種類，分別是：「完人」（指德行完美之人，即a man of complete virtue[25]），「尚德之人」（指欲成君子之人，即a student, one who wishes to be an Chün-tsze[26]），「位高權重之人」（指德行與社會地位高於

---

[24] （英）理雅各（James Legge）編譯，《中國經典：論語‧大學‧中庸‧孟子：英文》卷一與卷二[M]〔臺北：南天書局有限公司（SMC Publishing Inc）1991〕，《論語》第353頁。

[25] （英）理雅各（James Legge）編譯，《中國經典：論語‧大學‧中庸‧孟子：英文》卷一與卷二[M]〔臺北：南天書局有限公司（SMC Publishing Inc）1991〕，《論語》第137頁。

[26] （英）理雅各（James Legge）編譯，《中國經典：論語‧大學‧中庸‧孟子：英文》卷一與卷二[M]〔臺北南天書局有限公司（SMC Publishing Inc）1991〕，《論語》第141頁。

一般人的人，即a man of high rank[27]），「奴隸主貴族」（指卿大夫的子弟，即accomplished gentleman[28]），「德高望重之人」（指同時兼具極高的品德與個人聲望之人，即both of rank and virtue[29]），「當權者」（指掌握權力的貴族，即the person in authority[30]）。在這六種「君子」的英譯中，理雅各最常將「君子」翻譯成「superior man」，次數超過六十次。

針對理雅各對「君子」一詞的多種譯法，謝雨珂[31]歸納出三個主要原因：第一，理雅各在翻譯《論語》時，很明顯是受到了馬禮遜將「君子」（A prince）定義成「榮譽之人、智慧之人、德善兼備之人」的影響；第二，理雅各的翻譯深受有限的中文語言能力與跨文化差異衝擊的限制，同時這兩者也導致他在翻譯《論語》時的「知識漂移」與「過度詮釋」。畢竟中文的語境十分複雜，對於許多學識淵博的學者而言，解讀儒經是相當有難度的，更何況是來自西方的理雅各；第三，理雅各的翻譯受到他自身的神學宗教信仰影響，例如理雅各採用了「Superior man」來翻譯「君王」，因為「Superior」一字有暗示出神學當中超越本性的特質，這也正是辜鴻銘等人批評理雅各並沒有辦法完全地翻譯出儒家博大精深思想的主因。

事實上，理雅各對「君子」的翻譯，也正體現出他自身對孔子及其思想的理解與看法。

二、對孟子及其思想的看法

即便理雅各個人給予孟子高度的讚揚，但站在基督教立場上的他又是充滿矛盾的。孟子主張堯、舜、孔子達到完美的境地，但理雅各對孟子

---

[27] （英）理雅各（James Legge）編譯，《中國經典：論語‧大學‧中庸‧孟子：英文》卷一與卷二[M]〔臺北南天書局有限公司（SMC Publishing Inc）1991〕，《論語》第208-209頁。

[28] （英）理雅各（James Legge）編譯，《中國經典：論語‧大學‧中庸‧孟子：英文》卷一與卷二[M]〔臺北南天書局有限公司SMC Publishing Inc）1991〕，《論語》第237頁。

[29] （英）理雅各（James Legge）編譯，《中國經典：論語‧大學‧中庸‧孟子：英文》卷一與卷二[M]〔臺北南天書局有限公司（SMC Publishing Inc）1991〕，《論語》第338頁。

[30] （英）理雅各（James Legge）編譯，《中國經典：論語‧大學‧中庸‧孟子：英文》卷一與卷二[M]〔臺北南天書局有限公司（SMC Publishing Inc）1991〕，《論語》第352頁。

[31] [1] 謝雨珂，〈理雅各《中國經典》中「君子」的歷史譯寫與知識生產——從《論語》到《書經》《詩經》譯本〉[J]，《澳門理工學報》2017 (2): 77-85。

「人皆可以為堯舜」的說法表示不認同，理由很簡單：孟子對基督教的「原罪」缺乏認識，又鮮少談及上帝。他認為孟子是與西方偉大的哲學家（例如：柏拉圖、亞里斯多德、芝諾等）同樣重要的存在，但又批評孟子鮮少談及上帝，過於推崇堯舜和孔子等人[32]。的確，西方哲學和文化與中國傳統的文化存在很大的差異，用西方哲學思想和教義來理解孟子思想，確實很容易出現偏差，甚至抹殺其中的獨特性[33]，理雅各正是犯了這個錯誤。雖然批評孟子，但理雅各對待孟子的方式與對待孔子非常不同，因為理雅各尊重孟子過於孔子。本文從下列四點來分析理雅各對孟子及其思想的看法：

第一，孟子喜歡用歸謬法（Reductio ad absurdum）來進行推理、論證、啟發。理雅各對這種引導促進個體自我思考的方法十分欣賞，這也是他更傾向於孟子思想的原因，在他的早期著作中多次運用了此方法。此外，理雅各認為《孟子》中對話式的討論是「恰如其分」，而其文體中的「魅力」可以運用到傳教策略中，因而《孟子》更加吸引理雅各及其他傳教士[34]。孟子在演講時，面對別人的提問，孟子都會就其思路與邏輯不厭其煩地詳盡回答。例如：孟子利用「五十步笑百步」[35]的比喻，讓梁惠王明白跑五十步與跑一百步的逃兵並無區別，沒有資格取笑對方。另一個例子，梁惠王向孟子請教治國之道時，孟子仍運用「歸謬法」來逐步引導，啟發梁惠王對孔子所說的「苛政猛於虎」的概念理解。孟子問梁惠王「用木棍打死人」與「用刀殺人」的差別是什麼，梁惠王答沒有差別，孟子繼而問「用刀殺人」與「用苛政害死人」的差別，梁惠王仍說沒有差別。這就是孟子類比方法論的高超所在。無論是「用木棍打死人」、「用刀殺人」，或「用苛政逼死人」，最終結果都是使人死亡。所以孟子提出，對人民施與仁政是治國根本。孟子希望梁惠王推行的「仁政」意指「有仁德

---

[32] Legge, J. (1875). The Life and orks of menciu. Philadelphia, PA: J. B. Lippincott and Co. p. 16

[33] 劉單平、曾振宇，〈英譯《孟子》的三種誤區分析〉[J]，《東嶽論叢》2011, 32(3): 59-62，第60頁。

[34] 費樂仁著，姜哲、張爽譯，〈適應主義傳教護教觀之「孟子模式」——在理雅各、何進善及花之安的中文作品中識別福音派新教話語中的跨文化關聯〉（The Mengzian Matrix for Accomodationist Missionary Apologetics: Indentifying the Cross-Cultural Linkage in Evangelical Protestant Discourse within the Chinese Writings of James Legge, He Jinshan and Ernst Faber）[J]，《基督教文化學刊》2011 (26): 82-114，第98頁。

[35] 《孟子梁·惠王上篇》。

的治國方針」，希望君王愛民如子，達到養民、教民、與民同樂[36]。因為孟子相信，以德服人的行善之君，愛民之君才能得民心，自然百姓願意歸順。這顯然是理雅各所宣導的觀點。

第二，理雅各非常欣賞孟子的民主思想。理雅各認為孔子並未談太多民主，孟子卻講得透徹。收錄在牛津檔案d. 1261，理雅各評價劉謐的《三教平心論》中高度讚賞孟子的民主，他寫道：孟子比孔子優秀，因為孟子所主張的「民為貴，社稷次之，君為輕」[37]與「民惟邦本」[38]都與西方的民主相互呼應。例如：18世紀西方歷史上啟蒙運動（Enlighten ment）中盧梭寫了《社會契約論》〔或《民約論》（Social contract）〕來提倡民主思想：「民權崛起，君權下降」[39]。理雅各寫道：雖然孟子這些觀念不利於中國君王統治國家，但由此看出孟子勇敢地（Boldly）提倡他的思想，在這一點上孟子的確比孔子強。理雅各認為孟子所宣導的民主，與理雅各所在年代的「民主化」進程相契合。在《論語》中，孔子的思想教條較為封建，而孟子能夠在吸收孔子思想精髓的基礎上，對其思想觀念進行改良，這也正是理雅各讚賞孟子之處。孟子的「君為輕」思想體現出，君王應為人民百姓服務。從小受西方社會教育影響的理雅各在孟子身上發現：早在古代中國，如此先進的思想就已經湧現，他感到非常興奮。所以理雅各反覆強調人民的聲音。但當理雅各用拉丁文再次強調「民主」的同時，他卻又將「民主」與「上帝」聯繫在一起，他寫道：「人民的聲音就等於上帝的聲音。」（Vex Populi, Vox Dei）[40]在此，理雅各的原文再次流露出濃厚的基督教色彩，理雅各判定中國人的「天」等同於他從小在西方所認識的「上帝」，因為這兩者都賦予了人生命。

---

[36] 傅佩榮，《人性向善》[M]（臺北：遠見天下文化出版股份有限公司，2017年），第33、37、42頁。

[37] 《孟子·盡心章句下》；理雅各翻譯：The people are the most important element in a nation; the State religion are the great; tbe Sovereign is the lightest. Legge, J. (ca, 1815-1897). James Legge's four lectures on Imperial Confucianism. (MS. Eng. Misc d. 1261). Bodleian Library & Radcliffe Camera, University of Oxford, Oxford, England. Mencius, The Philosopher of China, p. 142.

[38] 《尚書·五子之歌》。

[39] 徐宗林、周愚文，《教育史》[M]（臺北：五南圖書出版社，2000年），第361頁。

[40] Legge, J. (ca, 1815-1897). James Legge's four lectures on Imperial Confucianism. (MS. Eng. Misc d. 1261). Bodleian Library & Radcliffe Camera, University of Oxford, Oxford, England. mencius, The Philosopher of China, p. 142-143.

　　第三，理雅各推崇孟子的「性善論」，他特地去找了18世紀英國神學家巴特勒（Joseph Bulter, 1692-1752）主教的「人性理論」來呼應孟子的「性善論」，理雅各在書中寫道：「事實是，孟子提出人性論的時間，比巴特勒早了超過兩千年。孟子所提出的人性論，實際上非常符合基督教義。」（In fact, that philosopher, born rather more than two thousand years before bishop Butler, developed a theory of human nature in which he anticipated every important point insisted by the Christian prelate. [41]）他為了避免「儒教」與「基督教」的教義相互矛盾，他用巴特勒的人性是善良的觀點來支撐他對孟子的「性善論」[42]。理雅各「一方面肯定巴特勒及基督教在擁有啟示真理這一意義上的絕對優越性；另一方面卻把更多的筆墨用於推崇孟子的內在性善說」。這個悖論後來成為其他傳教士批評、攻擊理雅各的「把柄」[43]。

　　第四，孟子提到的「大丈夫」定義清晰：「居天下之廣居，立天下之正位，行天下之大道；得志，與民由之；不得志，獨行其道。富貴不能淫、貧賤不能移、威武不能屈，此之謂大丈夫[44]。」（To dwell in the wide house of the world; to stand in the correct position of the world; and to walk in the great path of the world; when he obtains his desire [for office],to practise his principles for the good of the people; and when that desire is disappointed, to practise them alone; to be above the power of riches and honours to make disspated, of poverty and mean condition to make swerve [from principle], and of power and force to make bend: - these characteristics consistute the great man. [45]）通過理雅各的英譯，他將「大丈夫」譯為「the great man」，可見其充分理解孟子的思想。「丈夫」原指「成年的男性」，加一個「大」指不同於世俗中權力、地位、金錢上的成就，而是在個人內心修養，德行上的造詣。

[41] Legge, J. (2017). The Religions of China: Confucianism and Taoism Described and Compared with Christianity. London, UK: Forgotton Books. p. 103.
[42] 韓振華，〈從宗教辯難到哲學論爭──西方漢學界圍繞孟子「性善」說的兩場論戰〉[J]，《中山大學學報（社會科學版）》2012, 52(6): 156-166，第158頁。
[43] 韓振華，〈從宗教辯難到哲學論爭──西方漢學界圍繞孟子「性善」說的兩場論戰〉[J]，《中山大學學報（社會科學版）》2012, 52(6): 156-166，第159頁。
[44] 《孟子·滕文公下》。
[45] Legge, J. (1875). The Life and Works of Mencius. With essays and notes. Philadelphia, PA:J. B. Lippincott. and Co. p. 217-218.

三、對孔孟的比較

在理雅各的視角下，孔子與孟子各有千秋，雖然是一脈相承的儒家思想教育，但在理雅各認為，孟子更勝孔子一籌。根據他所寫的《孟子的生平與著作》（The Life and Works of Mencius），理雅各自己寫道：孟子是比較受人尊敬（admirable）與比較有才氣的（brilliant），原因是孔子的儒家思想是一種大同世界的境界，有些東西不切實際，對這個世界並沒有產生太多的益處；反之，孟子的學說對這個世界更有幫助（In concluding my exhibition of the opinions of Confucius in the former volume, I have observed that"he threw no light on any of the questions which have a worldwide interest."This mencius did. [46]）。舉例來說，在孟子的〈梁惠王下篇〉中提及：「樂民之樂者，民亦樂其樂；憂民之憂者，民亦憂其憂。」這種「樂以天下，憂以天下」說法，較之宋朝范仲淹的「先天下之憂而憂，後天下之樂而樂」更具實踐性。更易看出孟子理論的質樸。在現實生活中，范仲淹的偉大抱負也許難以實現。若真等到全天下的人都快樂才可以快樂，那快樂將遙遙無期。因為普天之下，總有人處於痛苦中[47]。與孟子相比，孔子所講的世界大同，實為一種烏托邦的境界。而在孔子逝世一百零七年後出生的孟子，對孔子的思想有所繼承的基礎上，仍考慮到實現的可能性。難怪理雅各更傾向於孟子。

理雅各於1877年在上海新教傳教士第一屆代表大會中發表的一篇論文〈儒教與基督教的關係〉（Confucianism in Relation to Christianity）有更進一步的解釋，孔子的儒家學說能使這個世界變得更美好（a beautiful world），而儒家對人的責任的教誨是既精彩絕倫又令人欽佩的（wonderful and admirable），但它並不完美（It's not perfect indeed）[48]。理雅各在許多的文獻裡都指出他不能認同所謂的「完人」這一說法。因為站在基督教徒的角度上來說，人不可能是「完人」，人生來就是罪人，無論人再怎麼努

---

[46] Legge, J. (1875). The Life and Works of Mencius. With essays and notes. Philadelphia, PA:J. B. Lippincott. and Co. p. 55.

[47] 傅佩榮，《人性向善》[M]（臺北：遠見天下文化出版股份有限公司，2017年），第82頁。

[48] Legge, J. (1877). Confucianism in Relation to Christianity: A paper read before the missionary conference in Shanghai, on May 11th, 1877. Shanghai, China: Kelly & Walsh, p. 9.

力，也無法洗脫我們的原罪。儒家卻認為，只要通過「修身齊家治國平天下」，通過讀聖賢書，如《論語》、《大學》、《中庸》，陶冶「君子」的情操，最後就能達到「人皆可成堯舜」的境界。因此，他對孟子也略有微詞。下面列舉兩個例子：

第一，當孟子提出把堯、舜與孔子都視為「完人」時，理雅各非常不能認同孟子的論點（When Mencius therefore points us to Yaou, Shun, and Confucius, and says that they were perfect, we cannot accept his statement[49]），人是不可能完美的。海倫‧理雅各回憶自己的父親時，曾表示她的父親理雅各只在兩件事情上從未動搖過：一是痛恨英國人將鴉片輸入中國，二是對基督教的信仰[50]。

第二，理雅各不同意孟子所說的：「天將降大任於斯人也，必先苦其心志，勞其筋骨，餓其體膚，空乏其身，行拂亂其所為，所以動心忍性，曾益其所不能。」[51]孟子的意思是：當上天要賦予某人一項重任時，會使這個人先面對下列幾件事來鍛鍊他的心志。第一，一定會使他的心理先承受足夠的折磨；第二，一定會使他先去勞動；第三，一定會使他先面對飢餓；第四，一定會使他先窮困潦倒；第五，一定會使他先面對諸事不順等挫折。通過這五點就可以磨練出他的抗壓能力、陶冶他的性格，進而彌補他自身的不足。理雅各在《中國經典》中看似翻譯出了孟子的意思，他寫道：「Thus, when Heaven is about to confer a great office on any man, it first exercises his mind with suffering, and his sinews and bones with toil. It exposes his body to hunger, and subjects him to extreme poverty. It confounds his undertakings. By all these methods it stimulates his mind, hardens his nature, and supplies his incompetencies.」[52]實際上，在他所寫的《孟子的生平與著作》中，理雅各對這段話做出一個評論，他說：如果上天真的要降下大任給某人的話，應該是先軟化而不是硬化他的天性（Such have been the effects of Heaven's

---

[49] Legge, J. (1875). The Life and Works of Mencius. With essays and notes. Philadelphia, PA: J. B. Lippincott. and Co. p. 68.

[50] （英）海倫‧理雅各（Helen Edith Legge）著，馬清河譯，《漢學家理雅各傳》[M]（北京：學苑出版社，2011年），第224頁。

[51] 《孟子‧告子章句下》第15章。

[52] （英）理雅各（James Legge）編譯，《中國經典：論語‧大學‧中庸‧孟子：英文》卷一與卷二[M]〔臺北：南天書局有限公司（SMC Publishing Inc），1991年〕，《孟子》第447頁。

exercising some men with calamities; but if the issue has been a fitting for the highest offices, there has been a softening of the nature rather than a hardening of it[53]）。這裡可以看出理雅各確實存在錯誤理解，理雅各似乎誤會了為何「天」要讓人「苦其心志，勞其筋骨」的背後含義。其實這段話的最後孟子用「生於憂患，死於安樂」來做總結，這個概念與麥克亞瑟為子祈禱文（General Douglas macAruhur's Prayer for Son）的想法如出一轍。當麥克亞瑟祈求上天使他的孩子變得堅強與有毅力，他說道：他希望上帝能讓他的兒子遭受人生上的困難與挑戰，藉此鍛鍊與刺激他的生理和心理狀態，不要讓他走上一條安逸與順遂的人生道路，因為順利的人生會削弱他的挫折承受力[54]。而理雅各將「生於憂患，死於安樂」翻譯「From these things we see how life springs from sorrow and calamity, and death from ease and pleasure」[55]，在查閱了《中國經典》註腳部分後，本文發現理雅各並未為此加以說明，這讓人產生了質疑：理雅各是否能夠真正理解孟子的含義。

第二節　理雅各對孝道的看法

　　梁漱溟說過：中國是「孝」的文化[56]。從儒家說「孝為諸德之本」，到歷代君王強調「以孝治天下」，甚至到民間常說的「百善孝為先」都可以看得出孝的重要性[57]。孝觀念形成於周初[58]，是中國古代尊親敬老的道德倫理規範，至今仍被當成評判一個人的標準。孝與悌一開始指自然意義上的孝敬父母與兄長，歸屬於家庭道德，而孔子將孝悌的含義擴大，「引申出孝悌者不好犯上，亦必不好作亂」，並由此得出結論：「孝悌」是「仁愛」與「人」的根本；換言之，「仁愛」起源於「孝悌」。孝從單

---

[53] Legge, J. (1875). The Life and Works of Mencius. With essays and notes. Philadelphia, PA: J. B. Lippincott. and Co., p. 75.

[54] "Lead him, I pray, not in the path of ease and comfort, but under the stress and spur of difficulties and challenge. Here, let him learn to stand up in the storm; here let him learn compassion for those that fail."

[55] （英）理雅各（James Legge）編譯，《中國經典：論語・大學・中庸・孟子：英文》卷一與卷二[M]〔臺北：南天書局有限公司（SMC Publishing Inc），1991年〕，《孟子》第447頁。

[56] 梁漱溟，《中國文化要義》[M]（臺北：學林出版社，1987年），第307頁。

[57] 羅螢、黃黎星，《孝經漫談》[M]（臺北：頂淵文化事業有限公司，1997年），前言第1頁。

[58] 蕭群忠，《中國孝文化研究》[M]（臺北：五南圖書出版社，2002年），第15頁。

純的家庭道德標準延伸出儒家的「三綱觀念」，即「君為臣綱，父為子綱，夫為妻綱」[59]。因此，中國儒家有這本倫理著作《孝經》，在南宋後被列入儒家十三經之一，全書不到兩千字。對於此書的作者，說法眾說紛紜，但普遍認為其作者是孔子。《孝經》雖不在「四書五經」之中，但它是中國封建社會中的儒家思想的產物。有學者康學偉指出「孝道」其實與政治有關，他列舉三點來解釋為何孝是可以為政治服務：「第一，孝道是維護等級制政治原則的倫理基礎。第二，忠孝一本，孝父是忠君的前提。第三，孝道直接為政治服務，以孝治天下。」[60]本文將「孝」與「政治」的關聯性歸納成下圖，並結合《大學》中的八條目，分為四個主要特點說明：（1）由短期到長期；（2）由個人的孝悌到培養成具備君子的「仁」、「善」等情操，最後到完成天命；（3）呼應了《大學》中的「修身、齊家、治國、平天下」；（4）由個人的小善推及到全世界的大善。由此圖來看就不難理解在儒家思想中「孝」的重要性了。

表10 「善」與「政治」的關聯性

時間進程	短期	中期	長期
儒家品格養成步驟	孝悌（修身、個人）	君子（養成「仁」、「善」）的品格與心性	天命、天道（天人合一、全世界）
《大學》的內容	修身、齊家	治國	平天下
善的大小	小善→………→中善→……………→大善		

理雅各翻譯《孝經》上沿用他長久以來的翻譯策略：先寫前言介紹基本概念，然後翻譯正文，最後補充大量的注釋。和其他許多傳教士一樣，理雅各也將「孝」翻譯為「Filial Piety」。《牛津高階英漢漢解詞典》對「Piety」一詞的解釋是：「the state of having or showing a deep respect for sb./sth., especially for God and religion」，中文則譯為「虔誠」[61]，不難看出其中

[59] 劉文娜，《《論語》英譯本比較研究——以理雅各、威利、劉殿爵三種英譯本為例》[D]（濟南：山東大學碩士論文，2012年），第84、87頁。

[60] 康學偉，《先秦孝道研究[M]（臺北：文津出版社，1992年），第13-15頁。

[61] （英）霍恩比（A. S. Hornby）著，王玉章等譯，《牛津高階英漢雙解詞典》（第七版）〔Oxford Advanced Learner's English-Chinese Dictionary（7th Edition）〕[M]（北京：商務印書館，2009年），第1497頁。

的宗教色彩。理雅各在翻譯中用「Piety」這個詞偏離了中國傳統孝敬父母的意思，帶有強烈的宗教意圖[62]。

廣義上來說，理雅各贊同孔子宣導「孝」，因為「孝」是對父母要孝順，也就是「敬老」，進而實現「大道之行也」[63]中「老有所養」的大同社會。理雅各順應《爾雅・釋訓》中對孝的說明：「善事父母為孝」，他也採用了《說文解字》中「孝，善事父母者也。從老省，從子，子承老也」這一說法，將「孝」字拆成上面一個「老」字，下面一個「子」字，由子從下面支撐住老者[64]。但這裡需要特別指出：儒家的孝順建立在服侍父母的基礎上；而基督教則是建立在尊重的基礎上，因為西方子女沒有奉養父母的傳統與習慣。這兩種概念是不同的，理雅各認為基督教相對於儒家來說更高一級[65]。換言之，理雅各注意到儒教的孝道是立足於「經濟扶持」的，而基督教的「孝敬父母」則立足於尊重，因此基督教的孝道觀念要優於儒教。

但從狹義的角度來看，身為基督教徒的理雅各難以接受「孝道」，原因有二：第一，理雅各認為是「孝文化」造成中國人「背棄真神」（也就是理雅各是指西方的上帝）。在傳教士理雅各眼裡，他無法理解為何中國人會去拜神主牌（spirit-tablets）。他說從周朝開始，中國人奉行著怪異的行為：對木牌（wooden tablets）膜拜，這是一種「拜物主義」（Fetishism）[66]。沒錯，基督教只允許信仰真神——上帝，反對偶像崇拜或多神論。但基督教是不否認孝道的，因為十誡中有一條就明白寫下要孝敬父母[67]。第二，接受了基督教「泛愛」思想的理雅各無法理解儒家的

---

[62] 姚金豔、楊平，〈傳教士和漢學家在《論語》翻譯及詮釋中的文化挪用〉[J]，《湖北大學學報（哲學社會科學版）》2012, 39(2): 90-93，第90頁。

[63] 《禮記・禮運》。

[64] Legge, J. (2017). The Religions of China: Confucianism and Taoism Described and Compared with Christianity. London, UK: Forgotton Books. p. 71. 理雅各參考《孝經（The Hsiâo King）》第18章翻譯成英文：The character for filial piety, called hsiâo, is one of the primitive characters: used itse;f as a phonetic element, it is yet made up of two other primitives, the symbols or pictures of an old man and a son. Thus the primary conception of filial piety was set forth by the picture of a son bearing up, or supporting, his father.

[65] 陳可培，《偏見與寬容翻譯與吸納——理雅各的漢學研究與《論語》英譯》[D]（上海：上海師範大學博士論文，2006年），第82頁。

[66] Legge, J. (2017). The Religions of China: Confucianism and Taoism Described and Compared with Christianity. London, UK: Forgotton Books. p. 76-77.

[67] 張西平，《中國與歐洲早期宗教和哲學交流史》[M]（北京：東方出版社，2001

「等差之愛」。「孝」嚴格來說有三個含義：「善事父母」、「尊敬祖先」和「傳宗接代」[68]。事實上，基督教與儒家都談「泛愛」，這兩者之間最大的差別在於儒家的愛是以「親親」為基礎，在這「親親」的基礎上向外延展成為了「等差之愛」。換言之，儒家的這種等差之愛一開始是血緣之愛，向外拓展成泛愛，這也記錄在《論語》當中。當樊遲向孔子詢問何謂「仁」時，孔子回答：「愛人。」[69]針對這一點，本文通過查閱理雅各《中國經典》的註腳，不難看出理雅各將孔子的「愛人」理解成基督教的「泛愛」，因為理雅各只寫道：「Fan Ch'ih asked about benevolence. The master said, 'It's to love all men.'」[70]並沒有像他往常一樣通過註腳加以補充與闡釋中國古代經典源遠流長的深層內涵。深究其原因可能有二：第一，由於受到基督教教義文化的限制，理雅各只能從淺層的方面理解這句話的含義，從內心認為孔子口中的「愛人」等同於基督教的「泛愛」；第二，由於理雅各特殊的傳教士身份，他蓄意將孔子的「愛人」放到了基督教教義中的「泛愛」框架中去解釋，因為「十誡」當中也提到了孝順父母。問題就出在，「十誡」中的孝順父母是以「無條件奉獻的愛」（Unconditional love）為基礎；儒家思想的孝順父母是建立在「等差」的愛之上：「首先是血緣之愛，而後才是泛愛。」[71]但是，原因二無法成立，因為理雅各其實是可以理解中國人的「等差之愛」的，理由是在他翻譯《孟子・盡心章句上》時，他將「親親而仁民，仁民而愛物」[72]翻譯成：「He is affectionate to his parents, and lovingly disposed to people generally; He is lovingly disposed to people generally, and kind to creatures.」[73]而祭祖儀式正是一種血緣之愛。可惜的是，理雅各至始至終都無法理解中國人的這種「等差之愛」，也無

年），第126頁。

[68] 蕭群忠，《中國孝文化研究》[M]（臺北：五南圖書出版社，2002年），第12頁。

[69] 《論語・顏淵篇》第22章。

[70] （英）理雅各（James Legge）編譯，《中國經典：論語・大學・中庸・孟子：英文》卷一與卷二[M]〔臺北：南天書局有限公司（SMC Publishing Inc），1991年〕，《論語》第260頁。

[71] 張西平，《中國與歐洲早期宗教和哲學交流史》[M]（北京：東方出版社，2001年），第129-130頁。

[72] 《孟子・盡心章句上》第46章。

[73] （英）理雅各（James Legge）編譯，《中國經典：論語・大學・中庸・孟子：英文》卷一與卷二[M]〔臺北：南天書局有限公司（SMC Publishing Inc），1991年〕，《孟子》第476頁。

法理解祭祖這種行為真正的意義，因為他把「慎終追遠，民德歸厚矣」[74]
翻譯成：「Let there be a careful attention to perform the funeral rites to parents,
and let them be followed when long gone with the ceremonies of sacrifice; --then the
virtue of the people will resume its proper excellence.」[75]針對這一點，辜鴻銘的
翻譯就較為貼切，在《西播《論語》回譯》中，他把該句翻譯成：「By
cultivating respect for the dead, and carrying the memory back to the distant past, the
moral feeling of the people will waken and grow in depth.」[76]由此可以看出，理雅
各對「慎終追遠」這一成語淺層的瞭解使他無法從精神層面理解祭祖這一
行為，而認為中國人祭拜祖先的行為使後人產生嚴重的迷信思想，最終背
棄了「真神」：也就是上帝。

其實，雖然「孝」是美德（例如：老有所依），但中國人的孝往往
做過了頭。理雅各看到的是因為「孝」而「祭祖、棄神」，其他傳教士則
看到孝順的缺點：愚孝。例如：衛三畏在《中國總論》提到了二十四孝
（The Twenty-four Filials）[77]。同一個孝順的故事，在西方人看來會覺得荒
謬至極。隨機列舉四例：第一，臥冰求鯉，西方人會覺得很費解，只是吃
一條魚，王祥為何要去脫衣趴在冰層上？第二，彩衣娛親，高齡七十歲的
老萊子竟然還要扮幼稚來取悅年邁的雙親。第三，恣蚊飽血，八歲的吳猛
居然不去打死蚊子，反而脫掉自己的衣服好讓蚊子咬自己，不咬父親。第
四，嘗糞憂心，這是非常極端的例子。西方會覺得極度噁心，為何要靠這
種方法來瞭解父親的病狀呢？不只是西方人感到不解，就連現代的中國學
者蕭群忠也提出批評，他說二十四孝似乎有很多優點，如：教化性、實踐
性、歷史性、封建性等，但二十四孝的極端性與愚蠢性令人詬病。片面地
將孝提高到非理性化的程度，這是一種愚昧與荒唐的行為[78]。

---

[74] 《論語・學而》第9章。

[75] （英）理雅各（James Legge）編譯，《中國經典：論語・大學・中庸・孟子：英
文》卷一與卷二[M]〔臺北：南天書局有限公司（SMC Publishing Inc），1991年〕，
《論語》第141頁。

[76] 辜鴻銘，《西播《論語》回譯：辜鴻銘英譯《論語》詳解》[M]（上海：東方出版
中心，2013年），第10頁。

[77] Williams, S. W. (1913). The Middle Kingdom: A Survey of the Geography, Government,
Education, Social Life, Arts, and History of the Chinese Empire and Its Inhabitants. (Vol. 1). New
York, NY: Charles Scribner's Sons. p. 538.

[78] 蕭群忠，《中國孝文化研究》[M]（臺北：五南圖書出版社，2002年），第308-
315頁。

第三節　理雅各對中國女子教育的評判

　　中國古代向來有所謂的「三從」（從父、從夫、從子）和「四德」（婦德：孝順翁姑的賢淑美德；婦言：不多言且應對得體；婦容：儀容端莊；婦功：女紅等家務技巧出眾[79]）與「七出之條」（七條休妻之名：不孝順父母、無子、淫亂、妒忌、惡疾、多言、竊盜[80]）、「女子無才便是德」等打壓女性的的性別枷鎖。因被儒家性別倫理與父系社會打壓，自古就流傳著「男尊女卑」的鄙陋觀念。從《論語》與《孟子》這兩本書就可以看出古代男尊女卑的情況。第一，《論語》中就寫下了「子曰：唯女子與小人為難養也」[81]。孔子當時說的是古代的狀況，畢竟古代的女子是沒有辦法與男子一樣接受教育，所以經濟無法獨立，當然心胸與視野都受到了局限，所謂的難相處是指這種情況。今時今日這種觀念已不合時宜。理雅各特別指出在儒家教育下女子被不公平對待的三點表現：一夫多妻、殺女嬰、纏足[82]。

　　第一，一夫多妻制是不對的。李明神父曾經指出：基督教主張「一夫一妻制」，而中國人的「一夫多妻制」是導致中國人歸化成基督教徒的阻礙之一[83]。理雅各是個嚴守「一夫一妻」教規的傳教士，面對中國當時仕紳

---

[79] 林美玫，《婦女與差傳：十九世紀美國聖公會女傳教士在華差傳研究》[M]（臺北：里仁書局，2005年），第179-180頁。

[80] 「三從」最早見於周、漢儒家經典《儀禮·喪服·子夏傳》，三從：未嫁從父、既嫁從夫、父死從子；「四德」初見於《周禮·天官·內宰》，內宰是教導後宮婦女的官職，教導後宮婦女「陰禮」（婦女遵守的禮儀）和「婦職」（婦女擔負的職責），當中較高職位的「九嬪」則教導婦學之法，如「婦德」、「婦言」、「婦容」、「婦功」。「七出」一詞起於漢朝，至今可見的最早文獻是漢朝的《大戴禮記·本命》，稱為「七去」、「七棄」。謂「婦有「七去」：不順父母（這裡指公婆），去；無子，去；淫，去；妒，去；有惡疾，去；多言，去；竊盜，去。」資料來源：中國文化研究院官網。（香港）（https://hk.chiculture.net/1002/html/c04/1002c04.html）

[81] 《論語·陽貨篇》：「唯女子與小人為難養也，近之則不孫，遠之則怨。」翻成白話是：只有女子和小人是難以相處的，因為若是親近他們，他們就變得沒禮貌；若遠離他們，他們就會抱怨。見：傅佩榮，《解讀《論語》》[M]（新北：立緒文化事業有限公司，1999），第460頁。

[82] （美）吉瑞德（Norman J. Girardot）著，段懷清、周俐玲譯，《朝覲東方：理雅各評傳》（The Victorian Translation of China, James Legge's Oriental Pilgrimage）[M]（桂林：廣西師範大學出版社，2011年），第268頁。

[83] （法）謝和耐（Jacques Gernet）著，耿昇譯，《中國與基督教：中西文化的首次撞擊》（CHINE ET CHRISTIANISME: La prenière confrontation）[M]（北京：商務印書

「一夫一妻多妾」的封建婚姻制度，他瞠目結舌，深表不認同。理雅各認為：雖然在《詩經》中有談到中國古代神話中堯把兩個女兒（娥皇女英）同時嫁給舜而傳下了一夫多妻制，但在中國的歷史上，我們看到的這個制度（一夫多妻制）其實有著許多邪惡的陰暗面（The evils springing from it）。基督教奉行的是「一夫一妻制」，而在《詩經》時代乃至之後的封建時代，中國均為「一夫多妻制」，一個丈夫可以同時擁有很多個妻子，這是理雅各難以容忍的，「在封建社會，這種婚姻制度更具災難性」[84]。這種儒家思想所造成的男尊女卑，長期以封建禮教來禁錮中國婦女的思想。值得一提的是，批評理雅各翻譯的辜鴻銘卻是「一夫多妻」制度的支持者。

第二，殺害女嬰是天理難容。早在利瑪竇時期的傳教士就記載當時中國很多省份都有殺害女嬰的狀況，因為貧窮而無力撫養，部分父母會選擇將女嬰溺死。這與中國人信仰轉世投胎有關，父母希望孩子被殺死後能早日投胎到有錢人家，不用在這窮苦家庭吃苦受罪[85]。理雅各寫到：殺嬰（Infanticide）大都發生在窮人身上，被殺掉的幾乎全都是女嬰。這是標準的重男輕女現象，含辛茹苦養大的女兒若是嫁出去了，就成了夫家的人了，對娘家便無大幫助。所以許多民智未開的愚民乾脆一開始就把女孩給殺掉，以省掉養育費用。

第三，纏足（Foot-binding）是中國對女性的一種病態壓迫陋習。美國漢學家高彥頤（Dorothy Kao）就曾經在她的書籍《纏足：金蓮崇拜盛極而衰的演變》巨細靡遺地探討纏足的歷史。理雅各十分同情中國婦女，堅決反對纏足的陋習[86]。他寫道：纏足是一種該被譴責的罪（Condemnatory sin），因為它毀損了（Disfiguring）女性的腳。理雅各表示，他從未能成功地說服任何一位中國父親放棄對自己的女兒進行纏足。

總的來說，理雅各認為在儒家思想主導的環境中，婦女地位低下，中國傳統社會婦女的悲慘處境表現在「一夫多妻」、「殺女嬰」和「纏足」等

館，2015年），第244頁。

[84] 沈嵐，《跨文化經典闡釋：理雅各《詩經》譯介研究》[D]（蘇州：蘇州大學碩士論文，2013年），第98頁。

[85] （義）利瑪竇著，文錚譯，《耶穌會與天主教進入中國史》[M]（北京：商務印書館，2014年），第61頁。

[86] 宋新理，〈雅各——從傳教士到傳播中國文化的使者〉[J]，《國際關係學院學》1997（2）30-34，第32頁。

行為上。綜合比較之後，理雅各認為在中國的女子是被打壓（Suppression）和不被中國的儒教祝福的[87]。這啟發他基督教在這些方面的優越性，基督教可以彌補儒教的錯誤，並加以完善儒教[88]。基督教鼓勵婦女可以勇敢地做自己，當時的基督教不僅挑戰了「男性仕紳的文化詮釋權」與「儒道佛三合一的宗教權」，更衝擊在中國社會中的男性優越感（天道上，陽尊陰卑、陽貴陰賤；人事上，男尊女卑、男強女弱）[89]。

第四節　理雅各中西方教育比較觀

許多傳教士都曾經對中式教育提出批評，例如丁韙良提出是考試綁架了教育，中國的考試是一種競爭，但這種競爭造成了幾個現象：第一，唯讀死書，不懂得活用知識。第二，扼殺了學生的創造力。第三，八股文是禁錮學生思想的罪魁禍首。第四，老師錯誤地把學生對學習懲罰的恐懼當成學習的動力。這些與西方教育的「無傷大雅」或「調皮搗蛋」的上課氛圍根本是大相逕庭[90]。衛三畏在《中國總論》也提到：中國的教育是嚴厲型的，例如《三字經》寫的「教不嚴，師之惰」，造成學生被強行灌輸服從的概念，並強迫學生學習等不佳的教學情況[91]。下面將通過理雅各的視角來看待中國儒學教育：

---

[87] Legge, J. (2017). The Religions of China: Confucianism and Taoism Described and Compared with Christianity. London, UK: Forgotton Books. p. 108-112.

[88] 陳可培，《偏見與寬容，翻譯與吸納──理雅各的漢學研究與論語〉英譯》[D]. （上海上海師範大學博士論文，2006年），第82頁。

[89] 林美玫，《婦女與差傳：十九世紀美國聖公會女傳教士在華差傳研究》[M]（臺北：里仁書局，2005年），第182、204、245頁。

[90] Martin, W. A. P. (1881). The Chinese: Their Education, Philosophy, and Letters. New York, NY: Harper & Brothers. p. 39, 65, 67.原文：At this period fear is the strongest motive addressed to the mind of the scholar; nor is it easy to say how large a share this stern discipline has in giving him his first lesson in political duty viz., that of unquestioning submission and in rendering him cringing and pliant towards official superiors. Those sallies of innocent humor and venial mischief so common in Western schools are rarely witnessed in China.

[91] Williams, S. W. (1913). The Middle Kingdom: A Survey of the Geography, Government, Education, Social Life, Arts, and History of the Chinese Empire and Its Inhabitants. (Vol. 1). New York , NY: Charles Scribner's Sons. p. 546. 原文：Punishments are severe, and the rattan or bamboo hangs conspicuously near the master, and its liberal use is considered necessary: "To educate without rigor, shows the teachers indolence," is the doctrine, and by scolding, starving, castigation, and detention, the master tries to instil habits of obedience and compel his scholars to learn their task.

一、儒家教育與西方教育的側重點不同

（一）儒家教育重視「士」與「科舉制」

儒學是古代中國社會的主流，而儒學家的主要承擔者則是「四民之首」的「士」。所謂的「四民」即「士、農、工、商」。按照此順序排列，由此便可以看出中國對「士」的重視程度最高。從漢朝開始，為了加強中央集權與統一思想，漢武帝建立了察舉制，類似於秦朝的「以法為教」。這體現了當時對知識分子的培養，並與孔子的「舉賢才」的觀點相契合。但是，漢朝「以儒家為王道、法家為霸道」的軟硬兼施，導致了社會出現「萬般皆下品，惟有讀書高」的風氣，也出現了「罷黜百家，獨尊儒術」的教育理念。隨著時間的推移，董仲舒向漢武帝提出建議：為了達到「獨尊儒術」，儒家需要有專門的學校，讓學生重點學習儒家經典，幫助政府集中培養統治人才，因此產生最高學府——太學。

隋朝時期，察舉制演變為科舉制。科舉制考察的內容就是儒家經典，熟讀四書五經，才能高中狀元。而理雅各瞭解到這段歷史後，科舉考試讓中國人有良好的讀書學習風氣，因為這在封建社會的制度下，平民百姓有走上仕途的機會；但他也無法認同儒家的科舉制度造成過度競爭與讀死書等情況。科舉的優點大致上有三個：第一，學子們可以靠讀書來改變命運，在中國向來都有「十年寒窗無人問，一舉成名天下知」鼓勵學習的氛圍。第二，相對於其他面試或指派，科舉是相對公平的選才方式。第三，通過科舉選拔出的官員是受過教育的知識分子，可以穩定國家政治。理雅各認為中華民族十分好學，中國人都喜愛讀書[92]。

理雅各在牛津檔案MS. Eng. Misc. d. 1256將「四民」之首為「士」的概念翻譯成英文單詞學者Scholars或政府官員Officers，並連續在第228頁與第231頁，不斷地宣導中國是以「士大夫」為首，目的是為了讓牛津大學學生認識到士大夫在中國的重要性：「The scholar is the head of the four classes of the people」[93]。在此份檔案中，用英語將四民分別翻譯成：士（scholars

[92] 宋新，〈理雅各——從傳教士到傳播中國文化的使者〉[J]，《國際關係學院學》1997(2): 30-34，第32頁。

[93] Legge, J. (ca, 1815-1897). James Legge's four lectures on Imperial Confucianism. (MS. Eng. Misc d. 1256). Bodleian Library & Radcliffe Camera, University of Oxford, Oxford, England. p. 228, p. 231.

or officers）、農（husband men）、工（mechanics）、商（tradesmen, traders, merchants）[94]。在這份檔案中，也提到考試試場的惡劣環境與三代（祖父、父親、兒子）一起上京趕考的辛酸[95]，海倫·理雅各也提到了她父親在1858年參觀了當時廣州的科舉考試貢院（Examination Hall），理雅各親眼目睹當時全廣東省的年輕人集中在那裡進行科舉考試，學子們在考試期間住在一間間小房間裡，房間數量高達七千二百四十二間，他對中國的教育精神與重視學術的態度感到敬佩[96]。對於進京趕考的惡劣環境，可以參考衛三畏的《中國總論》詳細描述[97]。理雅各在這份牛津檔案中也解釋了秀才、舉人、進士等名稱，可見他相當瞭解中國的教育體制，但從這份牛津檔案的字裡行間，也可看出他非常不認同這種嚴苛的教育制度[98]。

　　科舉選才的缺點也確實存在：第一，科舉並非完全公平，因為會根據考試的地域性和學生的出生地而做出不同限制。第二，科舉考試的教條，造成學生唯讀「四書五經」的學習偏食現象，甚至讀死書，不懂得活用知識。第三，科舉考試的競爭性太大、太殘酷，贏者被視為英雄，輸者就被認為一文不值。據估算，一個縣的秀才錄取率不超過0.75%。此外，科舉

---

[94] Legge, J. (ca, 1815-1897). James Legge's four lectures on Imperial Confucianism. (MS. Eng. Misc d. 1256). Bodleian Library & Radcliffe Camera, University of Oxford, Oxford, England. p. 224, p. 228

[95] Legge, J. (ca, 1815-1897). James Legge's four lectures on Imperial Confucianism. (MS. Eng. Misc d. 1256). Bodleian Library & Radcliffe Camera, University of Oxford, Oxford, England. p. 229.

[96] （英）海倫·理雅各（Helen Edith Legge）著，馬清河譯，《漢學家理雅各傳》[M]（北京：學苑出版社，2011年），第28-29頁。

[97] Williams, S. W. (1913). The Middle Kingdom: A Survey of the Geography, Government, Education, Social Life, Arts, and History of the Chinese Empire and Its Inhabitants. (Vol. 1). New York, NY: Charles Scribner's Sons. p. 551. The Hall at Peking, situated on the eastern side, not far from the observatory, contains 10,000 cells, and these do not always suffice for the host which assembles. The Hall at Fuhchau is equally large; each cell is a little higher than a man's head, and is open on but one side—letting in more rain and wind during inclement days than is comfortable. Confinement in these cramped cells is so irksome as to frequently cause the death of aged students, who are unable to sustain the fatigue, but who still enter the arena in hopes of at last succeeding. Cases have occurred where father, son, and grandson, appeared at the same time to compete for the same prize. (Dr. martin found that out of a list of 99 successful competitors for the second degree, 16 were over forty years of age, 1 sixty-two, and 1 eighty-three. The average age of the whole number was over thirty—while in comparison with like statistics for the third degree, a proportionate increase might be looked for.) The unpleasantness of the strait cell is much increased by the smoke arising from the cooking, and by the heat of the weather.

[98] （英）理雅各（James Legge）編譯，《中國經典：論語·大學·中庸·孟子：英文》卷一與卷二[M]〔臺北：南天書局有限公司（SMC Publishing Inc），1991年〕，《論語》第344頁。理雅各並沒有在註腳下解釋「學而優則仕」的概念，他寫下：這需要很多的補充概念才能理解這句話（The saying needs to be much supplemented in translating, in order to bring out its meaning）。

考試過程漫長、應考經歷曲折、考試期間考生沒有人身自由等問題[99]，都讓理雅各非常不認同科舉的這種「以考試來評價一個人的人品或斷定一個人的智商」。理雅各也在他翻譯的《大學》序中就提到：中國把智力與品德直接做連結是非常嚴重的錯誤（The orthodox doctrine of China concerning the connexion between intelligence and virtue is most seriously erroneous），而這種錯誤的思想卻一直根植在中國人的腦海裡[100]。另外，他也在1877年牛津大學「中華帝國儒學」（Imperial Confucianism）講座中公開談到《聖諭十六條》中的第六條（隆學校以端士習）解釋科舉的負面影響。理雅各雖然肯定科舉考試的公平性，但他同樣指出科舉考試的科目只考中國文學。這種不重視科學與科學方法的結果，會阻礙中國進步與科學發展[101]。洪祥在《中西教育史》一書中列了科舉考試的優缺點與中國舊式教育的優缺點（見表11及表12）[102]。

因此托比・胡弗在他的書《近代科學為什麼誕生在西方》中尖銳地批判：「科舉考試是一種獨一無二的考試制度，因為它是世界教育史上最成功也是最失敗的制度。」[103]

表11　科舉考試的優缺點

優點	缺點
1.考試取才公平	1.使學校教育成為科舉的附庸
2.使平民有上進的機會	2.科舉八股制度阻礙學術發展
3.促進儒儒學「四書五經」的發達	3.難免忽略德行優異之士
4.為政府掌握教育的工具	4.科舉考場環境太困苦
5.考試方法多樣，如：筆試、墨義、帖經、口試、彌封、糊名、謄錄等	5.敗壞學風，如：夾帶、代考
	6.科舉成了控制思想的「御用」工具

---

[99] 孫邦華，〈明清時期在華西人視野中的科舉制度特微與作用——另一雙眼看科舉〉[J]，《福建論壇（人文社會科學版）》2006 (9): 74-79，第74-77、78頁。

[100] （英）理雅各（James Legge）編譯，《中國經典：論語・大學・中庸・孟子：英文》卷一與卷二[M]〔臺北南天書局有限公司（SMC Publishing Inc），1991年〕，第33頁序（Prolegomena）。

[101] Legge, J. (ca, 1815-1897). James Legge's four lectures on Imperial Confucianism. (MS. Eng. Misc d. 1256). Bodleian Library & Radcliffe Camera, University of Oxford, Oxford, England. p. 231.

[102] 洪祥，《中西教育史》[M]（臺北：鼎茂圖書出版有限公司，2005年），第174-176頁、第178-179頁。

[103] 托比・胡弗，《近代科學為什麼誕生在西方》[M]（北京：北京大學出版社，2010年），第260頁。

表12　中國舊教育的優點與缺點

優點	缺點
1.人生哲學具大同主義的思想	1.尊重保守，造成保守的民族性格
2.政治以平民主義為考慮	2.重記憶模仿，忽略獨立思考
3.教育兼重個人本位與社會本位	3.重文藝，忽略實用與科學
4.教才以人文本位為主	4.缺乏周詳的普通教育（普及化的全民教育）制度
5.訓育方式重人格感化	

（二）西方教育重視「科學」與「民主」

　　與中國式教育不同，西方教育著重在客體性。因此，西方教育發展出很好的邏輯與客觀的知識理論，通過這個教育基石，西方發展出科學。希臘最初的哲學家都是在探討「自然學」與「宇宙起源」[104]，但從蘇格拉底開始，蘇格拉底（Socrates, 470-399 B.C.）、柏拉圖（Plate, 427-347 B.C.）、亞里斯多德（Aristotle, 384-322 B.C.）這希臘三哲就開始影響了西方長達兩千多年的哲學思想與教育理念。先由蘇格拉底將哲學漸漸引導到偏向「知識」、「道德」、「正義」，再由徒弟柏拉圖接手並創造柏拉圖學院（Academy）講學，最後到徒孫亞里斯多德提出三段論式（Syllogism）的邏輯演繹法，將哲學走向唯實論（Realism），他的逍遙學派（Peripatetic school）也將西方教育推向「科學」與「民主」[105]。

　　等到中世紀的基督教興起，聖經成為一切教育活動的準則與經典，而基督教的原罪說（The original sin）正是理雅各與孟子說的「人皆可成堯舜」的思想矛盾之處。也是因為西方的教育重視唯實論，相信通過感官經驗來獲取知識才是最「實在」的知識，因而興起了科學思想，這就是為何西方重視科學的程度大於中國[106]，所以傳教士們才會覺得中國人讀的書

---

[104] 例如：泰勒斯（Thales）視水為萬物的起源，畢達哥拉斯（Pythagoras）把事物歸為數目（Number）或數量（Quantity）、恩培多克勒（Empedocles）主張萬物只有地、水、風、火這四種元素等。

[105] 到羅馬時期帝國初期就這樣「延續希臘文化的精粹」而發展出「羅馬七藝」（The Seven Liberal Arts），主要分為重視文字知識研討的三藝（The Trivium）：文法（Grammar）、修辭（Rhetoric）、邏輯（Logic）與著重數學基礎的四藝：幾何（Geometry）、天文（Astronomy）、音樂（Music）、算數（Arithmetic）。

[106] 徐宗林、周愚文對「中世紀的起與迄」介紹了八種劃分法（第258至259頁），但他們強調：「學歷史的人，不必將歷史階段，視為僵硬的一種劃分。」（第258頁）

（「四書五經」）呆板無趣。若拿儒家的「四書五經」與西方的科學教育相比，的確可以看出中式教育停留在以「人」為基礎的道德教育上。所以理雅各說：在中國古代，教育是只有達官顯貴才能享受到的（anciently, the officers at China were scholars by virtue of their birth and hereditary position, and office was not open to them simply by the path of learning），而學校則是用來培練未來的官員（School for the training of officers）。理雅各將中國教育的弊病歸咎於封建王朝（fedual kingdom）[107]。

二、儒家文化重視「主體性」與西方文化重視「客體性」

我們不能武斷地說中國沒有科學，畢竟古代的中國有四大發明：造紙術、指南針、火藥、印刷術。但在傳教士眼裡，中國人似乎將科學的重點放錯了位置。利瑪竇曾指出：中國人有兩件跟科學有關的例子，但以荒唐和鄙俗的目的在進行。第一個例子是想嘗試用水銀製造出真正的白銀，第二個例子是想煉丹或提煉藥物來達到長生不老。雖然利瑪竇這番言論很坦率，但也點出了西方科學與東方科學本身側重點的差異性[108]。

利瑪竇的尖銳批評言論促使本文反覆地思考：為何從近代史看來，西方的科學發展遠遠超過中國？最後，終於在中西方學者的文獻中找到了解答。在中國，牟宗三的《中國哲學的特質》就提到兩點：第一，中國的哲學（儒、道、佛）皆強調人生哲學和以「生命」為中心的「主體性」（Subjectivity）與主觀性；西方哲學重視以「知識」為中心的「客體性」（Objectivity）與客觀性，所以西方發展出「邏輯思辨」，進而催生出數學、科學、物理、化學等客觀知識論的學科。換言之，中國古代哲人是以「自己生命本身的內省修德（Reflection, introspection）」為對象，通過實踐德行，來達到政治理想；反觀希臘哲學家，他們則是以「自己生命以

見：徐宗林、周愚文，《教育史》[M]（臺北：五南圖書出版社，2000年），第204-209、225、247-249、258、277頁；滕春典直接將歐洲的中古世（黑暗時代）設定在西元500年到西元1500，介於羅馬帝國的舊輝煌時代和文藝復興新輝煌時代之間。見：滕春典，《西洋教育史：中世紀及其過渡世代》[M]（臺北：心理出版社，2009年），第4、138頁。

[107] Legge, J. (ca, 1815-1897). James Legge's four lectures on Imperial Confucianism. (MS. Eng. Misc d. 1256). Bodleian Library & Radcliffe Camera, University of Oxford, Oxford, England. p. 228, 300.

[108] （義）利瑪竇著，文錚譯，《耶穌會與天主教進入中國史》[M]（北京：商務印書館，2014年），第65頁。

外的自然生命（Natural life）」為對象。第二，西方的哲學把「學科」與
「知識領域」區分得非常清楚，也各自獨立，不會混淆，例如：科學是科
學；宗教是宗教；神學是神學，所以哲學的重點都擺在「知識」而非「宗
教」上。「他們[西方]的哲學史中並沒有一章講耶穌。宗教是宗教，並不
是哲學。宗教中有神學，神學雖與哲學有關，而畢竟仍是神學，而不是哲
學的重點與中點。哲學涉及之，是哲學的立場，不是宗教的立場。」[109]在
英國，李約瑟（Jpseph Needham, 1900-1995）撰寫多卷的《中國的科學與文
明》（Science and Civilisation in China），其中提出了近代科學誕生在西洋
的「李約瑟難題」來探討中國「官僚封建制度」。李約瑟提到：正面來
說，這種官僚（Kuan-liao, bureaucracy）與由皇帝掌握的絕對權力，通過科
舉制度選拔了士大夫和學者，並讓這些人協助中國的發展；負面來說，也
是這種中央高度集權與選拔人才方式的單一性，導致中國走向以智力考試
為導向，僅讀要考試的書，不容易接受新的思想與新的學科，進而遠離了
科學[110]。

小結

　　理雅各翻譯的儒家經典與牛津史料都分別指出：第一，中式教育無
法發展出科學，主要是因為太過重視「科舉考試」，造成考試綁架教學與
「萬般皆下品，唯有讀書高」的教條思想。第二，與大部分晚清來華的傳
教士想法相似，認為孟子的學說比孔子技高一籌：孟子的人性向善論與對
自然神論（Deism）提出批評的巴特勒（Bulter）思想是吻合的。第三，中
國人無法信仰基督教，主要是因為孝道。由於中國傳統文化影響，孝道與
中國人的「祭祖」相關聯，導致理雅各筆下的「背離真神」，指的是帶有
儒家思想的人不信仰西方的「上帝」。第四，在儒家教育下，女子地位遠
遠不如男性。正是因為受到這種「重男輕女」的文化道德制約，在當時社
會形成了一夫多妻、殺女嬰、纏足等陋習。

---

[109] 牟宗三，《中國哲學的特質》[M]（臺北：臺灣學生書局，1994年），第5-6、
　　15-16頁。
[110] 李約瑟，〈東西方的科學與社會〉，收錄於：劉鈍、王揚宗，《中國科學與科學
　　革命：李約瑟難題及其相關問題研究論著選》[M]（瀋陽：遼寧教育出版社，2002
　　年），第92-93頁。

第五章　理雅各的耶儒關係論

　　當第一批定居在中國的耶穌會傳教士（如：羅明堅與利瑪竇）在中國經典中發現了「天」這個概念與術語時，他們欣喜若狂，因為中國人的「敬天」與「畏天」正好呼應了傳教士所信仰的「上帝」概念。但是，利瑪竇並非全盤接受儒家，而是選擇接受先秦的儒家，否決11至12世紀的理學。否決的原因有二：第一，謝和耐指出：包含龍華民等傳教士在內的論點都認為11至12世紀的宋代理學派已經不是古代真正的儒教了，因為有些理學的傳統受到佛教或印度的偶像派的思想玷污[1]。無獨有偶，中國清代反理學，也批評理學士是「佛老化」的儒學，認為理學只是將「釋老」加以改頭換面，並非純正的儒學，遂因此而排斥之、否定之[2]。第二，比起近代的宋明理學，古代儒家更容易與基督教聯繫在一起。作為傳教士，理雅各希望更多的中國人能接受洗禮信奉耶穌，但當時中國正處在被英國侵略的弱勢地位，儒家思想對基督教產生了強烈的抵制。對此，理雅各選擇理解與調和二者間的矛盾。理雅各認為，儒家思想與基督教並非對立，二者均不主張無神，也不信奉多神，傳教士對儒家思想肆意詆毀的行為是不可取的，只有在透徹地理解中國經書和中國人的道德、社會、政治生活之後，才能與傳教士的職責相稱。

第一節　「上帝」與「天」

　　長久以來，理雅各深信：中國人的「天」（Ti）正是在西方他們所信仰的「上帝」（God）[3]。的確，這兩者的廣義解釋都是「最高的主宰者」

---

[1] （法）謝和耐（Jacques Gernet）著，耿昇譯，《中國與基督教：中西文化的首次撞擊》（CHINE ET CHRISTIANISME: La prenière confrontation）[M]（北京：商務印書館，2015年），第14頁。

[2] 唐君毅，《唐君毅全集・卷十八——哲學論集》[M]（臺北：臺灣學生書局，1990年），第551頁。

[3] Legge, J. (2017). The Religions of China: Confucianism and Taoism Described and Compared with Christianity. London, UK: Forgotton Books. p. 61-62.

與「超越界」，難以分辨。張立文指出：「英語中的上帝（God）這個詞可用天堂（Heaven）來代釋。這樣，中國哲學中的天，便具有西方哲學中自然界（Nature）和最高主宰的神靈（God）的兩種含義。哲學家在使用時，有時單用其一方面的含義，有時兼用兩義。」[4]站在這個角度，孔子的儒家思想則變成了一個宗教教派，不免引人質疑。孔子信仰的「天」是周代古人所信仰的對象。他按照祖先的規矩來祭天，但他從不跟學生們談論宗教問題。傅佩榮認為孔子的宗教觀，簡單來說就是他內心相信「天」，只對天禱告。一般老百姓眼裡，鬼神是由他們的祖先變成的，所以孔子不會與一般人一樣跟鬼神禱告來尋求幫助。對於朱熹把「天」講成「理」這一說法，傅佩榮認為大錯特錯：「清朝學者錢大昕指出，孔子明明談的是天，哪有人向理禱告呢？這不是很奇怪的事嗎？」本文終於在牟宗三的《中國哲學的特質》找到了明確的分界線：西方信仰的「上帝」並不等同於中國古代的「天」。

　　在理雅各的翻譯著作中，他似乎可以做出區別。因為他會用不同的英語單詞區別出「物質性的天空」與「超越性的上帝」。例如：當理雅各在翻譯大自然的天空時，他認為必須要翻譯成「Heaven」或「sky」，若要翻譯具備超越性的至上神，理雅各一定會翻譯成「Heaven」[5]。無獨有偶，張政與胡文瀟通過楊伯峻出版的《論語譯注》也劃分出三種「天」的英譯（如表13）。大致上，對《論語》進行翻譯的幾位學者（如理雅各、辜鴻銘、韋利、劉殿爵、林戊蓀等），將「天」的英譯主要有三種：「God」、「Heaven」、「Sky」。學術界已有部分研究成果將理雅各與辜鴻銘的譯作做比較，大致上來說，辜鴻銘對「天」的英譯「God」較容易為西方人所接受，因為這是西方人所熟悉的「上帝」。而理雅各對「天」的英譯「Heaven」則更加貼近中文「天」字面上的意思。在此理雅各特意運用不同的首字母大寫英語單詞為中方與西方的神做出了區分，西方的神為「God」，中國的神為「Heaven」。

---

[4]　張立文，《中國哲學範疇發展史：天道篇》[M]（臺北：聯經出版社，1996年），第68頁。

[5]　姜燕，《理雅各《詩經翻譯與儒教闡釋》》[M]（濟南：山東大學出版社，2013年），第135頁。

由此看出，理雅各對於至上神的翻譯是非常細膩的，他既尊重了《中國經典》原文中的「天」，又將西方基督教的「上帝」思想注入到中國的「天」這個字，所以他選用了大寫H的「Heaven」，而不是小寫的h的「heaven」來表示「至上神」的概念。這種做法正如他把「God」一詞做出大小寫的區分，大寫表示專有名詞，即具有獨一性的名詞，小寫則表示一般性名詞。

表13　不同譯者對「天」的翻譯[6]

	理雅各	辜鴻銘	韋利	劉殿爵	林茂蓀
「天」譯作God	0%	77.78%	0%	0%	0%
「天」譯作Heaven	100%	5.56%	94.44%	94.44%	94.44%
「天」譯Sky	0%	5.56%	5.56%	5.56%	5.56%
「天」譯作其他	0%	11.11%	0%	0%	0%

　　從理雅各和辜鴻銘不同的英譯來看，辜鴻銘翻譯的「God」其意義偏向中文的「義理之天」，即道德之天，是一種宇宙的客觀規則與秩序。而理雅各所翻譯的「Heaven」則更多地表達了中文裡的「主宰之天」的含義，雖然直接翻譯成中文後看不出有濃厚的宗教色彩，但「主宰之天」仍隱含「神」與「上帝」的意義。

　　若深入分析，中國的「天」其實有三種含義：第一種自然之天，即大自然的天與地的概念；第二種是人格化的天，即天是世界的主宰，從皇帝是「天子」一詞中也可看出「天」的主宰地位；第三種是義理之天（宋明理學的觀點）[7]，如表14所示。理雅各主要是抓住了上述的第三點做出「合儒」的翻譯研究，但這都無法證明中國的「天」即是西方的「上帝」。由此不難聯想到利瑪竇在中國的適應政策——他所定下的「利瑪竇規矩」，也就是為儒家設下了偽前提。

6　由張政與胡文瀟所整理出。見：張政、胡文瀟，〈《論語》中「天」的英譯探析——兼論其對中國文化核心關鍵字英譯的啟示〉[J]，《中國翻譯》2015(06)：92-96；作者見：楊伯峻，《論語譯注》[M]（北京：中華書局，2012年）。

7　來自於孫邦華的講課紀錄；楊伯峻，《論語譯注》[M]（北京：中華書局，2012年）；張政、胡文瀟，〈《論語》中「天」的英譯探析——兼論其對中國文化核心關鍵字英譯的啟示〉[J]，《中國翻譯》2015(06)：92-96。

表14　「天」的三種解讀[8]

自然之天 （3處）	天何言哉！（7.19） 巍巍乎唯天為大。（8.19） 夫子之不可及也，猶天之不可階而升也。（19.25）
主宰之天 （12處，本文只選3處）	天將以夫子為木鐸。（3.24） 生死有命，富貴在天。（12.5） 天之曆數在爾躬，允執其中。（20.1）
義理之天 （3處）	五十而知天命。（2.4） 獲罪於天，無所禱也。（3.13） 夫子之言性與天道，不可得而聞也。（5.13）

一、傳教士為耶儒關係設下了「偽前提」

當談到「西學東漸」與「中學西傳」時，第一個會聯想到的人物就是利瑪竇。張西平表示，雖然表面上利瑪竇將西方的宇宙觀與科學觀等科學知識介紹到中國，但「科學只不過是他傳教的手段，而傳教則是他的目的」。這位來華的義大利耶穌會傳教士通過三個方面來進行「合儒」政策：第一，突顯原儒的宗教性；第二，突出耶與儒在倫理上的一致性；第三，包容中國傳統祭祖、祭孔的禮儀。通過「合儒」政策，利瑪竇希望最後基督教能在中國取代儒家，讓基督教在中國遍地開花[9]。所以在利瑪竇之後的傳教士，普遍都遵循著這個「利瑪竇規矩」，這也說明了理雅各不斷地在中國古代經典當中一直尋找他所信仰的「上帝」（God）的影子。人性本身就無法完全地客觀，即使努力做到客觀，人性還是存在著些微的主觀性判斷。當傳教士們預先設定好原儒中的「天」正是《聖經》中的「上帝」時，任何與他們想法相左的意見，他們都可以充耳不聞、視而不見，甚至更嚴重的是，他們會牽強附會，用他們自己所理解的方式來詮釋整件事情的真實原貌，這正是康德所謂：「當你戴上一副有色的眼鏡時，你看這整個世界全部都會變成鏡片上那個顏色。」

在評價劉謐的《三教平心論》中，理雅各分享了他的教會執事（A

8　由張政與胡文瀟所整理出。見：張政、胡文瀟，〈《論語》中「天」的英譯探析——兼論其對中國文化核心關鍵字英譯的啟示〉[J]，《中國翻譯》2015(06): 92-96；作者見：楊伯峻，《論語譯注》[M]（北京：中華書局，2012年）。

9　張西平，《中國與歐洲早期宗教和哲學交流史》[M]（北京：東方出版社，2001年），總序第3頁、第65、146、174、176、178頁。

deacon, a church officer）被問到的一個問題：「孔子是罪人嗎？」（Was Confucius a sinner?）有趣的是，這位執事回答：「是。」理由很簡單：「人都是罪人，而孔子是人，所以孔子一定是罪人。」[10]乍聽之下似乎有邏輯，因為他採用了亞里斯多德（Aristotle）的三段論法（Syllogism or Syllogismus[11]）；但因為前提設定錯誤，於是陷入了「偽前提」謬論。換言之，基督教早已設定好的前提——「人都是罪人」，套在中國儒家思想上來看，就會形成謬論。

　　1852年，理雅各在儒家經典中深入挖掘，並繼承了利瑪竇的「上帝」的概念主張。於明末來華的耶穌會士、義大利人利瑪竇在翻譯基督教《聖經》中的Deus時，借用儒學經典中的「上帝」來表達，受到其他一些耶穌會士及其他天主教修會傳教士的反對。另外一方面，「中國人認為天是社會和政治秩序的保證及楷模」[12]。這是後來「禮儀之爭」（Chinese Rites Controversy）中的核心問題之一。然而，本文認為理雅各之所以繼承了利瑪竇的主張，其原因有二個：「符合邏輯」與「陷入偽前提假設」。第一，因為基督教不容許崇拜偶像，而「天」在程朱理學上帶有宗教意義，無論放在儒家、佛教、道教任何一個當中，其實在傳統的基督教徒眼裡，若「天」不等於「上帝」或「唯一的神」，那「天」就會是異端邪教。李天綱指出：「如果漢語的『天』和天主教的『Deus』（徒斯，拉丁文『神』）混同，那麼梵蒂岡教堂裡的『上帝』就可能和北京天壇上空的『上帝』混同。」[13]第二，西方思辨教育與哲學教育中經常提到的「偽前提」（False Premises），而前提（Premise）是論證的基礎，若前提不夠穩固扎實，論證就會像大樓崩塌般倒下。對此，史黛拉‧寇卓爾（Stella Cottrell）舉了下面二個偽前提：

[10] Legge, J. (ca, 1815-1897). James Legge's four lectures on Imperial Confucianism. (MS. Eng. Misc d. 1261). Bodleian Library & Radcliffe Camera, University of Oxford, Oxford, England. Confucius, p. 26.

[11] 鄔昆如，《希臘哲學趣談》[M]（臺北：東大圖書有限公司，1976年），第214-215頁。

[12] （法）謝和耐（Jacques Gernet）著，耿昇譯，《中國與基督教：中西文化的首次撞擊》（CHINE ET CHRISTIANISME: La prenière confrontation）[M]（北京：商務印書館2015年），第65頁。

[13] 李天綱，《中國禮儀之爭：歷史‧文獻和意義》[M]（上海：上海古籍出版社，1998年），第25頁。

例一：被雨淋濕了，會感冒。建築工人淋雨工作好幾小時，他們一定會感冒。

例二：城市有空氣污染，鄉下郊區沒有污染，所以住在鄉下一定活得比較久。

其實認真仔細想想，這二個前提與論證都不足以成立。例一的淋濕與感冒沒有直接相關，並且在大部分的情況，淋雨不見得會感冒。例二更是無稽之談，郊區難道沒有農藥或其他工廠嗎？為何能斷言住鄉下就一定長命百歲[14]？由此可見，說話者的前提的確容易誤導一些民眾，若民眾又缺少思辨的能力，論證就容易成立，並被人們接受。

關於三段論的推論是否正確，本文整理下表做進一步說明：

表15　「三段論法」的正誤分析

組別	第1組	第2組	第3組
大前提	凡人都會死。	鳥有翅膀。	人都是罪人。
大前提	蘇格拉底是人。	飛機有翅膀。	孔子是人。
結論	故蘇格拉底會死。	所以飛機是鳥。	所以孔子是罪人。
判定	對！蘇格拉底會死。	錯！飛機不是鳥。	錯！大前提錯了。

第二組答案是「錯」。有翅膀不足以證明它是鳥，還必須配合其他的必要條件（Sufficient conditions），例如它是（或曾經是）生物、有羽毛，並且擁有鳥的DNA。否則飛機也是有翅膀的東西，但飛機並不是鳥[15]。第三組也是「錯」的。「人是罪人」是以基督教的視角來看世界，但基督教的視角就一定是正確無誤的嗎？這容易陷入過度武斷的判斷。莫爾（Brooke N. Moore）與布魯德（Kenneth Bruder）在上海社會科學院出版的《思想的力量：哲學導論》中就提到：「證明的結論（Conclusion）是一個人試圖確立的關鍵部分（第3行）。前提（Premise）闡述了結論成立的原因（第1行和第2行）。只有兩種方法會導致證明——任何證明——失

14　（英）史黛拉・寇卓爾（Stella Cottrell）著，鄭淑芬譯，《批判性思考：跳脫慣性的思維模式》（Critical Thinking Skills: Developing Effective Analysis and Argument）[M]（臺北：寂天文化事業股份有限公司，2007年），第152、154、169頁。

15　（英）史黛拉・寇卓爾（Stella Cottrell）著，鄭淑芬譯，《批判性思考：跳脫慣性的思維模式》（Critical Thinking Skills: Developing Effective Analysis and Argument）[M]（臺北：寂天文化事業股份有限公司，2007年），第183頁。

敗或者『錯誤』。第一，一個或一個以上的前提不正確或存在問題。第二，前提不能支持結論。邏輯學（Logic）講的是正確推理的理論，它關注第二種失敗的情況。人們通常把第二種失敗情況中所犯的錯誤稱為邏輯錯誤（Fallacies），邏輯學為確認、整理和分析邏輯錯誤做出了重大貢獻。任何理性完備的人都會試圖避免邏輯錯誤，即使哲學家也不能總是成功。」[16]

二、儒家「重人道」；西方「重神道」

就天道來說，理雅各與多數的來華傳教士一樣，都認為中國儒家談到的「天」就是他們所信仰的「上帝」，理由很簡單：因為「天」與「上帝」都是最高的主宰者。從周朝取代了商朝之後，人們就習慣用「天」來稱呼至上神，所以在有些文獻中「天」與「上帝」是可以互換的。但是，若將「天」講得更明確點，可以依照「天」在《詩經》、《尚書》中的資料來分析出「天」的五種性格：「第一，主宰者或統治者（Dominator）：天是統治萬物的存在，人間的一切價值也源於天的意志。第二，造生者（Creator）：天造生人類，並且為萬物的源頭。第三，載行者（Sustainer）：使萬物順著天所安排的規律而運行。第四，啟示者（Revealer）：通過占卜、民意與帝王的智慧，天傳達人間善惡的價值判準。第五，審判者（Judge）：天以各種方式執行對善惡的報應，包括帝國興亡與自然界的禎祥與災異」[17]，這五種性格都與西方的超越者（The transcendent）「上帝」定義很一致[18]。理雅各認為中國儒家思想只承認「天」，排斥其他的神明，這又與「上帝」是唯一真神的概念不謀而合。理雅各解釋：天（The Supreme Being）就是我們的上帝（Lord and Governor）。我長年都是秉持這個信念，中國人「（天）帝」（Ti）與我們的神（God）只是分別出現在中英文裡的同義詞（Synonymous terms），因為「天」與「上帝」都是賦予我們生命的造物者[19]。隨著理雅各對中國

---

[16] （美）布魯克・諾埃爾・莫爾、肯尼士・布魯德著，《思想的力量：哲學導論（第6版）》[M]（上海：上海社會科學院出版社，2009年），第7頁。

[17] 傅佩榮，《孔子詞典》[M]（臺北：聯經出版社，2013年），第184頁。

[18] 傅佩榮，《儒道天論發微》[M]（臺北：聯經出版社，2010年），第31、51、75、79-80頁。

[19] Legge, J. (2017). The Religions of China: Confucianism and Taoism Described and Compared with

經典研究的深入，他逐漸改變了用「神」來翻譯「God」的看法，從1848年起轉而主張用「上帝」來翻譯。從理雅各堅持中國典籍裡的「帝」和「上帝」即西方的「God」可以看出，此時理雅各的研究和翻譯都是為傳教而服務的[20]。理雅各參與到這場譯名之爭當中，意識到自己在漢學方面的不足，這促使他更加深入地進行漢學學習和研究。19世紀50年代初，由於對「God」一詞的翻譯仍有爭議，理雅各通過兩篇論文再次參與到這一用語之爭，分別是〈論「上帝」作為Elohim和Theos在中文中的適當翻譯語：對於文惠廉主教所持「神」的觀點的批判〉和〈中國人的上帝觀和神靈觀〉，理雅各通過這兩篇文章從語言學角度闡釋了上帝譯法的合理性[21]。因此，理雅各相信商朝宗教中的上帝（天或自然神祇）是至高無上的，也斷言古代中國的宗教（商朝宗教）是一神論（Monothesim[22]）。為了使中國原儒的一神論說法成立，理雅各直接做了一個非常明顯的區分，中國人所祭拜的「天」與基督教的「上帝」（God）不謀而合，並不相悖，但對於其他日常生活的拜神祭祖（這裡的拜神是指祭拜非真神耶和華的神明，例如山神、土地公等）則一概視為迷信[23]。如此一來，中國原儒的一神論說法便成立了。

就人道來說，理雅各非常欽佩儒家教育對人所承擔的責任。他認為這符合基督教宣傳福音的基本理念：都是為了建設一個善良的世界。理雅各認為儒家思想與基督教思想有許多共同點，如「對自省、美德、智慧的追求」，這使二者的協調成為可能。理雅各把孔子稱為「夫子」（Master），把耶穌稱為「我主我師」（My Lord and Master）[24]。另外，從「己所不欲，勿施於人」也可以看出理雅各努力在調和儒家與基督教的關

Christianity. London, UK: Forgotton Books. p. 61-62, 95-96. "Heaven gives birth to mankind. That man is the creature of Heaven, or God, therefore, is a tenet of the religion of China."

[20] 楊平、姚金豔，〈西方學者的《論語》翻譯與文化利用〉[J]，《浙江教育學院學報》2010 (6): 42-47，第43頁。

[21] 王東波，〈理雅各對中國文化的尊重與包容——從「譯名之爭」到中國經典翻譯〉[J]，《民俗研究》2012(1): 44-49，第46頁。

[22] Legge, J. (2017). The Religions of China: Confucianism and Taoism Described and Compared with Christianity. London, UK: Forgotton Books. p. 11. "Ti was to the Chinese fathers, I believe, exactly what God was to our fathers, whenever they took the great name on their lips. Thus the two characters show us the religion of the ancient Chinese as a monotheism.」

[23] Legge, J. The Chinese Classics, Vol. III, "Prolegomena", Taipei: SMC, 2000, p. 194.

[24] 岳峰，〈理雅各宗教思想中的中西融合傾向〉[J]，《世界宗教研究》2004(4): 88-96，第92頁。

係。理雅各在翻譯《中國經典》第一卷時，有句：「子貢問曰：『有一言而可以終身行之者乎？』子曰：『其恕乎。己所不欲，勿施於人。』」[25]「己所不欲，勿施於人」是眾所皆知的儒家金科玉律，意思就是：自己不要的就不要強加在別人身上。而理雅各將此句翻譯成：「What you do not want done to yourself, do not do to others.」他在註腳下寫著：這是一條可以終身奉行的互惠原則（the great principle of reciprocity），而互惠這個詞也可以被替換成利他主義（altruism）[26]，理雅各這樣的翻譯與解釋似乎點出了孔子的基本思想，但孔子的「己所不欲，勿施於人」意為將心比心，換位思考，設身處地替他人設想，以維持和諧的人際關係。並沒有強調利他主義，主要的思考本體還是自己。而理雅各在牛津大學檔案（編號為MS. Eng. Miscd. 1261和MS. Eng. Misc e. 1377）重申了兩次，他理解孔子講的「恕」是指「同情般的惻隱之心」（sympathy），正如基督教福音所宣傳的博愛，但他也指出孔子這句話的高度不如基督教福音的利他主義。仔細分析後，孔子與理雅各各有千秋。儒家以生命為中心，重視主體性（subjectivity）和內在的道德（Inner-morality）。而基督教是以神為中心，講求犧牲奉獻的博愛精神。

第二節　「原罪論」與「性善論」：調和成「人性向善」

理雅各在1861年出版的《中國經典》第二卷《孟子》前言中將孟子稱為「我們的哲學家」（Our philosopher），對孟子評價極高[27]。理雅各認為，與同時代的西方思想家柏拉圖（Plato，約西元前427年－西元前347年）、亞里斯多德（Aristotélēs，西元前384年－西元前322年）、芝諾（Zeno，約西元前490年－約西元前425年）、伊比鳩魯（Epicurus, 341-270B.C.）、狄摩西尼（Demosthenes, 384-322B.C.）相比，孟子絲毫不遜色。但理雅各對孟子忽視原

---

[25] 《論語・衛靈公》第二十四章。

[26] （英）理雅各（James Legge）編譯，《中國經典：論語・大學・中庸・孟子：英文》卷一與卷二[M]〔臺北：南天書局有限公司（SMC Publishing Inc），1991年〕，《論語》第301頁。

[27] 潘琳，〈孟子與巴特勒：從中英近代思想史看理雅各對「性善論」的再詮釋〉[J]，《國際漢學》2012(1): 88-108，第89頁。

罪論一事略有批評[28]。理雅各認為，孟子既相信人性本善，又認為仇恨、非禮、邪惡等是人類生活的永恆特徵，那麼天性善良的人為何會行惡就需要一個解釋，而孟子卻並未加以說明。理雅各表示對基督教的一無所知局限了孟子的思想，造成他的人性論有所疏漏[29]。

孟子思想的根基是「性善」，而基督教教義的前提和出發點卻是「原罪」，二者處在完全不同的對立面。理雅各力求緩和孟子思想與基督教之間的尖銳衝突，引用了英國聖公會（Church of England）神學家、護教論者巴特勒[30]（Joseph Butler, 1692-1752）主教的人性理論，強調孟子「性善論」與其一致之處。「憑藉巴特勒主教的巨大影響來為《孟子》求得某種正當性和合法性」。

理雅各對《孟子》的推崇，不僅表現在《孟子》譯本「緒論」中，用巴特勒的言論來支持孟子學說。還體現在1877年提交給上海新教傳教士第一屆代表大會的論文〈儒教與基督教的關係〉（Confucianism in Relation to Christianity）中。如《孟子》提到「行而不得者，皆反求諸己」[31]，理雅各在《孟子的生平與著作》中表示，這與巴特勒強調反省（the principle of reflection or conscience）[32]的重要性吻合。巴特勒與孟子不僅有許多觀點幾乎一模一樣（His views and those of mencius are, as nearly as possible, identical），而且奉行相同的主義與信條（The doctrine in both is the same）[33]。理雅各在《中

---

[28] 韓振華，〈從宗教辯難到哲學論爭──西方漢學界圍繞孟子「性善」說的兩場論戰〉[J]，《中山大學學報（社會科學版）》2012, 52(6): 156-166，第157頁。

[29] 于作敏，〈略論近世西方來華傳教士的儒學觀〉[C]，《中國近現代史史料學學會學術會議論文集之七──中國近現代史及史料研究》2007: 76-83，第80頁。

[30] 巴特勒是一名非英國自然神論（English Deism）者，他寫的《自然宗教與啟示宗教之類比》不僅影響了理雅各，也激發了哲學家休謨對自然神論的攻擊間接地在17至18世紀的英國掀起了對自然神論的批評，此書同時也將近代西方哲學重視的知識論焦點轉向了道德論。見：（英）約瑟夫・巴特勒著，聞駿譯，《自然宗教與啟示宗教之類比》[M]（荊州：武漢大學出版社，2008年），第1頁。原文書名：The Analogy of Religion, Natural and Revealed to the Constitution and Course of Nature.

[31] 《孟子・離婁上》第四章：「孟子曰：『愛人不親，反其仁；治人不治，反其智；禮人不容，反其敬；行有不得者，皆反求諸己。其身正，而天下歸之。《詩》云：「永言配命，自求多福。」』」（英）理雅各（James Legge）編譯，《中國經典：論語・大學・中庸・孟子：英文》卷一與卷二[M]臺北南天書局有限公司SMC Publishing Inc1991《孟子》第295頁"When we do not, by what we do, realise what we desire, we must turn inwards, and examine ourselves in every point."

[32] Legge, J. (1875). The Life and Works of Mencius. With essays and notes. Philadelphia, PA:J. B. Lippincott. and Co. p. 61.

[33] Legge, J. (1875). The Life and Works of Mencius. With essays and notes. Philadelphia, PA:J. B.

國的宗教：儒教、道教評述及其同基督教的比較》一書中表示，孟子比巴特勒早了兩千年，並且巴特勒所強調的重要觀點孟子都曾有所提及[34]。所以理雅各說巴特勒無法超越孟子，因為孟子思想的廣度讓巴特勒難以望其項背（Mencius had left him nothing to discover[35]）。

　　儘管理雅各引用了巴特勒的論點來調和孟子的儒家思想，他仍須面對一個關鍵性的思想衝突：《三字經》中的「人之初，性本善」與基督教的原罪論是衝突的。換言之，中國古代儒家思想與基督教教義有矛盾之處，例如：孟子主張性善，但基督教認為人是罪人。再者，理雅各身為傳教士，不可能忽視原罪這件事，但原罪與人性本善本就是兩個對立面[36]。無獨有偶，在西方也曾經出現過同樣的「人性本善」與「原罪論」矛盾，盧梭（Nicolaus Copernicus, 1473-1543）在他的名著《愛彌兒》（Emile, 1762）書中的開端就提出：「凡是來自於自然的，一切都是善的；而一經人手便墮落了。」[37]這種說法其實也是違反聖經中所記載的人類從亞當、夏娃開始，人就成了罪人。因此，羅馬教會將《愛彌兒》這本書列為禁書，並且在日內瓦市政廳前面公開焚燒，以正視聽[38]。

　　西方傳教士的「原罪論」主張「性本惡」。因此，當理雅各在翻譯儒家經典時，思想難免碰撞，有相同點也有矛盾點。第一，論相同點來說，理雅各從翻譯「四書」一開始，就全神貫注於闡述「人性」學說——「尤

Lippincott. and Co. p. 56.

[34] Legge, J. (2017). The Religions of China: Confucianism and Taoism Described and Compared with Christianity. London, UK: Forgotton Books. 原文："Few who consider the subject without prejudice will object to this view of mencius. In fact, that philosopher, born rather more than two thousand years before bishop Bulter, developed a theory of human nature in which he participated every important point insisted on by the Christian prelate." 韓振華，〈從宗教辯難到哲學論爭——西方漢學界圍繞孟子「性善」說的兩場論戰〉[J]，《中山大學學報（社會科學版）》2012, 52(6): 156-166，第158-159頁；陳先芝，〈從言語行為理論看理雅各《道德經》的英譯及影響〉[J]，《安徽理工大學學報（社會科學版）》2011, 13(2): 93-97，第94頁。

[35] Legge, J. (1875). The Life and Works of Mencius. With essays and notes. Philadelphia, PA:J. B. Lippincott. and Co. p. 64.

[36] 劉單平、曾振宇，〈他者視域下的儒家經典：《孟子》英譯本比較研究〉[J]，《孔子研究》2011, (4): 120-126，第123-124頁。

[37] 盧梭著，魏肇基譯，《愛彌兒》[M]（臺北：臺灣商務印書館，1991年），第一編《嬰兒期——總論》第1頁。People in their natural state are besically good. But this natural innocence, however, is corrupted by the evils of society.

[38] 徐宗林、周愚文，《教育史》[M]（臺北：五南圖書出版社，2000年），第373頁。

其是就其本性、責任以及命運而言」。「根據理雅各對中國傳統的理解，作為上帝具有智慧的創造物（人），而且有國王們的管理和聖人教誨的幫助，人需遵循他們的內在道德本性，這是整個人類的基本『責任』。」[39]「文明的發展歷程實際上是人性潛在可能性逐步實現的過程，而對人性的認識是人類自我認識的起點和基礎，因此，它是中西思想所共同關心的問題。」理雅各在1861年就提出儒學的人性論與基督教思想一致，「儒學主張人性向善與基督教的人必須棄惡向善的思想是相通的」[40]。第二，從相異處來說，傳教士當中對儒學人性論的看法存在很大差異，理雅各屬於為之辯護的一方。但是，他並不認為現實中存在生而為善的理想人格，只承認每個人都有追求善的願望，儒學中也僅有人性向善的趨勢。他仍然站在基督教的前提下，相信人是有罪的，這種解釋顯然與孟子「人性本善」的理論相悖[41]。

　　事實上，善與惡的確是分別站在兩個對立面。因此《孟子》中〈告子章句下〉的「人皆可為堯舜」是無法為傳教士們所認同的。孟子認為只要努力，人人都可以成為聖賢，這種相信人的內在本來就有善的存在與基督教的原罪論是完全相違背的。原罪論是指人的內在本身就有惡的潛在因子，從亞當與夏娃嚥下了分辨是非的善惡果而被上帝逐出伊甸園後，撒但就進入了人們的心中。因此，胡衛青撰文試著解開這矛盾：為了使孟子的性善論與基督教融合，理雅各認為儒學是指人性本身有追求善的欲望本質，但不是人生下來就是善的。因此孟子的性善論是屬於理想化的人格特質，並不存在每個人的現實生活中[42]。可是這樣聽下來，還是沒說清楚這個老問題：人一出生，本性究竟是「善」還是「惡」？愛因斯坦（Albert Einstein）就說過：如果你無法簡單地解釋一個概念，那麼你自己也不是很瞭解這個概念[43]。

[39]　（美）吉瑞德（Norman J. Girardot）著，段懷清、周俐玲譯，《朝覲東方：理雅各評傳》（The Victorian Translation of China, James Legge's Oriental Pilgrimage）[M]（桂林：廣西師範大學出版社，2011年），第267頁。

[40]　胡衛清，〈中西人性論的衝突：近代來華傳教士與孟子性善論〉[J]，《復旦學報（社會科學版）》2000 (3): 68-75，第69頁。

[41]　胡衛清，〈中西人性論的衝突：近代來華傳教士與孟子性善論〉[J]，《復旦學報（社會科學版）》2000(3): 68-75，第71頁。

[42]　胡衛青，〈中西人性論的衝突：近代來華傳教士與孟子性善論〉[J]，《復旦學報（社會科學版）》2000(3): 68-75，第68-75頁。

[43]　原文：If you can't explain it simply, you didn't undestand it well enough.

其實，不同於一般的傳教士，理雅各是理解了孟子的「人性向善」道理的。理雅各將「性善」翻譯成「The nature of man is good」（即人性是善良的），但實際上理雅各認為並非「人性本善」，而是「人性向善」[44]。傅佩榮也指出「人皆可為堯舜」是屬於「由內而發內隱的可能性」，而要開發這種由內而發的可能性，關鍵的大前提是：人性本身是向善。《孟子》的〈告子章句上〉當中的「惻隱之心，人皆有之」與「惻隱之心，仁也」[45]也都呼應了人性是趨向善的。因為趨向善，我們才會有憐憫的一顆心。這與牟宗三強調的中國哲學重視的「主體性」（Subjectivity）與「內在道德性」（Inner-morality）不謀而合。牟宗三認為人有「惻隱之心」就能感受到孔子提倡的中心思想：「仁」。因為人的「惻隱之心」或不忍之心是因為道德心靈（Moral mind）而生，它會觸動《論語》中所談到的「不安」的感覺，這種「覺」，會讓人有四端之心，否則人會是麻木的。所以中國成語中談到的「麻木不仁」重點是擺在指對「仁」的感覺，不是關注在「麻木」二字[46]。理雅各的確是瞭解這個道理的。傅佩榮解釋：「人之情，本但可以為善，而不可以為惡。」藉由這種由內而發的特性，培養出一種精神層面的「氣」：一種浩然正氣。利用這人性向善的可能性蛻變成君子，變成聖賢，最後完成天命。也正因為人性向善的特質，我們從來沒有聽過類似反面的說法，如：「人皆可為桀、紂。」[47]

同樣的道理，人性向善論也能解釋西方的「原罪論」：「亞當與夏娃的墮落（原罪），為人類帶來了『罪性』，使原本『甚好』的人性，加入了邪惡的力量，故世人既有向善的心，也有行惡的事實。向善的心可作

---

[44] 劉單平、曾振宇，〈他者視域下的儒家經典：《孟子》英譯本比較研究〉[J]，《孔子研究》2011(4): 120-126，第123頁。

[45] 理雅各的翻譯：The feeling of commiseration belongs to all men; so does that of shame and dislike; and that of reverence and respect; and that of approving and disapproving. The feeling of commiseration implies the principle of benevolence; that of shame and dislike, the principle of righteousness; that of reverence and respect, the principle of propriety; and that of approving and disapproving, the priciple of knowledge.

[46] 不同於中國的儒、道、佛皆強調人生哲學和以「生命」為中心，西方哲學重視以「知識」為中心的「客體性」，所以西方發展出邏輯思，進而催生了數學、科學、物理、化學等客觀知識論的學科。見：牟宗三，《中國哲學的特質》[M]（臺北：台灣學生書局，1987年），第8-10、43頁。

[47] 傅佩榮，《人性向善：傅佩榮談孟子》[M]（臺北：遠見天下文化出版股份有限公司，2007年），第13-17、511頁；傅佩榮，《傅佩榮解讀孟子》[M]（新北：立緒文化事業有限公司，2004年），第321頁。

為孟子『性善論』之依據；而行惡之趨勢，可作為荀子『性惡論』之基礎；再者，既向善又向惡之心同時並存，則可作為是『性有善有惡論』之源頭」[48]。「性本善」與「性本惡」是歷年來學者們爭辯的重點之一，因此傅佩榮提出警告：人性十分脆弱，讀儒家的思想，千萬不要幻想「人性本善」。這四個字是宋朝學者的創見，不是真正孔孟的思想，也不符合人性事實的狀況。事實上儒家講的「人性向善」，向善代表真誠帶來的力量[49]。

第三節　「儒家」歸類成「宗教」

理雅各在自己的書中寫道：「儒教真的是一個宗教嗎？中國評論（The China Review）曾說儒教根本不是宗教，因為它主要是在談論道德。但是這種說法是不公正的（Absurdly unfair）。第一，我深信中國人的天（Ti, as Deus）就是我們的上帝（God），因為古代的中國是一神論（Monotheism）。第二，中國人的『天』與我們的『上帝』都是造物主[50]。第三，儒家與基督教都認為人應該要有愛（LOVE）[51]。」在牛津檔案中，理雅各也點出：

48　林治平主編，《基督教與中國本色化：國際學術研討會》[M]（臺北：宇宙光出版社，1990年），第66-67頁。

49　傅佩榮，《止於至善：傅佩榮談《大學》、《中庸》》[M]（臺北：遠見天下文化出版股份有限公司，2013年），第71頁。

50　Legge, J. (2017). The Religions of China: Confucianism and Taoism Described and Compared with Christianity. London, UK: Forgotton Books. p. 5-6原文如下：A few words on an error in regard to him of an opposite character will not be out of place. The questions have often been put to me, "But is Confucism really a religion? Was it anything more than a system of morals intended for the government of human society?" The most extended expression of this sentiment is given in a recent number of The China Review, where the writer says, "Confucianism pure and simple is in our opinion no religion at all. The essence of Confucianism is an antiquarian adherence to traditional forms of etuquette,—taking the place of ethics; a sceptic denial of any relation between man and a living God, —taking the place of religion; while there os encouraged a sort of worship of human genius, combined whith a set of despotic political theories. But who can honestly call this religion? Certainly if this were a fair account of all there is in Conficoanism, I would not call it a religion. But the presentation os absurdly unfair." p. 10-11。原文如下："Ti was to the Chinese fathers, I believe, exactly what God to our fathers, whenever they took the great name on their lips. Thus the two characters show us the religion of the ancient Chinese as a monotheism." p. 95-96。原文如下：Man ia the creature of God.

51　Legge, J. (ca, 1815-1897). James Legge's four lectures on Imperial Confucianism. (MS. Eng. Misc d. 1261). Bodleian Library & Radcliffe Camera, University of Oxford, Oxford, England. The Whole Duty of Man, According to Confucianism and Christianity Respectivity, p. 159.

儒家所說的天（Heaven, one Supreme Being）與天道（The path of duty），甚至於盡孝道（Filial duty）都說明儒家具備了宗教元素（The element of religion）[52]。

　　乍看理雅各這三點似乎很有邏輯，但其實漏洞百出。其實不只理雅各，連許多中國人本身也無法說明白儒家是否為宗教。例如，如果問大部分的中國人：儒家是不是宗教？相信絕大部分的人會回答不是。但再更進一步詢問：為何儒家不是宗教？大部分的人就難以解釋得清楚。梁漱溟不認為儒家是宗教，因為儒家只重視今世[53]。的確，儒家不談怪力亂神；而談的是「入世精神」，希望能通過自己的學習與培養高超的德性，來建立一個大同社會。正因如此，把儒家看成是宗教的理雅各才會感到困惑，他在1877年上海新教傳教士第一屆代表大會上提到：他常年研究儒家經典看來，儒家經典都有描述出「天」的概念，但卻沒有「地獄」這一概念（The classical books have a heaven, but not a hell[54]）。其實，理雅各的困惑來自於他一直深信孔子時期的原儒時代中的「天」，正是他在西方所信仰的上帝（God）。葉仁昌更指出：「其實，『儒家是否為一宗教』的爭論，不過是代表儒家聖化或世俗化的兩種取向；一種是要將孔孟神格化，將儒家建構為一宗教系統，以便於更有效地維繫社會與政治；另一種取向則要將孔孟視為一理性的、道德的社會改革者。而這兩種取向共同的終極關懷，既非儒家，亦非宗教，而是國家。」[55]因為：儒教是用來服務與支援政治的體制。

　　理雅各曾經大肆批評儒家的一些觀點，其實若是通過「儒家不是宗教」這概念，均能獲得明確的思路與解釋，以下分四項說明：

---

[52] Legge, J. (ca, 1815-1897). James Legge's four lectures on Imperial Confucianism. (MS. Eng. Misc d. 1261). Bodleian Library & Radcliffe Camera, University of Oxford, Oxford, England. The Whole Duty of Man, According to Confucianism and Christianity Respectivity, p. 165, 167

[53] 林治平，《近代中國與基督論文集》[M]（臺北：宇宙光出版社，1981年），第150頁。

[54] Legge, J. (1877). Confucianism in Relation to Christianity: A paper read before the missionary conference in Shanghai, on May 11th, 1877. Shanghai, China: Kelly & Walsh. p. 8；姜燕，《理雅各《詩經》翻譯與儒教闡釋》[M]（濟南：山東大學出版社，2013年），第62頁；Legge. J. (1871). The Chinese Classics, Vol. IV, "Prolegomena", p. 134.

[55] 葉仁昌，《近代中國的宗教批判：非基運動的再思》[M]（臺北：雅歌出版社，1988年），第94、97頁。

第一，「人皆可成堯舜」。與一般傳教士一樣，理雅各為了儒家的一句「人皆可成堯舜」氣到跳腳，因為《聖經》早已經說過了：人是罪人，怎麼可以接受儒家「人皆可成聖」的說法呢？但回到問題的核心：儒家本身就不是一個宗教，因此當然不會大肆地宣揚神的教義與鬼神之說。儒家是以「人」為出發點，只談人而不談鬼神，只談生而不論死。所以孔子說的：「未知生，焉知死」、「未能事人，焉能事鬼」、「敬鬼神而遠之」都是要提醒人在尊敬鬼神時，仍要保持人的理智，千萬不要「不問蒼生問鬼神」[56]。牟宗三指出：儒家思想通過「天命」與「天道」一層層地向下灌注到我們的主體，最後產生了「自我肯定」，所以儒家才會相信只要願意努力，人皆可以成聖賢。從基本概念上來說，儒家與基督教和佛教有著非常明顯的區分。西方基督教以「恐怖意識」來告訴信徒：我們都是罪人，因此希望靠著上帝得到救贖，最後登上天堂；佛教是「苦業意識」，信徒們希望能從人世間的痛苦中獲得解脫，最後可以做到涅槃寂靜的狀態。但儒家講的不是這麼抽象的概念，儒家是從憂患意識的思想萌芽的，因此孟子說：「生於憂患，死於安樂」，儒家強調的是一種對國家與社會的責任感。牟宗三下面的一席話是最佳區分耶與儒的範例：「中國上古已有『天道』、『天命』的『天』之觀念，此『天』雖似西方的上帝，為宇宙之最高主宰，但天的降命則由人的道德決定。此與西方宗教意識中的上帝大異。在中國思想中，天命、天道乃通過憂患意識所生的『敬』而步步下貫，灌注到人的身上，便作為人的主體。因此，在『敬』之中，我們的主體並未投注到上帝那裡去，我們所做的不是自我否定，而是自我肯定（Self-affirmation）。彷彿在敬的過程中，天命、天道越往下貫，我們的主體就越得到肯定，所以天命、天道越往下貫，越顯得自我肯定之有價值。」[57]

第二，儒家鼓勵祭祖是背棄真正的「神」（God）。因為祭祀這種神聖與虔誠的態度很容易理解成宗教，包括理雅各在內，絕大部分的傳教士都將中國人祭祖的儀式視為是「荒謬的」。但傳教士們將對宗教的狂熱掩蓋住了他們的理性，西方人也會去墳墓前悼念自己的父母與家人，這並無

[56] 傅佩榮，《人能弘道：傅佩榮談論語》[M]（臺北：遠見天下文化出版股份有限公司，2008年），第82-83、133、223、686頁。
[57] 牟宗三，《中國哲學的特質》[M]（臺北：臺灣學生書局，1987），第22-23頁。

什麼好拿來大作文章與加以批評的，因為基本的概念都一樣：緬懷過去的記憶。只是中國在祭祖時，多了許多祭祀的形式而已。在秦家懿與孔漢思合著的一書《中國宗教與基督教》中就強調：研究中國的宗教不應該單純只從儒、道、佛的三大教切入，應該要往前推到最早的古老傳統：「原始宗教」。「原始宗教」包含了古老神話、祭祀、巫術、占卜等。只有推到最早時期的「原始宗教」，我們才能有一個對中國宗教與文化的正確視角，因為這會說明我們理解中國早熟的「人本主義」與「道德」[58]。祭祖其實不一定要被歸類成宗教，把祭祖納入中國古代的傳統也說得通。孔子主張恢復周禮，是因為當時禮樂崩壞，需要一個好榜樣或優良模式來形成仁愛與和諧的社會氛圍。另外，祭祀也不是孔子發明的，他只是主張回歸西周的禮樂制度而已。這就解釋為何本文在解讀理雅各本人的手稿時，經常出現理雅各本人左右搖擺的立場（例如：儒家一會兒是宗教，一會兒不是宗教；孔子一會兒是位優秀的偉人，一會兒又是不真誠的人等），這是標準的削足適履的例子。硬把非宗教的儒家思想放在基督教教義中去解讀，其實理雅各等傳教士都犯了培根在新工具中提到的四大偶像中的三個偏差：第一，種族偶像，以自己的主觀為中心來解讀儒家概念。第二，洞穴偶像，因為自己主觀偏差，只看到儒家的片面概念便進行解讀，硬要把基督教教義套用在儒家思想上。第三，劇場偶像，受到了利瑪竇規矩所引導，理雅各選擇了「易佛補儒」的道路。

第三，孝順是錯誤的。儒家因為講究五倫，所以強調子女對父母的尊重，但在理雅各等傳教士眼裡，中國人的孝文化是錯誤（Wrong）與有害的（Injurious），因為孝順會產生祭祖的行為，而基督教是從來不拜死人的（Christianity has no worship of the dead）。理雅各還俏皮地寫下了這段話來諷刺孔子鼓勵祭祖一事：「我很難不去想像孔子是一臉困惑地站在祭祀死人的儀式前，因為他[孔子]只是單純繼承了前朝的風俗習慣而已。」[59]與前兩點一樣，理雅各是戴著傳教士的眼鏡在看待儒家，並把祭祖視為宗教儀式，這當然與基督教的不可崇拜偶像教義大相逕庭。但儒家不是宗

---

[58] 秦家懿、孔漢思，《中國宗教與基督教》[M]（北京：三聯書店，1990），第10-11頁。

[59] Legge, J. (2017). The Religions of China: Confucianism and Taoism Described and Compared with Christianity. London, UK: Forgotton Books. p. 84, 88, 259.

教，祭祖自然而然也應當視為一種社會風俗與民情，是先人給我們留下的文化之根，也就是儒家道德教育中，曾子說的：「慎終追遠，民德歸厚矣。」[60]慎終追遠的目的是要我們心存感激祖先或尊敬懷念先人，學會飲水思源，這樣才能造就有德行的社會風氣。可惜的是，即便是如理雅各這樣研究儒學深刻的傳教士，都錯將這樣的概念解讀成宗教性。

第四，儒學不是宗教，因為宗教是有排他性。眾所皆知，孔子從未扛著「儒教大旗」招收教徒，這點與基督教和佛教非常不同。正因為儒家不是宗教，所以孔子不談鬼神。令人遺憾的是，當傳教士們為了要「以耶釋儒」時，硬生生把儒家提升成宗教的高度，來將其二者比較與融合，這其實已經導致觀念錯亂。

西方有句成語：將蘋果與橘子做比較（Compare apples and oranges），意思是將兩個完全不同的東西做比較。雖然看起來是相似的，但本質上是不同的，所以不能去做比較，否則就會犯了思辨上的一種錯誤：錯誤的類比（A false analogy）。本文提出這觀點，意在指出西方傳教士在「易佛補儒」時，錯將儒教當成宗教，所以不斷地將儒教與基督教做對比，但儒家與基督教在本質上根本就不同，怎麼可以不斷地做比較？因此，本文希望以西方自以為傲的「邏輯」來指出來華傳教士們在思路上所犯的錯誤，通過「以子之矛，攻子之盾」[61]來反駁包含理雅各等傳教士的偽前提觀點。

小結

自從利瑪竇立下了「易佛補儒」的政策，傳教士們陸續用基督教義來「補儒」、「合儒」，最終達到「代儒」。所以基督教一開始就已經設下了「偽前提」來強化「耶教」與「儒家」的關係：面對觀念類似的西方的「上帝」與中國人的「天」，理雅各強調這兩者是同樣的、一致的；面對觀念大異的「原罪論」與「性善論」，理雅各選擇用巴特勒的概念來呼應孟子「人性向善」的觀點。最後仍不斷地在「耶」與「儒」當中做比較。學者們竟然把非宗教的「儒家」提升成具備宗教色彩的「儒教」。理雅各

60　《論語》學而篇第九章。
61　《韓非子・難一》。

延續前人的「偽前提」思想，繼續將非宗教的儒家與屬於宗教的基督教做
比較，其實已經犯了思辨上的「錯誤的類比」。

結論

　　在中西交流史上，「東學西漸」一直存在，並曾出現過幾次高潮，如秦漢時期伴隨著絲綢之路的「文化西傳」，唐宋時期中國四大發明及冶鐵技術的西傳，元代和明末清初的中歐交流，都將東方文化帶到西方世界。16世紀以前，中國在生產力、科學技術等層面都在世界領先，因此中西文化交流基本以中國文化向外輸出為主。然而在近代，西方列強用船堅炮利打開中國國門，西學也隨之而來。基督教海外傳教事業急劇擴張，傳教士作為文化傳播的載體東進。在儒家文化根深柢固的中國傳教，一些傳教士認為基督教與儒學勢不兩立，只能是「孔子或耶穌」；但也有傳教士認為二者並非水火不容，傳教策略應是「孔子加耶穌」，包括理雅各在內的部分傳教士認同後者的觀點，採取「文化適應」的傳教策略，力求證明基督教與儒學的共同點。

　　理雅各在中西文化交流史上的權威性為各界學者所承認，在儒學西傳中也有著舉足輕重的地位。綜合理雅各的儒家經典翻譯與牛津漢學教育的材料，對於他贊同欣賞的儒家思想，理雅各都會多加闡釋。對自己不認同的觀念則略著筆墨。因此，被理雅各反覆提及的關鍵字，也正是他傳播到西方的儒家思想。在結尾部分，本文總結出理雅各對儒家經典概念的觀點：儒家道德教育、「仁」、民貴君輕、性善論、「以天下為己任」的社會責任感、「孝文化」、女子教育及「學而優則仕」。這些儒家思想以他為媒介，向西傳播，為西方學子所瞭解。

一、理雅各認同關於人的道德教育

　　在中國傳統社會裡，教育即是教化，教化就是以道德教育為核心之對人的教育。在理雅各的譯著中，《聖諭十六條》是最能體現這種「教化」的材料，所以《聖諭十六條》也是理雅各授課時使用頻率較高的材料，因為他認為《聖諭十六條》能彰顯人類最高的智慧，提供了高尚道德的範例，十分接近維多利亞時期中產階級的道德價值觀。因此理雅各希望西方

學子通過理解《聖諭十六條》，可以使西方瞭解中國人民的善良美德。誠然，《聖諭十六條》存在君主專制的思想，但也有助於西方人瞭解中國封建社會在道德上的集體式教化。為重視科學知識而忽略道德教育的西方社會，帶來一些新的思考。西方社會也逐漸開始重視道德教育，提高自身的不足。許多以儒家「仁」為核心的學術研究隨之展開，從而掀起了研究中國儒家道德的風潮。

二、理雅各欣賞孔子的中心思想——仁

仁包含了君子應該具備的各種優良德行之自覺。這使受到基督教影響的理雅各十分讚賞。孝悌是仁的出發點。用「仁」來彰顯整個人生的歷程，「仁」這個字可以解釋為真誠的心靈，引人向善，擇善，以致達到死而後已的至善境界。這是理雅各希望傳播給西方的儒家精髓，希望西方學子明白孔子重視仁的原因，甚至願意「殺身成仁」。當顏淵向孔子問仁時，孔子說，克己復禮為仁。理雅各提到了克己要靠約身，即約束自己的私欲。而禮是內在的基礎，如果沒有這個基礎，禮就流於形式主義。《論語・為政篇》提到：「道之以政，齊之以刑，民免而無恥。道之以德，齊之以禮，有恥且格。」如果一味倚靠法律的懲罰來約束人民的行為，民眾只會為了避免刑罰而守法，並不會產生發自內心的羞恥心，倘若使用儒家的道德教化，用禮來規範社會行為，人民便能自覺遵守法律規則。理雅各本身並未理解出「仁」與「禮」的聯繫性，雖然他的確有向西方強調「仁」的重要性，但未能反映其精髓。

三、理雅各認同孟子的性善論

「性善」也可以說為一種「真誠的力量」，這種力量可以使人性行善避惡，喚起人對善的良知[1]。《孟子》的〈告子章句上〉當中的「惻隱之心，人皆有之」與「惻隱之心，仁也」[2]也都呼應了人性是趨向善的。因

---

[1] 「人性十分脆弱，讀儒家的思想，千萬不要幻想『人性本善』。」這四個字是宋朝學者的創見，不是真正孔孟的思想，也不符合人性事實的狀況。事實上儒家講的「人性向善」，「向」代表真誠帶來的力量。見：傅佩榮，《止於至善：傅佩榮談《大學》、《中庸》》[M]（臺北：遠見天下文化出版股份有限公司，2013年），第71頁。

[2] 理雅各的翻譯：The feeling of commiseration belongs to all men; so does that of shame and dislike; and that of reverence and respect; and that of approving and disapproving. The feeling of commiseration implies

為趨向善，我們才會有憐憫的一顆心。筆者同情理雅各思想上的鬥爭。作為基督教徒，他從小認為人帶有原罪。面對孟子的觀點，產生了思想上的矛盾。應對這個疑惑，他運用巴勒特對人性理論來進行過渡。此舉也是為了化解儒家與基督教教義的矛盾衝突。希望西方能更好地接受儒家思想，並起了緩和文化衝擊的作用。

四、理雅各讚賞「以天下為己任的社會責任感」

從《大學》中的「修身、齊家、治國、平天下」，到孟子「樂以天下，憂以天下」，再到孔子的「修己以安百姓」。這種「以天下為己任」，將自我追求與社會利益結合的高尚精神追求為理雅各所欣賞。理雅各不斷地將儒家的道德教化與君子的培養傳播到西方，就是為了彌補西方資本主義社會過度重視金錢利益、自私自利的個人主義（individualism）趨勢。例如近年來美國許多知名企業如安然（Enron）、世通公司（WorldCom）、雷曼兄弟（the Lehman Brother）、花旗集團（Citigroup）、高盛（Goldman Sachs）等道德醜聞（scams）與商業詐欺（frauds）事件爆發後[3]，不僅讓外界對美國的道德觀心生疑慮，更是讓美國教育界開始對其領導者的道德教育進行自我反省。因此，除了哈佛大學已開設道德課程外，許多學術期刊紛紛指出，當商業領導者或經理人在做決策時，必須加入道德的考量，以提升企業表現與未來發展[4]。因為西方認為所謂的德（ethics）是一種被人們採納、堅信、維護建於日常生活中的價值與標準（Ethics is a value or a standard that a person adopts, strongly believes in, upholds, and lives by）[5]。當「德」被組織成員們認同並內化成企業文化後，組織成員們將成為有德之人。美國麻省理工學院斯隆商學院的愛德格・施恩（Edgar Schein）教授稱這種被內化的價值與信仰為信奉價值（espoused beliefs and values）[6]。美國人內省時不只採用西方觀點，也同時借

the principle of benevolence; that of shame and dislike, the priciple of righteousness; and that of reverence and respect, the principle of propriety; and that of approving and disapproving, the principle of knowledge.

[3] Ip, P. K. (2011). Practical wisdom of Confucian ethical leadership: A critical inquiry. Journal Of Management Development, 30(7/8), 685-696. doi:10.1108/02621711111150209 p. 693

[4] Low, K. C. P., & Ang, S. L. (2013). Confucian ethics, governance and corporate social responsibility. International Journal of Business & Management, 8(4), 30-43. doi:10.5539/ijbm.v8n4p30 p. 30

[5] Low, K. C. P., & Ang, S. L. (2013). Confucian ethics, governance and corporate social responsibility. International Journal of Business & Management, 8(4), 30-43. doi:10.5539/ijbm.v8n4p30 p. 32

[6] Schein, E. H. (2010). Organizational culture and leadership. (4th ed.). San Francisco, CA: Jossey-Bass. p. 38

鑑了東方儒家博大精深思想中的道德觀。在美國許多領導學教科書中皆指出，具有道德（ethics/moral）或美德（virtues）的教育領導者才是好的領導者。美國喬治福克斯大學教授克萊格‧強生（Craig Johnson）簡單明瞭指出：道德就是具有高道德情操的人所做出的好決定[7]。2013年，石滋宜更直接撰寫了《向孔子學領導》的商業管理一書[8]。因此，許多商業管理的學術期刊紛紛開始收到「君子領導學」（Junzi leadership）投稿。

五、理雅各讚賞孟子的民主思想——民貴君輕

相較於孔子，孟子更被理雅各重視。從小在西方長大的理雅各，讀到孟子「民為貴，社稷次之，君為輕」之民為邦本的觀念時，不禁驚歎中國古代的大智慧。通過君王愛民如子，來建設一個養民、教民、與民同樂的國家。理雅各認為在這一思想上，孟子的理念先進於孔子。因孔子在君民觀念上較為教條。而孟子的觀念也與盧梭《社會契約論》（或《民約論》）中宣導的「民權崛起，君權下降」的民主觀念不謀而合，中西方的民主觀念由此產生一定融合，相得益彰。

六、理雅各對孝文化的質疑

雖然西方子女並沒有撫養父母的義務，但理雅各對儒家的「孝」和「敬老」的觀念是同意與尊重的。但理雅各點出兩個孝道帶來的消極影響。作為一個個性樸實的傳教士，理雅各認為二十四孝中，對孝順的過分追求已經到達一個非理性的層面，愚昧荒唐。如臥冰求鯉、嘗糞憂心、恣蚊飽血等荒謬的行為。

篤信基督教的理雅各也無法認同儒家的慎終追遠，緬懷祖先。曾子曰：「慎終追遠，民德歸厚矣。」強調父母在世時，應盡孝道，並追念死去的祖先。以期陶冶出忠厚老實的道德情操。但在理雅各看來，對孝的過分追求導致祭拜祖先這種迷信的行為。從理雅各的翻譯就可看出，他無法理解祭祖的真正意義，因為他始終都是用基督教的「泛愛」看待中國人的「等差之愛」。看到中國人對祖先牌位進行膜拜更為吃驚。由於西方並沒

---

7   Johnson, C. (2012). Meeting the ethical challenges of leadership: Casting light or shadow. (4th ed.). Thousand Oaks, California: SAGE. p. 80

8   石滋宜，《向孔子學領導》[M]（臺北：遠見天下文化出版股份有限公司，2013年）。

有這種習慣，所以理雅各將其視為迷信可以理解。在西方，想念去世的親人會帶著花束到墓前回憶過去的美好，沒有燒紙錢祭拜的文化習俗。

七、理雅各認為儒家觀念輕視女子

理雅各來到中國後，發現只有男孩在私塾讀書。並且許多儒家倫理有打壓女性的傾向。在儒學主導的封建社會裡，女性不能接受教育，不能拋頭露面，甚至還被要求「纏足」、「恪守貞節」。因為缺少教育，女性視野思想受到局限。女性只能依附於男性的社會地位之下。這一點，在兩性平權的當代中國已不存在。

由於基督教奉行一夫一妻，嚴守基督教規的理雅各對當時中國仕紳的一妻多妾深表不認同，將其視為一種男尊女卑的社會現象。並且認為這是具有災難性的婚姻制度。以現今社會來看，理雅各的觀點有道理，一夫多妻助長了男性的性別優越感，形成了男權主導的社會形態。女性的正當權利無法得到保障。

八、理雅各對「學而優則仕」的批判

自古以來，中國的儒家教育不斷追求士大夫的高度。從「士農工商」和「學而優則仕」的排列順序就可看出讀書人的社會地位。士大夫是儒家所認同的菁英分子，認為具有高道德情操的君子或士大夫來領導、治理國家會更好。由此導致封建社會裡讀書人的首要目的就是做官的功利心理，盼望著「一舉成名天下知」。這使讀書人做學問時帶有一定的方向性，一味研究統治者所宣導的「顯學」。理雅各也提到科舉考察的惡劣環境以及上京趕考的辛酸，對這種「學而優則仕」的觀念表達了他的不認同。現在來看，這個問題仍具有現實意義。也是亞洲目前教育改革主張以學生為主的原因。

理雅各同時認為，中國的科舉制度限制了教育系統的發展。「罷黜百家」之後，成千上萬的讀書人為求做官，花大量精力苦讀四書五經等儒學書籍。雖然古代中國有聞名世界的「四大發明」，但讀書人普遍忽略了科學、數學等基礎學科。理雅各認為，教育不應該有偏向性。雖然學習四書五經對陶冶道德情操確實有幫助，但無益於其他學科的發展。現代社會的我們對讀書人給予較高評價，卻仍在一定程度上忽視對勞動技術性人才的

培養，西方卻不會歧視有技術而缺乏人文知識的勞動者。因此如理雅各所認為，「學而優則仕」在一定程度上有礙古代社會的科學發展。

總體來說，理雅各在中西文化教育交流史上的貢獻，大致上以他的著書與漢學教育為主要核心。

在著書方面，理雅各所翻譯的中國經典《論語》、《大學》、《中庸》、《孟子》、《書經》、《春秋》、《禮記》、《孝經》、《易經》、《詩經》、《道德經》、《莊子》等譯本被西方奉為標準譯本，長盛不衰。除了翻譯作品，理雅各也有《基督教與儒教有關人的完整責任之比較研究》、《孔聖人與中國的宗教》、公開講座講稿集《中國的宗教：基督教視野描述比較之下的儒教與道教》、《佛國記》、《高僧法顯傳》等著作。他的理解以及他翻譯的心路歷程，這也使得他的譯作從他的時代至今，都具有極高的學術研究價值。在中西文化交流史上留下了寶貴的精神財富。

他的著書提供了一種媒介，使西方學者更貼近儒家文化的面貌，減少了因文化差異可能帶來的曲解。理雅各不僅生時為中西文化交流盡心竭力，在他去世後，通過其著書為世世代代的儒學研究者提供參考，為中西文化留下無窮無盡的思想啟迪。如韓愈所說：「化當世莫若口，傳來世莫若書。」

理雅各的書籍在歐亞大陸廣為流傳，一舉將儒學推向國際，有助於儒家與中華文化的傳播。同時，這種文化的跨越也為中國人提供了理解自己文化的獨特視角，對更好地傳播其文化有獨特的指導意義。

在漢學教育方面，理雅各讓西方學子能夠以最貼近的方式，瞭解儒家思想，促進中西文化交流。在牛津時期（1876-1897），理雅各擔任牛津大學首任漢學教授長達二十餘年，開設各種有關漢學的課程與講座來為牛津大學的學子們講解漢學的思想，在中西文化交流史上扮演者不可或缺的角色。

理雅各深知他的言論影響著同期學者對待儒家文化的看法，他的教授有助於打破中西交流的文化壁壘，消除西方對中國人不必要的偏見。他肯定孔子的儒家道德觀，這也被西方重視。由此可見，東方儒學兩千多年前的精髓仍持續地在西方閃爍著智慧的光芒。

參考文獻

一、牛津大學理雅各檔案夾

牛津大學圖書館 檔案資料編號	標題	主要內容	圖片
MS. Eng. c. 7124	一、牛津大學曼斯費爾德學院（Mansfield College）的院長費爾貝恩（Andrew Martin Fairbairn）關於理雅各的回憶錄《回憶理雅各》 二、理雅各逝世訃告	友人多次提及傳教士身份喜愛中國文化並且加入基督精神進行翻譯	24張
MS. Eng. Misc. c. 812	《理雅各回憶錄》	理雅各自己的中國觀察日記 採用敘事體的記錄方式	25張
MS. Eng. Misc. c. 863	私人手稿	草書	2張
MS. Eng. Misc. c. 864	寫給岳母的書信		
MS. Eng. Misc. c. 865	一、同治12年（1873年）在華的英國事務領事館頒布給英人進士理雅各的遊覽通行證（原件） 二、理雅各私人學習中文的筆記	一、前往山東、直隸（今河北）、江蘇三省遊歷 二、學習筆記旁，配有英文注釋以及對應書籍出處的頁碼	13張
MS. Eng. Misc. d 1230	《理雅各的中國日記》	採用敘事體的方式描述其本人在中國的每一天	49張
MS. Eng. Misc. d. 1252	理雅各私人學習中國古代史的學習筆記	詳細記錄了古代各朝各代的年號、年份、皇帝以及在位的資訊，並在旁配有用英文敘述的重要歷史事件	40張
MS. Eng. Misc. d. 1253	《封建中國》 演講稿一和二，以及筆記	草書	
MS. Eng. Misc. d. 1254	私人手稿	草書	
MS. Eng. Misc. d. 1255	私人手稿	草書	

牛津大學圖書館檔案資料編號	標題	主要內容	圖片
MS. Eng. Misc. d. 1256	《孔子與中華帝國：康熙十六條》卷一至卷四，共四卷	《聖諭十六條》，每一條只有精簡七字，針對每一條都有大量的故事寓意來闡述萬歲爺想教化人民的思想	78張
MS. Eng. Misc. d. 1257	理雅各學習中文的私人筆記	整本手寫中文，草書	
MS. Eng. Misc. d. 1258	理雅各學習中文的私人筆記	三欄筆記法，草書	
MS. Eng. Misc. d. 1259	理雅各學習中文的私人筆記	草書	47張
MS. Eng. Misc. d. 1260	理雅各記敘的他人故事集	草書	
MS. Eng. Misc. d. 1261	理雅各寫的整本論文：儒、道、佛（參考了元朝劉謐的《三教平心論》）	分三篇，分別闡釋理雅各自己對儒家，道家以及佛教的理解	20張
MS. Eng. Misc. d. 1262	一篇受邀講述理雅各自己在中國經歷的演講稿	本篇共有6個章節： 1. 中日之戰 2. 道德經（卷一） 3. 道德經（卷二） 4. 封建時期的中國（夏商） 5. 封建時期的中國（西周） 6. 封建時期的中國（東周）	
MS. Eng. Misc. d. 1264	理雅各的私人手稿	草書	
MS. Eng. Misc. d. 1265	私人手稿	草書	
MS. Eng. Misc. d. 996	理雅各個人生活以及家庭生活的論述	草書	
MS. Eng. Misc. e. 1377	《孔子傳》	以理雅各的視角看待孔子其人其事	21張
MS. Eng. Misc. e. 1378	學習古代歷史（秦）	草書	2張
MS. Eng. Misc. e. 1379	理雅各私人學習筆記	有關於同治年間事件的論述	25張
MS. Eng. Misc. e. 1380	理雅各私人學習古文的筆記 古文二	有記錄〈陋室銘〉、〈陳情表〉、〈蘭亭集序〉等名篇 數學《九九乘法表》	3張
MS. Eng. Misc. e. 1381	理雅各私人學習筆記	草書	1張
MS. Eng. Misc. e. 556	私人手稿	草書	

牛津大學圖書館 檔案資料編號	標題	主要內容	圖片
MS. Eng. Misc. f. 864	私人手稿	草書	
MS. Top Oxon. c. 528	各種與理雅各有關的照片 與雜文	一、友人王韜照片 二、家庭合照 三、理雅各的聘書 四、課堂上學生的問題卡 　　片	22張

二、中文著作

[1] （法）謝和耐（Jacques Gernet）著，耿昇譯，《中國與基督教：中西文化的首次撞擊》（CHINE ET CHRISTIANISME: La prenière confrontation）[M]，北京：商務印書館，2015年。

[2] （美）布魯克・諾埃爾・莫爾、肯尼士・布魯德著，《思想的力量：哲學導論（第6版）》[M]，上海：上海社會科學院出版社2009年。

[3] （美）吉瑞德（Norman J. Girardot）著，段懷清、周俐玲譯，《朝覲東方：理雅各評傳》（The Victorian Translation of China, James Legge's Oriental Pilgrimage）[M]，桂林：廣西師範大學出版社2011年。

[4] （宋）朱熹《論語集注》（下）[M]，合肥：安徽人民出版社，2012年。

[5] （西漢）司馬遷著，甘宏偉、江俊偉注，《史記：評注本》[M]，武漢：崇文書局，2010年。

[6] （義）利瑪竇著，文錚譯，《耶穌會與天主教進入中國史》[M]，北京：商務印書館，2014年。

[7] （英）霍恩比（A. S. Hornby）著，王玉章等譯，《牛津高階英漢雙解詞典》（第七版）〔Oxford Advanced Learner's English-Chinese Dictionary (7th Edition)〕[M]，北京：商務印書館，2009年。

[8] （英）海倫・理雅各（Helen Edith Legge）著，馬清河譯，《漢學家理雅各傳》[M]，北京：學苑出版社，2011年。

[9] （英）理雅各（James Legge）編譯，《中國經典：論語・大學・中庸・孟子：英文》卷一、卷二[M]，臺北：南天書局有限公司（SMC Publishing Inc），1991年。

[10] （英）史黛拉・寇卓爾（Stella Cottrell）著，鄭淑芬譯，《批判性思考：

跳脫慣性的思維模式》（Critical Thinking Skills: Developing Effective Analysis and Argument）[M]，臺北：寂天文化事業股份有限公司，2007年。

[11] 《韓非子》。

[12] 《近代來華外國人名辭典》[M]，北京：中國社會科學出版社，1984年。

[13] 《孝經》。

[14] 《儀禮》。

[15] 《論語》。

[16] 《孟子》。

[17] 《三國志》。

[18] 《尚書》。

[19] 《孫子》。

[20] 《周易》。

[21] 鄧家成，《中西文化比較：哲學文明宗教野蠻》[M]，新北：汶傑圖書出版有限公司，2003年。

[22] 東籬子編，《周易全鑑》[M]，北京：中央編譯出版社，2010年。

[23] 杜維明，《儒家思想》[M]，臺北：東大圖書有限公司，1997年。

[24] 方行、湯志鈞整理，《王韜日記》（原名：《蘅華館日記》）[M]，北京：中華書局，1987年。

[25] 傅佩榮，《傅佩榮解讀孟子》[M]，新北：立緒文化事業有限公司，2004年。

[26] 傅佩榮，《孔子詞典》[M]，臺北：聯經出版社，2013年。

[27] 傅佩榮，《人能弘道：傅佩榮談論語》[M]，臺北：遠見天下文化出版股份有限公司，2008年。

[28] 傅佩榮，《人性向善：傅佩榮談孟子》[M]，臺北：遠見天下文化出版股份有限公司，2007年。

[29] 傅佩榮，《儒道天論發微》[M]，臺北：聯經出版社，2010年。

[30] 傅佩榮，《儒家與現代人生》[M]，新北：業強出版社，1991年。

[31] 傅佩榮，《我看哲學》[M]，新北：名田文化有限公司，2004年。

[32] 傅佩榮，《西方哲學心靈（第1卷）》[M]，新北：立緒文化事業有限公司，2014年。

[33] 傅佩榮，《止於至善：傅佩榮談《大學》、《中庸》》[M]，臺北：遠見天下文化出版股份有限公司，2013

[34] 傅偉勳、周陽山，《西方漢學家論中國》[M]新北：正中書局，1993年。

[35] 辜鴻銘，《論語（英譯本）》[M]，新北：先知出版社，1976年。

[36] 辜鴻銘，《西播《論語》回譯：辜鴻銘英譯《論語》詳解》[M]，上海：東方出版中心，2013年。

[37] 何烈、陸寶千、呂實強、王爾敏、孫會文、李金牆，《中國歷代思想家（18）：曾國藩・郭嵩燾・王韜・薛福成・鄭觀應・胡禮垣》[M]，新北：臺灣商務印書館，1999年。

[38] 洪祥，《中西教育史》[M]，臺北：鼎茂圖書出版有限公司，2005年。

[39] 江佩珍、陳籽伶，《仁者無敵・孟子：孟子名言的智慧》[M]，臺中：好讀出版有限公司，2014年。

[40] 姜燕，《理雅各《詩經》翻譯與儒教闡釋》[M]，濟南：山東大學出版社，2013年。

[41] 李紹昆，《哲學、心理、教育》[M]，新北：臺灣商務印書館，1993年。

[42] 李天綱，《中國禮儀之爭：歷史・文獻和意義》[M]，上海：上海古籍出版社1998年。

[43] 李約瑟，〈東西方的科學與社會〉，收錄於：劉鈍、王揚宗，《中國科學與科學革命：李約瑟難題及其相關問題研究論著選》[M]，瀋陽：遼寧教育出版社，2002年。

[44] 李忠謙，《圖解哲學》[M]，臺北：易博士文化事業股份有限公司，2003年。

[45] 利瑪竇，《利瑪竇中國傳教史《上》：利瑪竇全集1》[M]，臺北：光啟出版社，1986年。

[46] 林煌天，《中國翻譯詞典》[M]，武漢：湖北教育出版社，2005年。

[47] 林美玫，《婦女與差傳：十九世紀美國聖公會女傳教士在華差傳研究》[M]，臺北：里仁書局，2005年。

[48] 林治平，《近代中國與基督論文集》[M]，臺北：宇宙光出版社，1981年。

[49] 林治平，《基督教與中國本色化：國際學術研討會》[M]，臺北：宇宙光出版社，1990年。

[50] 盧梭著，魏肇基譯，《愛彌兒》[M]，臺北：臺灣商務印書館，1991年。

[51] 羅大經，《鶴林玉露》。

[52] 羅傑‧杜利著，寶永華譯，《大腦拒絕不了的行銷》[M]，臺北：大寫出版社，2015年。

[53] 劉家和，《史學、經學與思想──在世界史背景下對於中國古代歷史文化的思考》[M]，北京：北京師範大學出版社，2013年年。

[54] 牟宗三，《牟宗三先生全集》[M]，臺北：臺灣學生書局，1997年。

[55] 牟宗三，《中國哲學的特質》[M]，臺北：台灣學生書局，1994年。

[56] 南懷瑾，《論語別裁（下）》[M]，臺北：老古文化事業股份有限公司，1976年。

[57] 尼采，《超譯尼采》[M]，臺北：商周出版，2017年。

[58] 彭孟堯，《哲學方法論》[M]，臺北：新學林出版股份有限公司，2015年。

[59] 普拉特，《太平天國之秋》[M]，新北：衛城出版，2013年。

[60] 錢遜編，《論語‧下冊》[M]，濟南：濟南出版社，2016年。

[61] 秦家懿、孔漢思，《中國宗教與基督教》[M]，北京：三聯書店，1990年。

[62] 邵玉銘編，《二十世紀中國基督教問題》[M]，臺北：正中書局，1980年。

[63] 孫邦華，《西學東漸與中國近代教育變遷》[M]，北京：中國社會科學出版社，2012年。

[64] 孫培青，《中國教育史》（第三版）[M]，上海：華東師範大學出版社，2010年。

[65] 孫尚揚、劉宗坤，《基督教哲學在中國》[M]，北京：首都師範大學出版社，2011年。

[66] 孫尚揚，《基督教與明末儒學》[M]，北京：東方出版社，1994年。

[67] 唐君毅，《唐君毅全集‧卷十八──哲學論集》[M]，臺北：臺灣學生書局，1990。

[68] 滕春興，《西洋教育史：中世紀及其過渡世代》[M]，臺北：心理出版社，2009年。

[69] 托比・胡弗，《近代科學為什麼誕生在西方》[M]，北京：北京大學出版社，2010年。

[70] 王炳照、郭齊家、劉德華、何曉夏、高奇、施克燦等編，《簡明中國教育史》，[M]北京：北京師範大學出版社，2010年。

[71] 王國強，《中國評論》[M]，上海：上海書店出版社，2010年。

[72] 王韜，《漫遊隨錄》[M]，北京：社會科學文獻出版社，2007年。

[73] 王韜，《弢園文錄外編》[M]，上海：上海書店出版社，2002年。

[74] 王文科、王智弘，《教育研究法（第12版）》[M]，臺北：五南圖書出版社，2008年。

[75] 鄔昆如，《西洋哲學十二講》[M]，臺北：東大圖書有限公司，1987年。

[76] 鄔昆如，《希臘哲學趣談》[M]，臺北：東大圖書有限公司，1976年。

[77] 蕭群忠，《中國孝文化研究》[M]，臺北：五南圖書出版社，2002年。

[78] 小川仁志，《超譯「哲學用語」事典》[M]，臺北：麥田出版社，2013年。

[79] 謝和耐、戴密微等著，耿昇譯，《明清間耶穌會士入華與中西匯通》[M]，北京：東方出版社，2011年。

[80] 徐宗林、周愚文，《教育史》[M]，臺北：五南圖書出版社，2000年。

[81] 楊伯峻，《論語譯注》[M]，北京：中華書局，2012年。

[82] 楊巨平，《古希臘羅馬犬儒現象研究》[M]，北京：人民出版社，2002年。

[83] 葉仁昌，《近代中國的宗教批判：非基運動的再思》[M]，臺北：雅歌出版社，1988年。

[84] 于述勝，《大學》[M]，濟南：濟南出版社，2015年。

[85] 魚返善雄編，《漢文華語康熙皇帝聖諭廣訓》[M]，臺北：文海出版社1974年。

[86] 岳峰，《架設東西方的橋樑——英國漢學家理雅各研究》[M]，福州：福建人民出版社，2004年。

[87] 岳峰，〈理雅各與中國古經的譯介〉[A]，福建省外國語文學會年會

交流論文文集》，2003年。

[88] 岳峰，《在世俗與宗教之間走鋼絲：析近代傳教士對儒家經典的翻譯與詮釋》[M]，廈門：廈門大學出版社，2014年。

[89] 張立文，《中國哲學範疇發展史：天道篇》[M]，臺北：聯經出版社，1996年。

[90] 張西平，《萊布尼茨思想中的中國元素》[M]，鄭州：大象出版社，2010年。

[91] 張西平，《中國與歐洲早期宗教和哲學交流史》[M]，北京：東方出版社，2001年。

[92] 張曉林，《天主實義與中國學統：文化互動與詮釋》[M]，上海：學林出版社，2005年。

三、學術期刊

[1] 陳可培、劉紅新，〈理雅各研究綜述〉[J]，《上海翻譯》2008 (2)：18-22。

[2] 陳先芝，〈從言語行為理論看理雅各《道德經》的英譯及影響〉[J]，《安徽理工大學學報（社會科學版）》2011, 13(2): 93-97。

[3] 段懷清，〈理雅各《中國經典》翻譯緣起及體例考略〉[J]，《浙江大學學報（人文社會科學版）》2005, 35(3): 91-98。

[4] 段懷清，〈理雅各與滿清皇家儒學——理雅各對《聖諭廣訓》的解讀〉[J]，《九州學林》2006年第2期。

[5] 段懷清，〈理雅各與維多利亞時代的英國漢學——評吉瑞德教授的《維多利亞時代中國古代經典英譯：理雅各的東方朝聖之旅》〉[J]，《國外社會科學》2006(1): 81-83。

[6] 段懷清，〈晚清英國新教傳教士「適應」中國策略的三種型態及其評價〉[J]，《世界宗教研究》2006(4): 108-116。

[7] 樊慧穎、劉凡夫，〈從漢譯《智環啟蒙塾課初步》看近代中日間新詞語的傳播〉[J]，《日本研究》2010 (1): 116-119。

[8] 費樂仁、可凡、姚珺玲，〈費樂仁談典籍翻譯與中西文化交流〉[J]，《國際漢學》2012(1): 11-15。

[9] 費樂仁著，姜哲、張爽譯，〈適應主義傳教護教觀之「孟子模式」

——在理雅各、何進善及花之安的中文作品中識別福音派新教話語中的跨文化關聯〉（The Mengzian Matrix for Accomodationist Missionary Apologetics: Indentifying the Cross-Cultural Linkage in Evangelical Protestant Discourse within the Chinese Writings of James Legge, He Jinshan and Ernst Faber）[J]，《基督教文化學刊》2011 (26): 82-114。

[10] 龔道運，〈理雅各與基督教至高神譯名之爭〉[J]，《清華學報》2007, 37(2): 467-489。

[11] 韓振華，〈從宗教辯難到哲學論爭——西方漢學界圍繞孟子「性善」說的兩場論戰〉[J]，《中山大學學報（社會科學版）》2012, 52(6): 156-166。

[12] 劉澤生，〈中國第一位基督教牧師何福堂〉[J]，《廣東史志》2001 (3): 59-60。

[13] 何立芳，〈傳教士理雅各中國經典英譯策略解析〉[J]，《外國語文（雙月刊）》2011, 27(2): 89-91。

[14] 何立芳，〈理雅各傳教士身份與翻譯家身份的交叉性解析〉[J]，《樂山師範學院學報》2010, 25(9): 70-71。

[15] 何立芳，〈理雅各英譯中國經典目的與策略研究〉[J]，《國外理論動態》2008 (8): 68-71。

[16] 洪捷、岳峰，〈淺議英國漢學家理雅各的《佛國記》譯本〉[J]，《福建教育學院學報》2006 (7): 92-94。

[17] 胡衛清，〈中西人性論的衝突：近代來華傳教士與孟子性善論〉[J]，《復旦學報（社會科學版）2000 (3): 68-75。

[18] 姜燕，〈理雅各《詩經》翻譯初探——基督教視域中的中國經典〉[J]，《東嶽論叢》2011, 32(9): 85-89。

[19] 姜燕，〈英國漢學家理雅各對中國早期政治制度的闡釋〉[J]，《孔子研究》2009(2): 102-111。

[20] 姜哲，〈作為「補充」的「譯名」——理雅各中國經典翻譯中的「上帝」與「聖經」之辨〉[J]，《中國人民大學學報》2012 (5): 29-36。

[21] 可凡、姚珺玲，〈費樂仁談典籍翻譯與中西文化交流〉[J]，《國際漢學》2012(1): 11-15。

[22] 李曉偲、樊勇，〈17-18世紀的儒學西傳及其對歐洲哲學的影響〉[J]，

《昆明理工大學學報（社會科學版）》（Journal of Kunming University of Science and Technology）2009 (2): 43-47。

[23] 李真，〈英國早期漢學的「三大星座」──小記英國著名漢學家理雅各、德庇時和翟理斯〉[J]，《人文叢刊》2009 (4): 346-353。

[24] 李玉良，〈理雅各《詩經》翻譯的經學特徵〉[J]，《外語教學》2005(05): 63-66。

[25] 廖敏，〈試析《道德經》翻譯的多樣性〉[J]，《西南民族大學學報（人文社科版）》2004, 25(9): 333-336。

[26] 廖名春，〈「六經」次序探源〉[J]，《歷史研究》2002 (2): 32-41。

[27] 劉單平、曾振宇，〈他者視域下的儒家經典：《孟子》英譯本比較研究〉[J]，《孔子研究》2011 (4): 120-126。

[28] 劉單平、曾振宇，〈英譯《孟子》的三種誤區分析〉[J]，《東嶽論叢》2011, 32(3): 59-62。

[29] 劉家和、何元國、蔣重躍，〈孝與仁在原理上矛盾嗎？〉[J]，《中國哲學史》2004(1): 104-109。

[30] 劉家和，〈理雅各英譯《春秋》、《左傳》析論〉[J]，《國際漢學》2013 (1): 184-196。

[31] 劉家和，〈論原創文化與文化的創新〉[J]，《浙江學刊》2003 (6): 10-15。

[32] 劉陽春，〈理雅各與辜鴻銘《論語》翻譯策略〉[J]，《北京航空航太大學學報（社會科學版）》2008(04): 66-69。

[33] 劉宇，〈當代新亞里斯多德主義實踐哲學的理論建構及其困境〉[J]，《哲學研究》2013 (1): 67-73。

[34] 陸振慧、崔卉，〈信於本，傳以真──論理雅各的儒經翻譯觀〉[J]，《河北工程大學學報（社會科學版）》2012, 29(4): 105-110。

[35] 羅軍鳳，〈理雅各的《中國經典》與清代帝王御纂經籍〉[J]，《學術論壇》2013 (8): 67-71。

[36] 羅軍鳳，〈當西方史學遭遇中國經學──理雅各《中國經典·春秋》與清代《春秋》經學〉[J]，《近代史研究》2015(01): 113-125。

[37] 馬麗娣，〈以中國典籍文學作品英譯研究促進跨文化交流〉[J]，《電影評介》2013 (6): 95-97。

[38] 馬祖毅，〈《四書》、《五經》的英譯者理雅各〉[J]，《中國翻譯》1983 (06): 51-45。

[39] 歐陽德君、歐陽輝純，〈「中國道路」視野下的學術自信——以中國儒學研究為中心〉[J]，《齊魯學刊》2014年第3期。

[40] 潘琳，〈比較宗教學的先期實踐——理雅各與《中國之信仰》〉[J]，《雲南師範大學學報（對外漢語教學與研究版）》2006, 4(1): 86-90。

[41] 潘琳，〈孟子與巴特勒：從中英近代思想史看理雅各對「性善論」的再詮釋〉[J]，《國際漢學》2012(1): 88-108。

[42] 潘琳，〈理雅各的道教研究及其轉變〉[J]，《道教學研究》2017(02): 25-31。

[43] 潘賢模，〈鴉片戰爭後的香港報刊——近代中國報史初篇（第六章）〉[J]，《新聞與傳播研究》1982 (1): 235-256。

[44] 彭清，〈漢籍外譯對民族典籍英譯之借鑑〉[J]，《廣州大學學報（社會科學版）》2013, 12(2): 70-74。

[45] 榮覓，〈《論語》理譯本成功背後權力的介入〉[J]，《湖南醫科大學學報（社會科學版）》2009, 11(1): 162-164。

[46] 沈國威，〈前後期漢譯西書譯詞的傳承與發展——以《智環啟蒙塾課初步》（1856年）中的五代名詞為例〉[J]，《中華文史論叢》2009 (2): 247-276。

[47] 沈建青、李敏辭，〈理雅各在牛津大學的漢語教學〉[J]，《國際漢語教學動態與研究》2008年第4期。

[48] 沈建青、李敏辭，〈從〈就職演講〉看理雅各的漢學思想〉[J]，《中國文化研究》2011 (2), DOI:10.15990/j.cnki.cn11-3306/g2.2011.02.022。

[49] 沈建青、李敏辭，〈牛津大學設立漢語教席的就職演講〉[J]，《國際漢學》2015 (3), DOI:10.19326/j.cnki.2095-9257.2015.02.005。

[50] 史革新，〈略論中華文化在晚清時期的外傳〉[J]，《社會科學戰線》2007 (1): 142-153。

[51] 宋好，〈論19世紀外國傳教士創辦華文報刊的「合儒」策略〉[J]，《理論界》2011(4): 120-122。

[52] 宋新，〈理雅各——從傳教士到傳播中國文化的使者〉[J]，《國際關係學院學報》1997(2): 30-34。

[53] 孫邦華，〈明清時期在華西人視野中的科舉制度特徵與作用——另一雙眼看科舉〉[J]，《福建論壇（人文社會科學版）》2006 (9): 74-79。

[54] 王東波，〈理雅各對中國文化的尊重與包容——從「譯名之爭」到中國經典翻譯〉[J]，《民俗研究》2012(1): 44-49。

[55] 王東波，〈理雅各與中國經典的譯介〉[J]，《齊魯學刊》2008, 2(203): 31-34。

[56] 王輝，〈理雅各《中庸》譯本與傳教士東方主義〉[J]，《孔子研究》2008 (5): 103-114。

[57] 王輝，〈理雅各的儒教一神論〉[J]，《世界宗教研究》2007 (2): 134-143。

[58] 王輝，〈理雅各英譯儒經的特色與得失〉[J]，《深圳大學學報（人文社會科學版）》2003, 20(4): 115-120。

[59] 王輝，〈新教傳教士譯者對孔子和儒家經典的認識〉[J]，《孔子研究》2011(5): 117-126。

[60] 王軍、孟憲鳳，〈西學東漸與東學西漸〉[J]，《北方論叢》（The Northern Forum）2009 (4): 90-92。

[61] 王立群，〈王韜與近代東學西漸〉[J]，《北京科技大學學報（社會科學版）》2004, 20(1): 7-12。

[62] 王立新，〈「文化侵略」與「文化帝國主義」美國傳教士在華活動兩種評價範式辨析〉[J]，《歷史研究》2002 (3): 98-109。

[63] 王勇，〈《論語》英譯簡史〉[J]，《濰坊學院學報》2011, 11(5): 73-78。

[64] 吳伏生，〈《東方聖典》中的《詩經》〉[J]，《社會科學戰線》2012(3): 134-139。

[65] 吳均，〈論《易經》的英譯與世界傳播〉[J]，《周易研究》2011 (1): 89-95。

[66] 伍玉西，〈協調而非對立——理雅各論耶儒關係〉[J]，《廣州社會主義學院學報》2011 (2): 55-59。

[67] 王樟芳、俞影飛，〈《論語》中「仁」的英譯比較研究——以理雅各、辜鴻銘譯本為例〉[J]，《現代語文（語言研究版）》2015(01): 158-160。

[68] 謝駿，〈王韜在近代中西文化交流中的地位〉[J]，《新聞大學》2001 (夏): 51-55。

[69] 謝雨珂，〈理雅各《中國經典》中「君子」的歷史譯寫與知識生產——從《論語》到《書經》《詩經》譯本〉[J]，《澳門理工學報》2017 (2): 77-85。

[70] 薛超睿，〈從《禮記》英譯本「序言」看出理雅各對中國禮學的接受〉[J]，《中華文化論壇》2017(07): 13-18。

[71] 楊慧林，〈「經文辨讀」中的信仰和責任——以理雅各關於「以德報怨」的譯解為例〉[J]，《北京論壇》2010: 100-104。

[72] 楊慧林，〈中西「經文辯讀」的可能性及其價值——以理雅各的中國經典翻譯為中心〉[J]，《中國社會科學》2011 (1): 192-205。

[73] 楊平、姚金豔，〈西方學者的《論語》翻譯與文化利用〉[J]，《浙江教育學院學報》2010 (6): 42-47。

[74] 楊平，〈評西方傳教士《論語》翻譯的基督教化傾向〉[J]，《人文雜誌》2008 (2): 42-47。

[75] 楊穎育，〈百年《孟子》英譯研究綜述〉[J]，《西昌學院學報（社會科學版）》2010, 22(3): 32-40。

[76] 姚金豔、楊平，〈傳教士和漢學家在《論語》翻譯及詮釋中的文化挪用〉[J]，《湖北大學學報（哲學社會科學版）》2012, 39(2): 90-93。

[77] 余樹蘋，〈「不誠」之「誠」——由理雅各對孔子的質疑所引起的「誠」問題討論〉[J]，《廣東社會科學》2012 (2): 73-77。

[78] 袁臣，〈從翻譯適應選擇論看理雅各英譯《道德經》〉[J]，《江蘇外語教學研究》2011(1): 69-73。

[79] 岳峰、周秦超，〈理雅各與韋利的《論語》英譯本中風格與譯者動機及境遇的關係〉[J]，《外國語言文學（季刊）》2009(2): 102-109。

[80] 岳峰、程麗英，〈索隱式翻譯研究〉[J]，《中國翻譯2009(1): 33-37。

[81] 岳峰，〈理雅各與牛津大學最早的漢語教學〉[J]，《世界漢語教學》2003 (4): 100-103。

[82] 岳峰，〈理雅各宗教思想中的中西融合傾向〉[J]，《世界宗教研究》2004 (4): 88-96。

[83] 張政、胡文瀟，〈《論語》中「天」的英譯探析——兼論其對中國文

化核心關鍵字英譯的啟示〉[J]，《中國翻譯》2015(06): 92-96。

[84] 張曦，〈目的決定策略——目的論視角的〈關雎〉英譯本研究〉[J]，《東華大學學報（社會科學版）》2011, 11(4): 269-274。

[85] 鄭易，〈比較理雅各與威利《論語》英譯本中對「仁」字的翻譯〉[J]，《福建論壇・人文社會科學版》2010專刊: 200-201。

[86] 周俐玲、段懷清，〈理雅各與劉謐《三教平心論》〉[J]，中國比較文學》2008(1):75-87。

四、學位論文

[1] 陳可培，《偏見與寬容，翻譯與吸納——理雅各的漢學研究與《論語》英譯》[D]，上海：上海師範大學博士論文，2006年。

[2] 陳韋縉，《西文參考資料對理雅各英譯《詩經》之影響研究》[D]，臺北：臺灣清華大學碩士論文，2010年。

[3] 劉文娜，《《論語》英譯本比較研究——以理雅各、威利、劉殿爵三種英譯本為例》[D]，濟南：山東大學碩士論文，2012年。

[4] 喬飛鳥，《《中庸》英譯本比較研究——以理雅各、辜鴻銘、陳榮捷譯本為例》，中文摘要 I [D]，濟南：山東大學碩士論文，2012年。

[5] 沈嵐，《跨文化經典闡釋：理雅各《詩經》譯介研究》[D]，蘇州：蘇州大學碩士論文，2013年。

五、展覽會議

[1] 臺灣中山大學（科技部補助人文及社會科學研究圖書計畫「歐洲漢學」），《歐洲漢學與東／西人文視域的交映》。

[2] 楊慧琳，〈「經文辯讀」中的信仰和責任——以理雅各關於「以德報怨」的譯解為例〉[C]，《北京論壇（2010）文明的和諧與共同繁榮——為了我們共同的家園：責任與行動：「信仰與責任——全球化時代的精神反思」哲學分論壇論文或摘要集》2010: 100-104。

[3] 于作敏，〈略論近世西方來華傳教士的儒學觀〉[C]，《中國近現代史史料學學會學術會議論文集之七——中國近現代史及史料研究》2007: 76-83。

六、外文文獻

[1] Berthrong, J. (2004, August 6). Book reviews [Review of the book The Victorian translation of Confucianism: James Legge's Oriental Pilgrimage, by N. J. Girardot]. Journal of Chinese Philosophy, 31(3), 412-417. doi: 10.1111/j.1540-6253.2004.00162_3.x

[2] Carr, E. H. (1961). What is History? New York: Vintage books.

[3] Creswell, J. W. (1998). Qualitative Inquiry and Research Design: Choosing Among Five Traditions. Thousand Oaks, CA: SAGE.

[4] Fintland, I., Martin, J. B., & Braut, G. S. (2013). Living in a box, or a genie in a bottle? Archives as a backbone for corporate storytelling. Journal of Management and Strategy, 4(3), 9-15. doi:10.5430/jms.v4n3p9

[5] Gilliland, A. J. (2012). Contemplating co-creator rights in archival description. Knowledge Organization, 39(5), 340-346.

[6] Girardot, N. J. (2002). The Victorian Translation of China: James Legge's Oriental Pilgrimage. Berkeley, CA: University of California Press.

[7] Hsia, A. (2003). Richard Wilhelm's reception of Confucianism in comparison with James Legge's and Max Weber's. Journal of Ecumenical Studies, 15(1/2), 96-110.

[8] Janesick, V. J. (2000). The choreography of qualitative research design. In N. K. Denzin & Y. S. Lincoln (Eds.), Handbook of Qualitative Research (2nd ed.) (pp. 370-399). Thousand Oaks, CA: SAGE.

[9] Kang, T. (2008). Trust, aggression, incorporation, and restitution: A new direction for the 21st Century. International Journal of the Humanities, 5(10), 159-167.

[10] Legge, J. & Ho, T. S. (1843). The Rambles of the Emperor Ching Tih in Keang Nan: A Chinese Fable, 2 vols. London: Longmans.

[11] Legge, J. (1877). Confucianism in Relation to Christianity: A paper read before the missionary conference in Shanghai, on May 11th, 1877. Shanghai, China: Kelly & Walsh.

[12] Legge, J. (1871). The Chinese Classics: with a translation, critical and exegetical notes, prolegomena, and copious indexes.

[13] Legge, J. (ca, 1815-1897). James Legge's four lectures on Imperial Confucianism.

(MS. Eng. Misc d. 1256). Bodleian Library & Radcliffe Camera, University of Oxford, Oxford, England. Taipei, Taiwan: SMC Publishing Inc. p. v. (preface).

[14] Legge, J. (1875). The Life and works of Mencius. Philadelphia, PA: J. B. Lippincott and Co.

[15] Legge, J. (1892, 1893). The Four Books. Oxford, England: The Clarendon Press.

[16] Legge, J. (1959). The Text of Taoism. New York, NY: Julian Press.

[17] Legge, J. (2017). The Religions of China: Confucianism and Taoism Described and Compared with Christianity. London, UK: Forgotton Books.

[18] Legge, J. (ca, 1815-1897). In Memorian: James Legge. (Ms. Eng. c. 7124). Bodleian Library & Radcliffe Camera, University of Oxford, Oxford, England.

[19] Legge, J. (ca, 1815-1897). James Legge's four lectures on Imperial Confucianism. (MS. Eng. Misc d. 1261). Bodleian Library & Radcliffe Camera, University of Oxford, Oxford, England.

[20] Legge, J. (ca, 1815-1897). James Legge's four lectures on Imperial Confucianism. (MS. Eng. Misc d. 1256). Bodleian Library & Radcliffe Camera, University of Oxford, Oxford, England.

[21] Legge, J. (ca, 1815-1897). James Legge's learning notes for Chinese mythical and legendary. (MS. Eng. Misc d. 1252). Bodleian Library & Radcliffe Camera, University of Oxford, Oxford, England.

[22] Legge, J. (ca, 1815-1897). Notes for leaning Chinese. (MS. Eng. Misc c. 865). Bodleian Library & Radcliffe Camera, University of Oxford, Oxford, England.

[23] Legge, J. (ca, 1815-1897). Reminisces. (MS. Eng. Misc c. 812). Bodleian Library & Radcliffe Camera, University of Oxford, Oxford, England.

[24] Martin, W. A. P. (1881). The Chinese: Their Education, Philosophy, and Letters. New York, NY: Harper & Brothers.

[25] McCausland, S. (2011). A future without mediation? Online access, archivists, and the future of archival research. Australian Academic and Research Libraries, 42(4), 309-319.

[26] Mungello, D. E. (2003). A Confucian voice crying in the Victorian wilderness. Journal of Religion, 83(4), 585-592.

[27] Newman, J. (2012). Sustaining community archives. Aplis, 25(1), 37-45.

[28] Peter Tze Ming Ng. Globalization and Religion: The Case of Malacca and the Work of Robert Morrison [J]. Religions, 2012, (3): 1075-1084.

[29] Rickman, H. P. (1961). Meaning in History: W. Dilthey's Thoughts on History and Society. London, England: George Allen & Unwin Ltd.

[30] Taleb, N. N. (2010). The Black Swan: The Impact of the Highly Improbable. New York, NY: Random House.

[31] Tashakkori, A., & Teddlie, C. (Eds.). (2003). Handbook of Mixed Methods in Social & Behavioral Research. Thousand Oaks, CA: SAGE.

[32] Taylor, R. L. (2011). Confucius, the Analects: The Path of the Sage-Selections Annotated and Explained. Woodstock, VT: SkyLight Paths.

[33] Whitehead, C. (1977). Ezra Pound and James Legge (Doctorial dissertation). The University of Toledo.

[34] Williams, S. W. (1913). The Middle Kingdom: A Survey of the Geography, Government, Education,Social Life, Arts, and History of the Chinese Empire and Its Inhabitants. (Vol. 1). New York, NY: Charles Scribner's Sons.

[35] Zhu F. (2009). A study on James Legge's English translation of Lun Yu. Canadian Social Science, 5(6), 32-42.

[36] Zhu, F. (2010). On the stylistic characteristics of James Legge's translation of Lun Yu. Cross-Cultural Communication, 6(2), 1-13.

附錄

附錄1　理雅各的中國古代史的學習筆記

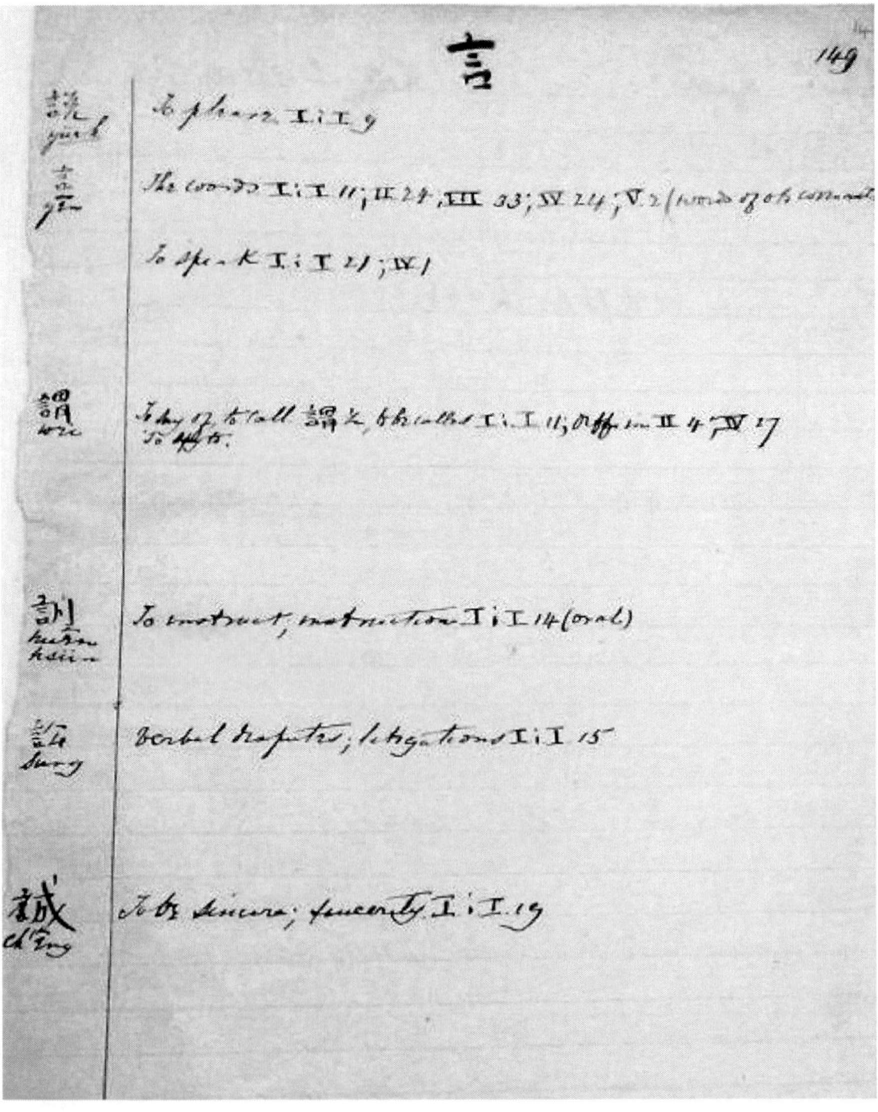

藝
hien | To change. I. IV. 1 (10, ...) ...; in I. 19

罟
li | To reach. I. IV. 1

識
chih | To remember. I. IV. 27

讎
ch'ou | To revenge, avenge; vengeance I. V. 10

諱
hui | To avoid mentioning names of deceased parents. I. V. 15, 17

詩
shih | The Book of Poetry. I. V. 18

謹
jin̄ 0 yee? to yield ~ I: I. 20, II. 1 (to shun) 28; III. 19 IV. 27

謝
she To resign an office I: II. 29

謀
mou To consult, take counsel I. III. 1

誓
gin To reproach, Reink I. i. II. 13

許
hai̇̆ To allow, to agree to I. II. 14'; III. 34
grant
promise

誆
K'uang What is deceiving, to deceive I. i. III. 17

詔
To announce to, to instruct I. i. II. 19; II. I. 11 (an)

附錄2　牛津大學收藏的史料：《聖諭十六條》

IMPERIAL CONFUCIANISM.

FOUR LECTURES,

Delivered during the Trinity and Michaelmas Terms of 1877, in the Taylor Institution, Oxford, on "Imperial Confucianism, or the Sixteen Maxims of the K'ang-hsi period."

(Continued from page 158).

LECTURE II.

I was able to bring before you, in my last Lecture, only the first three Maxims of the K'ang-hsi Sacred Edict, and I now proceed, following the same method of treatment, to deal with as many of the others as the time will permit.

The first Maxim inculcated the fundamental virtues of filial piety and fraternal submission, which find their development in the family, and may be denominated "the first and greatest commandment" in the Confucian system. The second Maxim carried us out of the family into the wider circle of the kindred, embracing all in the branches of nine generations descended from the same ancestor, and enjoined on the members of that circle a generous behaviour to one another in order to illustrate harmony and benignity. The third Maxim took a still wider sweep, and treated of the cultivation of peace and concord in neighbour-hoods, in order to secure universal goodwill, and prevent quarrels and litigations.

Obedience to these Maxims would make the sovereigns of China the rulers of a filial, docile, generous, and friendly people, and their empire a confederation of happy families, loving kindred, and harmonious communities. The fourth Maxim is of a different character. The Benevolent Emperor addresses himself in it to his people at large, and requires from them "Attention to the labours of the field and of the loom."

Chung nông song i tsu i shih,

"Recognize the importance of husbandry and of the culture of the mulberry tree, in order to ensure a sufficiency of clothing and food."

Expanding the Yung-ch'eng Amplification of this Maxim, the Paraphrast, Wang Yu-po, commences by saying :—"The essential articles for the support of the people may be reduced to two, food and clothing. Men bustle and drive about all their days, merely for the sake of rice to eat and raiment to put on; but they do not think of the root and origin of these. If you do not plant the fields, whence will you obtain food? If you do not rear the silkworm, whence will you obtain clothing? The four classes into which society is divided—scholars or officers, husbandmen, mechanics, and tradesmen, have, it is true, each their proper work; yet after all, the sources of our food and clothing depend on those who plant the fields and nourish the silkworm. Should not these things then be viewed as of the very first importance?"

It could not but be that on this subject the example set from the earliest times by the sovereigns of China and their queens or empresses should be referred to. In the Record of the Rules of Propriety, purporting to be a work of the 12th century B.C., we are told that the King of Chow, after the welcoming in of spring and the ceremony of prayer by him to God for a good year, made choice of a lucky day, proceeded in state to the royal fields, carrying in his carriage the plough he was to use. He was attended by the three highest dignitaries of the kingdom, the nine high ministers, the feudal princes who were at court, and a crowd of other great officers; arrived at the spot, the King turned up three furrows, and each of his noble attendants a greater number—some five, and some nine,—till the whole field was ploughed, after which they returned to a banquet in the palace."

The same Record tells us that in the third month of spring, the Queen, after fasting and religious vigil, proceeded to the eastern fields, and collected mulberry leaves. She was attended by the ladies of the harem and the wives of the ministers, who were all forbidden to wear their ornamented dresses, and appeared in raiment befitting their work with the silkworms. The ladies of the

harem, moreover, were discharged for a season from their usual tasks of sewing and embroidery." By and by the Queen presented to the King the finest of the cocoons.

In this way the highest personages in the kingdom set an example to all the people of attention to husbandry and the rearing of the silk-worm; and moreover the grain obtained from the royal field was set apart for use in the great sacrifices, and the silk woven by the ladies of the palace was used in making the sacrificial dresses.

These ancient customs are substantially retained at the present day. Four years ago I felt no little interest in looking at the imperial field of the present dynasty, within the grounds dedicated to "the Father of Husbandry," in the Southern suburb of Peking, and not very far to the West of the Altar to Heaven, where the greatest religious ceremony of the empire is celebrated at the winter solstice. I was shown the parts to be ploughed by others. A similar ceremony—in imitation of the practices in the ancient feudal states—is performed on the same day by the governors of the provinces, the prefects, and district magistrates throughout the empire. An eye-witness of it at Ningpo, some years ago, reports that the first thing was the exhibition by the local officers of the clay images of a buffalo and a cowherd, the buffalo being the animal principally used in China in ploughing. The prefect then ploughed a small piece of ground, after which he and his associates dispersed till the next day at dawn, when they performed various acts of worship in a temple, with a crowd of the common people gathered round. When the worship was over, the clay ox was brought out, and the officers marched round it in procession repeatedly, striking the body at a given signal, till at last one of them gave it a heavy blow on the head. The crowd then rushed in, and tore the image in pieces, each one striv-

* The Lí Chí, IV, i. 13.

* The Lí Chí, IV, ii. 30, and iii. 19.

ing to carry off a portion which he might strow over his own fields, in the hope of thereby ensuring a great crop." No doubt the Empress of the present day, and probably also other great ladies in the various provinces,† continue something like the ancient practice of gathering mulberry leaves and presiding over the manufacture of silk, though we have not opportunities of witnessing what is done within the forbidden precincts.

"Now," says the Paraphrast, addressing the people, "if the most honourable, rich, and noble have not disdained to engage in such labours with a view of setting an example to all others, would it not be strange if you were not to exert yourselves? You must sow in the spring, weed in the summer, and gather in the harvest; and so you will obtain what is necessary for the support of life. The diligent and sagacious have their lands well manured and their silk-worms well nourished; and their property increases more and more. Their grain is stored up in their barns; their cloth is laid up web upon web; they consume neither the whole of the former, nor use the whole of the latter. The idle and improvident, on the other hand, have neither sufficient to nourish their aged parents nor to feed their own wives and children."

Husbandry, of course, extends to every edible crop that is grown. With respect to the culture of the mulberry tree, it is said that the soil is not everywhere adapted for its growth. But where the mulberry does not thrive well, as in Chih-li, Shan-tung, Ho-nan, Shen-hsi, and Shan-hsi, hemp and cotton grow, and "of these cloth is made, which, though not comparable to silk, answers sufficiently for clothing." The culture of the mulberry tree in the Maxim, therefore, should be considered as embracing the cultivation of every plant from which cloth can be manufactured.

* See Williams' Middle Kingdom, vol. II, p. 109.
† See the Li Chi, XXI. ii. 7.

Thus the Maxim is extended to every employment that contributes to supply the resources of men for the support and enjoyment of life. Foreign commerce was not carried on in the K'ang-hsi and Yung-ch'ing periods on a grand scale, and therefore it is not mentioned. Work and mechanical arts are referred to in the Paraphrase; but though both are acknowledged to be legitimate methods of obtaining a livelihood, yet they are not to be compared with agriculture. That alone is the fundamental occupation. And the Benevolent Emperor did more than commend and enjoin it in this Maxim. "Our sacred father," says the Amplification, "intensely thinking of that on which the people depend, published and circulated a book of prints, representing and explaining the operations of husbandry and weaving;" an act which Wang declares to be "the perfection of imperial grace and virtue to which nothing can be added."

In the old feudal times, no public works could be commenced and no military expedition undertaken, till after the agricultural labours of the year were finished. Remembering this, the Amplification says:—"You, civil and military officers in the various districts, who have authority to counsel and approve, you are not to rob the people of their time, or impede their labours. Reprove the idlers; commend the diligent, suffer not a barren spot to remain in the country, nor a lazy person to abide in the cities. Then the farmer will not lay aside plough and hoe, nor the housewife put away her silkworms and weaving. Even the productions of the hills and waters, of the orchards and vegetable gardens, and the breeding of poultry, dogs, and swine, will all be attended to in their seasons, to supply any deficiencies of agriculture."

The primitive characters of their language, whose formation cannot be set down at a less distant period than 5,000 years ago, show that the Chinese were even then an agricultural and silk-manufacturing people. In one of the old poems of the nation, a wealthy

附錄3　《三教平心論》

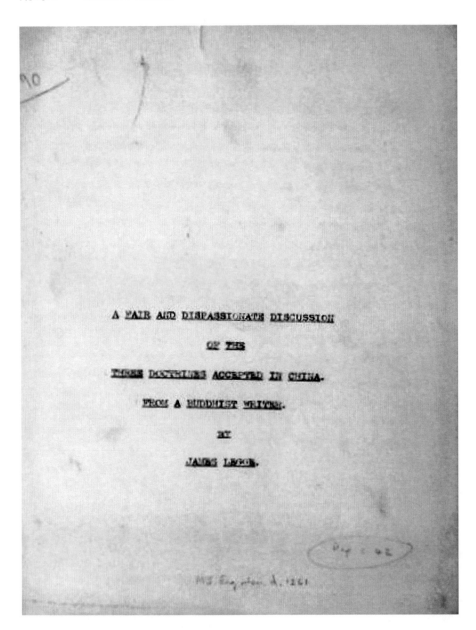

Introduction.

My object in the Paper which I now venture to submit to the
Congress is to set forth as briefly as can be done with some regard
to distinctness and precision, the nature and comparative value
of the teachings of Confucianism, Taoism, and Buddhism, which are
commonly spoken of as "the Three Religions of China."[1]

In doing this, I will avail myself of a Treatise published in
the latter half of our 13th. century or the first half of our 14th,
by a Scholar called Liû Mî, with the title which I have adopted
for my Paper.[2] Mr. Bunyiu Nanjio, in his catalogue of the Buddhist
Tripitaka, enters the Treatise as N. 1643, and adds that the auth-
or was of the Yüan dynasty. A copy of it in my possession assigns
the author to the Sung dynasty. The last year of the one of those
dynasties was 1,279, and the first year of the other was 1,280.
Evidently Liû Mî must have lived on from the one into the other.
If he wrote other books, none of them has found a place in the
Tripitaka. He entertained a strong conviction of the superiority
of Buddhism to the other two systems, but was not, so far as it
appears, himself a monk. He is styled "Ching Châi Hsio-shih, Liû

---

[1] *Etymological meaning.*
The Etymology of our term Religion has not been satisfactorily de-
termined. If we are to understand, as Dr. Martineau assumes (A
Study of Religion p. 1), by the name 'a belief in an Ever-living
God, that is, of a Divine Mind and Will, ruling the Universe, and
holding Moral Relations with mankind,' there is no character in
Chinese that can fairly be translated by Religion. Doctrine is,
without doubt, the analogue of the Chinese Chiâo ( ). That
term, in its verbal usage, corresponds to the Latin docere and our
English to teach, and, in its substantial usage, to doctrine and
our teaching. As the three Chiâo of China, however, are mainly oc-
cupied with the condition, character, and duties of men, we can
hardly avoid speaking of them as its Three Religions.

[2] Doctrines with a Fair and Dispassionate Mind." San Chiâo P'ing hsin Lun, "A Discussion of the Three

附錄4　理雅各與王韜工作紀錄

Hotel," what was said to correspond
to her bedroom on her last visit,
and where she left on one of her
window panes the inscription,

Buxtona, quae calidae celebrabere nomine lymphae,
Forte mihi posthac non adeunda, vale.

Poor Mary! I hoped she might appear
to me in a dream, but she did not do so.

275
(ult.)

---

the effect on the patients would be
beneficial. At any rate such a mode
of treating them and ministering to their
condition commended itself as much
more in harmony with the spirit of
Christianity, and more calculated to their
good than the hard dealing of both them

附錄5 理雅各的生平

出生	1815.12.20	
麻六甲時期	1839	出任倫敦會海外傳教士
		結婚：與Mary Isabella Morison（比理雅各小1歲，終年36歲）
	1841	接任：英華書院院長
	1843	在何進善協助下翻譯「正德皇帝下江南」
香港時期	1843	參加麥都恩（Walter Henry Medhurst）會議討論，討論重譯「聖經」。同年隨同英華書院搬遷到香港「南京條約」
	1845	建立聯合禮拜堂（The Union Church）
	1846-1848	返回蘇格蘭養病
	1850	用「上帝」取代「神」
	1852	第一任妻子去逝 出版「中國人的鬼神觀」

1853 ——— 出版雜誌「遐邇貫珍」英華書院

1857 ——— 返回蘇格蘭探親

1858 ——— 娶第二任妻子（Hannah Mary Willetts）

批孔   1861 ——● 出版書
《中國經典》第一版第一卷
《孟子》第二卷
《論語》《大學》《中庸》

1862 ——— 邀請王韜至香港擔任翻譯助理

1865 ——— 出版書
《中國經典》
第三卷第一部份《書經》

1867 ——— 返回蘇格蘭，王韜跟隨同行

1870 ——— 獲得亞伯丁大學博士學位
結束倫敦傳道會的傳道士工作
不再領薪俸。
同年與王韜自蘇格蘭返回香港

1871 ——— 出版書《中國經典》第四卷
英譯《詩經》第一版散文版

1872 ——— 出版書《中國經典》第五卷
《春秋左氏傳》
同年也出版了《香港殖民地》

發表於《中國評論》

遊歷時期　　　　1873　　　獲得愛丁堡大學博士學位
靠《中國經典》
前往《天壇》、《曲阜》
祭拜孔子
結束與王韜十年的合作

　　　　　　　　　　1875　　　返回倫敦，準備進入牛津大學執教
獲得「儒蓮漢學獎」
同年出版《孟子生平與孝說》
（The life And Works Of Niencius）

牛津時期　　　　1876　　　聘為首位漢學教授
《詩經》第二版（韻體版）

　　　　　　　　　　1877　　　上海新教傳教士
第一屆代表大會
發表論文《儒教與基督教的關係》
（Confucianism in Relatim To
Christianity）

　　　　　　　　　　1879　　　理雅各翻譯的第三卷《詩經》收錄到
穆勒《東方盛典叢書》

　　　　　　　　　　1880　　　出版《中國的宗教：基督教與儒教和
道教的比較》（The Religions Of China:
Confucianism And Taoism Described
And）Compare With Christianity

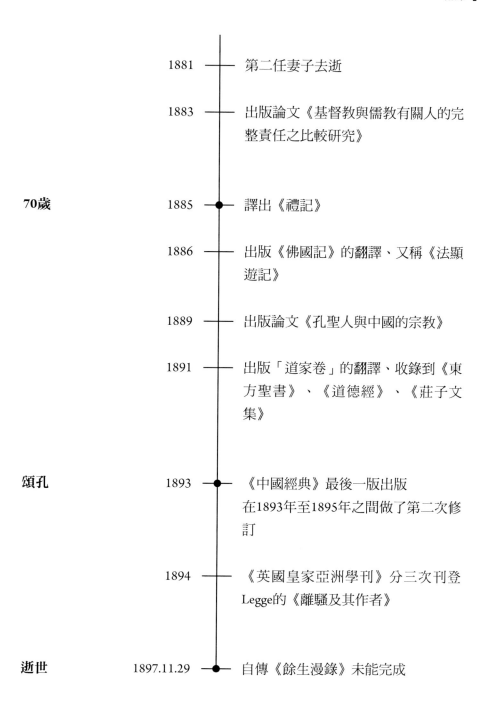

1881 —— 第二任妻子去逝

1883 —— 出版論文《基督教與儒教有關人的完整責任之比較研究》

70歲　1885 —— 譯出《禮記》

1886 —— 出版《佛國記》的翻譯、又稱《法顯遊記》

1889 —— 出版論文《孔聖人與中國的宗教》

1891 —— 出版「道家卷」的翻譯、收錄到《東方聖書》、《道德經》、《莊子文集》

頌孔　1893 —— 《中國經典》最後一版出版
在1893年至1895年之間做了第二次修訂

1894 —— 《英國皇家亞洲學刊》分三次刊登Legge的《離騷及其作者》

逝世　1897.11.29 —— 自傳《餘生漫錄》未能完成

讀博士學位期間取得的學術成果

[1] Chen, K. Y. (2018), Why study a foreign language? [J] Ohio TESOL Journal, 10(2) (pending).

[2] Chen, K. Y., Wurm, J.S., A study on Taiwanese American English pronunciation difficulties. [J] Ohio TESOL Journal, 2013, 5(2): 20-23.

[3] Chen, K. Y., An ESL Learning Center: A Critical Case Study. [M] Scholars' Press, 2013.

[4] Chen, K. Y., What American educators can learn from Chinese secondary education. [J] American Secondary Education, 2014, 42(2): 69-79.

致謝

　　歷時幾年，經過不斷地沉澱，翻閱相關文獻、探索研究資料，經過本人論文導師孫邦華教授嚴格的教育指導，對我不斷地激勵與鞭策，孜孜不倦、不厭其煩地進行教導，對論文不斷地提出修改意見，我終於在4月份將論文定稿、查重、送外審。回想起過去撰寫論文的每一天，那些沉浸在圖書館裡的日子，或是翻閱相關重要的史料，或是按照導師提出的意見重新修改、重新換一個角度思考，那種全身心投入研究的狀態，或許是這篇論文給予我最珍貴的禮物。

　　首先，對於這篇論文，從開題到完稿，我最想要感謝的是我的指導教授孫邦華，不論是我的論文框架、結構，還是資料的蒐集，孫老師都給予了我極大的鼓舞、指點與督促，感謝孫老師盡心盡力的幫助，才能讓我順利地完成這篇論文。在隨同孫老師出國訪學那一年，我跟隨孫老師一同去了哥倫比亞大學、耶魯大學與聖文森學院，在這期間我得以進入這些名校的檔案室內，翻閱了許多珍貴的史料，這為我撰寫論文儲備了足夠的知識。若不是得到孫老師的幫助，我也不可能有機會查閱這些名校檔案室的資料。在論文指導的過程中，我每次都把孫老師的指導意見錄成音訊，仔仔細細、反反覆覆地斟酌孫老師說的每一個字詞，從中得到啟發。每當我想要稍微放鬆一下時，孫老師督促的聲音又在我耳邊迴響，提醒著我，革命尚未成功，我還須努力；於是又打起精神，加緊步伐，投入論文資料的探索中。這一切莫不得益於孫老師孜孜不倦的教誨。

　　其次，我想要對教育學部的老師表示衷心的感謝，感謝教育學部的施克燦教授、于述勝教授、徐勇教授、人民教育出版社的劉立德編審老師、華東師範大學的杜成憲教授以及北京外國語大學的張西平教授，感謝老師們教導我學會理性地思辨，從不同的角度剖析問題所在。從入學、開題到預答辯，正是因為有各位老師們提出的寶貴的論文修改意見與悉心的教導，使我得以在這將近七年撰寫論文的拉鋸戰中有如醍醐灌頂般得到啟發，推動著我不斷向前探索其中的奧祕，讓我受益匪淺。在這博士階段求

學之路上，感謝這些老師和前輩給予我的幫助，為我的論文提出中肯的建議，老師們嚴謹的治學態度和研究理念也讓我受益終生。

在論文撰稿的過程中，同師門師弟師妹們也給予了我很多幫助，我也想要對他們表示由衷的感謝。我們就像家人一樣，儘管大家都在為論文奔波，他們還是在百忙之中抽空為我解答疑問。關於論文，當我有不懂的問題時，他們都會細心地為我解答，告訴我應該如何處理；當我有不理解的地方時，他們也熱心地嘗試用我可以理解的方式為我講解一些抽象的概念。我們不斷地交流，互相鼓勵，互相幫助，互相促進，一直到論文定稿，這一切也都離不開師弟師妹們的幫助。

最後，我要感謝我的家人，感謝那些雖然未能在身邊時時耳提面命但一直默默地支持我、給予我鼓勵的親人們。

至此，我已經為我七年多的博士生涯交出了我最後的答卷，它也見證了我博士階段的學術研究與成長。離別將近，感謝北京師範大學給予我的學習與成長，未來我也將繼承著在學校學習到的學術研究精神，繼續投入到我的工作中。

後記

　　答辯完成之後，搭乘下午4點10分的班機由北京返回澳門，我的心情是如此平靜，也可能是將邁入不惑之年，沒有了年少的波瀾。此次回京，北京的街道變乾淨了，人們的微笑也變多了，不變的仍是北方的豪爽與熱情。看著手機裡這幾天的照片，不禁讓我打開電腦，翻閱這幾年與導師孫邦華的相處及美國之行的點點滴滴，歲月果然在我們師徒兩人的臉上留下了痕跡。

　　去年北師大辦教育史年會，雖然心中很想去見導師，與同門師姊弟妹們同歡，卻因自己能力不足（讀博讀成七年）感到自卑，因而做罷。正常來說，讀博士快則三年，慢也最多再拖一二年，像我這樣不爭氣的，真是少之又少。

　　5月28日下午答辯正式結束後，照舊由博士生發表致謝感言。我似乎看到導師眼中淚光閃爍。料想他會否認，但我想我應該將對孫老師的感恩之情隱藏在幽默中，用言語的力量將他為我感到欣慰的淚水抹去。畢竟，我們都捨不得讓自己愛的人流淚。所以我便說：「孫老師眼中充滿了淚水，大概是想到不用再忍受無能的我，終於可以終結我這個延畢夢魘了。」一如往常，孫老師被我逗笑了。

　　我其實屬於資質駑鈍型的學生，所以孫老師最常對我說的一句話是：「你聽不明白我的意思。」我通常都是傻笑以對，因為我真的聽不懂。一般人可能無法理解臺灣同胞的語言障礙，大部分都會覺得明明就是同文同種，也都是說普通話，為何會有聽不明白的情況。究其原因，大概是我受到西方環境與在臺灣地區的成長經驗影響。在臺灣待了近二十多年，也在美國待了近五年，我的個性與用字遣詞可能較為西化。因此，老師不斷告誡我：「這話不能這樣說！」「你那話說錯了！」舉個最近發生的例子：每當老師指導論文時，為了表達我的積極，我總會跟老師說：「老師，請放心！我會努力把論文『拚』出來的。」我的原意是我會「拚命」去完成修改，即便少睡一點也沒關係。但答辯的前一天，孫老師一如往常地提醒

我：「你別又亂說話，說什麼你會把論文『拼』出來。這樣專家們會以為你很隨便，論文是胡亂拼湊的。」在解釋了我的本意後，我們師徒大笑。

回顧這七年與孫老師的學術歷程，從2010年11月30日的初次通信，2012年前往美國紐約州立大學（SUNY）訪學，拜訪秦寶雄先生與晏小青女士，之後利用暑假來了一趟學術之旅（7月3日去哥倫比亞大學、7月4日去哈佛與麻省理工學院、7月5日耶魯大學、7月7日賓州聖文森會院），最後到2013年3月孫老師為我的論文指出方向，建議我前往牛津大學查閱該校第一位漢學教授與第一位系統性翻譯儒家經典的傳教士——理雅各（James Legge）的資料。我心裡很明白，我是孫老師的全部學生中最有福氣的。若沒有追隨孫老師的學術之旅，即便我自身前往這些地方，也會因為文化底蘊不夠深厚，而一無所獲。孫老師如同我學術之旅中一位經驗豐富的導遊，通過他的指導與講解，我就如牛頓所說：「站在巨人的肩膀上」（If I have seen further，it is by standing on the shoulders of giants），拜訪世界名校，探索經典古籍。

有時我靜下心來想，若沒有遇上像孫老師這樣的導師，我的人生歷練是否會像現在這樣豐富？在思考問題時，我是否會像現在這樣，努力在中西文化的差異中尋求一個平衡點？我做學問的態度是否會像現在這樣嚴謹？答案是：不會。

在答辯後的晚宴上，醉酒微醺的我，張開雙手給敬愛的導師一個大大的擁抱，並告訴他我的感激。桌上的師兄弟看傻了眼，我想應該是我們中國人表達感情的方式較為含蓄。但如《中庸》中所說：「率性之為道」，當下順著自己最真誠的感覺，做了我認為「善」的行為。酒醒後，家妹告知我好像至少抱了孫老師兩三次，我摸頭傻笑，也似乎太率性了一點。

最後，我發自內心的謝謝孫老師您帶給我人生這七年的學術指導，更謝謝您一路上對我的提攜與照顧，謝謝您。

哲學宗教類　PA0104　Viewpoint55

傳教士與漢學家
——理雅各在中西文化上的傳譯貢獻

作　　者 / 陳谷鋆
責任編輯 / 陳慈蓉、尹懷君
圖文排版 / 楊家齊
封面設計 / 劉肇昇

發 行 人 / 宋政坤
法律顧問 / 毛國樑　律師
出版發行 / 秀威資訊科技股份有限公司
　　　　　114台北市內湖區瑞光路76巷65號1樓
　　　　　電話：+886-2-2796-3638　傳真：+886-2-2796-1377
　　　　　http://www.showwe.com.tw
劃撥帳號 / 19563868　戶名：秀威資訊科技股份有限公司
　　　　　讀者服務信箱：service@showwe.com.tw
展售門市 / 國家書店（松江門市）
　　　　　104台北市中山區松江路209號1樓
　　　　　電話：+886-2-2518-0207　傳真：+886-2-2518-0778
網路訂購 / 秀威網路書店：https://store.showwe.tw
　　　　　國家網路書店：https://www.govbooks.com.tw

2020年11月　BOD一版
定價：380元
版權所有　翻印必究
本書如有缺頁、破損或裝訂錯誤，請寄回更換

國家圖書館出版品預行編目

傳教士與漢學家：理雅各在中西文化上的傳譯
貢獻 / 陳谷鋆著. -- 一版. -- 臺北市：秀威資
訊科技, 2020.11
　　面；　公分. -- (Viewpoint；55) (哲學宗教
類；PA0104)
　BOD版
　ISBN 978-986-326-864-2(平裝)

　1. 傳記　2. 英國

784.18　　　　　　　　　　　　109015838

讀 者 回 函 卡

感謝您購買本書，為提升服務品質，請填妥以下資料，將讀者回函卡直接寄回或傳真本公司，收到您的寶貴意見後，我們會收藏記錄及檢討，謝謝！
如您需要了解本公司最新出版書目、購書優惠或企劃活動，歡迎您上網查詢或下載相關資料：http:// www.showwe.com.tw

您購買的書名：_____

出生日期：_____年_____月_____日

學歷：□高中 (含) 以下　　□大專　　□研究所 (含) 以上

職業：□製造業　□金融業　□資訊業　□軍警　□傳播業　□自由業
　　　□服務業　□公務員　□教職　　□學生　□家管　□其它_____

購書地點：□網路書店　□實體書店　□書展　□郵購　□贈閱　□其他

您從何得知本書的消息？

　□網路書店　□實體書店　□網路搜尋　□電子報　□書訊　□雜誌

　□傳播媒體　□親友推薦　□網站推薦　□部落格　□其他_____

您對本書的評價：（請填代號　1.非常滿意　2.滿意　3.尚可　4.再改進）

　封面設計____　版面編排____　內容____　文／譯筆____　價格____

讀完書後您覺得：

　□很有收穫　□有收穫　□收穫不多　□沒收穫

對我們的建議：_____

_____

_____

_____

11466
台北市內湖區瑞光路 76 巷 65 號 1 樓

秀威資訊科技股份有限公司　　　收

BOD 數位出版事業部

....

（請沿線對折寄回，謝謝！）

姓　　名：＿＿＿＿＿＿＿＿＿　年齡：＿＿＿＿＿　性別：□女　□男

郵遞區號：□□□□□

地　　址：＿＿＿＿＿＿＿＿＿＿＿＿＿＿＿＿＿＿＿＿＿

聯絡電話：(日) ＿＿＿＿＿＿＿＿＿　(夜) ＿＿＿＿＿＿＿＿＿

E-mail：＿＿＿＿＿＿＿＿＿＿＿＿＿＿＿＿＿＿＿＿＿